닥터아파트 창사 15주년 기념 **부동산 노하우 공개**

NEW
부동산
생활백서

네이버, 매일경제, 신한은행 등 400만 회원이
배꼽잡고 웃으며 검증한, 알짜 부동산 상식!

부동산포탈 NO.1
닥터@아파트 리서치연구소 지음

WINNER'S BOOK

닥터아파트 창사 15주년 기념 출간!
네이버, 매일경제, 신한은행 등 400만 회원이
배꼽잡고 웃으며 검증한 《부동산 생활백서》!

이 책 곳곳에 실린 요소들을 소개합니다.
부동산 관련 알찬 정보들을 보기 쉽게 정리했습니다.

13 양도소득세 무섭다면
절세상식 꼭 챙기자!

`절세상식 이다!`

집을 산 후 되팔 때 차익이 생기면 양도소득세를 내야 한다. 물론 기본공제 등 일정 비용을 차감하고 차익이 없으면 양도소득세를 내지 않지만 대부분의 경우 세금을 내야 한다. 그러나 꼼꼼히 체크하면 양도소득세를 절약할 수 있는 방법이 있다.

양도소득세 세율표에 '필요경비' 를 챙겨라 양도가격에서 비용으로 처리돼 공제받을 수 있는 필요경비를 챙기면 그만큼 양도소득세를 아낄 수 있다. 필요경비에 속하는 것으로는 취·등록세, 부동산중개수수료, 새시 설치비용, 발코니 개조비용, 난방시설 교체비용 등을 꼽을 수 있으니 관련 비용 지출 시 영수증을 꼭 챙기자

양도세 비과세 혜택을 챙기자 1가구 1주택자라고 무조건 양도세가 비과세되진 않는다. 1가구 1주택자가 양도세 비과세 받으려면 거주의 상관없이 2년 이상 보유하여야 하며 양도당시 시가가 9억 원 이하여야 한다. 그 외 1년 이상 거주한 주택은 취학·질병·전근 등의 사유로 매도하는 경우, 이민·취학·근무상의 형편으로 세대전원이 출국하는 경우, 주택이 수용되는 경우에는 비과세 요건을 충족하지 않아도 비과세 혜택을 받을 수 있다.

양도소득세 예정신고를 하고, 신고 기한 내에 꼭 납부하라 양도일이 속하는 달의 말일로부터 2개월 내에 주소지 관할 세무서에 예정신고와 함께 세액을 납부해야 한다.

 050

.... 하나

알아두면 좋은 생활 속 부동산 상식, 중개현장에서 사람들이 가장 많이 묻는 부동산 관련 질문과 핫이슈를 엄선하여 수록했습니다.
여러 인터넷 포털과 카페, 블로그 등에서 검증된 각종 부동산 이야기가 전문 카툰 작가의 손길을 통해 재미있게 소개됩니다. 이 책의 가장 큰 장점이 바로 쉽고 유쾌하게 구성한 만화 콘텐츠입니다.

둘

부동산 실제 사례와 함께 특히 관심 갖고 봐야 할 정보들을 알기 쉽게 정리했습니다.

셋

본문 내용 가운데 핵심적인 내용은 눈에 잘 띄도록 색칠해 다시 한 번 강조했습니다.

넷

알쏭달쏭 TIP
본문과 관련 있는 부동산 팁을
곳곳에 배치하여 정보의 양을
늘렸습니다.

다섯

BOOK IN BOOK
닥터아파트의 특급처방
닥터아파트를 통해 가장 많은
회원들이 궁금해하는 질문에 대해
닥터아파트가 속 시원하게
답해드립니다.

별책부록 1
한눈에 보는 세금 정리
(취·등록세, 보유세,
양도소득세 등 수록)

별책부록 2
용어만 알아도 부동산 박사!
부동산 용어 420가지 정리

누구에게나 도움이 되는
부동산 세금과 용어를 핵심만
추려 별책에 담았습니다.

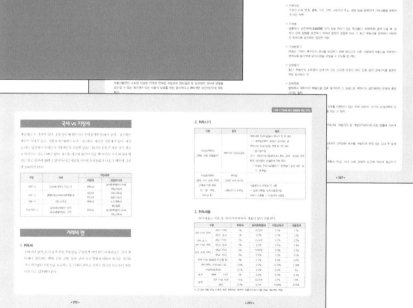

● 심윤희 〈매일경제신문〉 부동산부 차장 | 낯선 용어와 시시각각 바뀌는 제도 때문에 부동산을 어렵게 생각하는 사람들이 많다. 《부동산 생활백서》는 카툰이라는 비장의 무기로 이 같은 문제를 풀었다. 눈을 확 잡으면서도 핵심을 찌르는 만화로 재미와 정보 두 마리 토끼를 잡았다. 부동산에 대한 관심이 하늘을 찌르면서도 쉽게 부동산 서적을 집어 들지 못했던 초보자들에게 친절한 입문서가 될 것이다.

● 김원철 (주)골드앤모어 대표 | 그동안 '부동산' 하면 딱딱하고 어렵다고 느꼈던 고정관념을 싹 없앤 책이다. 삽화를 적절히 활용하면서 초보자들이 단번에 이해할 수 있도록 돕는다. 이 책을 통해 부동산 투자에 대한 기본상식을 이해하고 나면 좀 더 빨리, 쉽게 부동산 투자에 입문할 수 있을 것으로 확신한다.

● 김부성 부동산富테크 연구소장 | 부동산 투자에서 가장 놓치기 쉬운 부분이 바로 기초상식이다. 이 책은 부동산의 기초투자 상식을 한눈에 알 수 있도록 배려한 부동산 투자의 정석교과서라 할 만하다. 부동산에 처음 입문하는 초보자는 물론 고수들까지도 집안 서재에 반드시 꽂혀 있어야 할 책이다.

● 김정용 투모컨설팅 투자자문 본부장 | 이 책은 부동산 투자 시 필수적으로 알아야 하는 기본지식을 쌓는 데 더할 나위 없이 효과적이며 부동산 초보투자자들이 단계별로 알아야 할 것들을 알기 쉽게 정리해놓아 부동산 투자 입문서로서 손색이 없다. 성공적인 부동산 투자의 길잡이 역할을 할 것이다.

● 서기수 HB파트너스 대표 | 고객을 만나면서 안타까웠던 점이 부동산을 어렵게 생각한다는 것이다. 이해하기 쉽게 할 수 없을까 생각하던 차에《부동산 생활백서》를 보고 무릎을 쳤다. 부동산 상식을 이렇게 쉽고 재밌게 설명할 수 있다는 것에 감탄했다. 앞으로도 유익한 콘텐츠로 많은 사람들에게 좋은 정보를 주기 바란다.

● 조명준(junad) 닥터아파트 회원 | 어렵고, 헷갈리는 부동산 상식을 만화화 함께 설명해주니 머릿속에 쏙쏙 들어온다. 닥터아파트를 알게 된 지 12년째 되어가는데, 인터넷상에 텍스트와 작은 사진에 의존했던 부동산 상식을 재미있는 그림과 함께 볼 수 있도록 새로운 시도를 한 닥터아파트에 박수를 보낸다.

'닥터아파트가 고객 눈높이에 맞춘 콘텐츠를 제공하면 어떨까'

《부동산 생활백서》의 탄생은 이렇게 한 직원의 작은 아이디어에서 시작됐습니다. 닥터아파트 회원을 포함한 일반 독자들에게 부동산 관련 상식을 쉽고 재미있게 전달하고, 더불어 웃음까지 선사함과 동시에 닥터아파트를 효과적으로 알리고자 시작된 스토리텔링 마케팅의 일환이었죠.

기획에서부터 아이디어 제공, 편집, 감수, 카툰 제작에 이르기까지 닥터아파트의 모든 임직원이 참여했습니다. 그렇게 웹용으로 완성된 '부동산 생활백서'가 〈매일경제신문〉을 비롯하여 각종 포털에 오픈되었고, 결과적으로 닥터아파트 회원은 물론 일반인들에게도 커다란 반향을 불러일으키며 대대적인 성공을 거두었습니다.

덕분에 《부동산 생활백서》를 단행본으로 발행할 용기를 얻게 되었지요. 리서치연구소에서 엄선된 아이디어를 더 추가하고 보완한 다음, 세심한 감수 과정을 거쳐 이 책이 만들어진 것입니다. 《부동산 생활백서》는 앞서 발행된 수많은 부동산 관련 서적과는 다른 획기적인 특징들을 갖고 있습니다.

부동산 생활백서는 혁신입니다

'무겁고 딱딱하다'는 부동산 상식과 재테크에 대한 이미지를 말끔히 씻어내고 얼마든지 부동산도 부드럽고 재미있게 표현할 수 있음을 세상에 알렸습니다. 만화가 포함되어 있다고 해서 내용까지 가벼운 건 아닙니다. 우리가 일상에서 언제든 접할 수 있는 내용을 담고 있지만 전문가의 엄격한 식견을 바탕으로 구성했기 때문에 부동산 재테크 입문에 큰 도움이 됩니다.

부동산 생활백서는 보약입니다

웃음을 '만병통치약'이라고들 합니다. 이 책은 첫 장을 펴는 순간부터 때론 흐뭇한 미소를 짓고 때론 박장대소하게 만들 정도로 독자들에게 웃음을 선사합니다. 그런 웃음과 함께 건강해진 부동산에 대한 이미지, 부동산 상식에 대해 한 단계 성장해 있는 여러분의 모습을 발견할 수 있습니다.

부동산 생활백서는 여유입니다

부동산 재테크에 관심은 있지만 시간이 없거나, 그간의 딱딱한 이미지 때문에 재테크 입문을 꺼려했던 사람들을 위한 책입니다. 굳이 시간을 내어 정독해야만 이해가 가능한 다른 부동산 재테크 서적들과는 달리 《부동산 생활백서》는 한 잔의 커피와 함께 유유자적하며 탐독할 수 있는 여유를 만끽할 수 있는 책입니다.

부동산 생활백서는 바이러스입니다

1,000만 명을 돌파하는 영화의 비결이 입소문인 것처럼 이 책 역시 입소문을 타고 독자들의 손에서 다른 손으로 급속도로 퍼져나갈 것으로 확신합니다. 웃음과 감동, 재미와 전문성이 함께 어우러져 신선한 바람을 불러일으킬 행복 바이러스와 같은 존재가 될 것입니다.

이렇듯 《부동산 생활백서》에는 부동산 재테크에 관한 상식을 독자들이 좀 더 편하게 접할 수 있고, 닥터아파트 고객을 만족시키고자 하는 열망이 담겨 있습니다.

《부동산 생활백서》는 수많은 닥터아파트 직원의 땀으로 열매를 맺은 책입니다. 특히 이번 개정판이 나올 수 있도록 많은 공을 들인 권일 리서치팀장과 여경희씨에게 감사를 전합니다.

2015년 1월
닥터아파트 대표 **오윤섭**

부동산
생활백서 |차례|

BOOK IN BOOK | 닥터아파트의 특급처방 | __ 073

세입자 문제입니다 | 광명 아파트 매도할까? 2년 더 전세 줄까? | 강남 소형아파트! 월세 목적으로 투자하려면

BOOK IN BOOK | 닥터아파트의 특급처방 | __ 093

아파트 청약 분양 관련 질문 | 위례신도시 새 아파트로 갈아타기

BOOK IN BOOK | 닥터아파트의 특급처방 | __ 165

전세 2년 만기 후 1년 연장한 다음, 또 재연장도 가능한가요? | 로열층 로열라인

BOOK IN BOOK | 닥터아파트의 특급처방 | __ 185

부동산 시장의 현재 상황은 어떤가요? | 전세 만료 2개월 전 이사해야 한다면 복비 부담은?

BOOK IN BOOK | 닥터아파트의 특급처방 | __ 263

경기도 30평대 중형급 이상 아파트 매매가가 회복되지 않는 이유? | 서울이나 신도시 중에서 앞으로 미래가치가 가장 큰 곳은? | 월세, 관리비를 연체하는 세입자 | 전세 재계약하기로 약속해 놓고 변심한 주인

부동산포털 NO.1
닥터@아파트

"

부동산 관련 상식을 몰라서, 또는 알고 있더라도
막상 일이 닥치면 당황하지 않으십니까?
여기에 실린 부동산 상식만 잘 챙겨도 알뜰살뜰 내 집 마련에,
부동산 재테크에, 똑똑한 부동산 투자에
많은 도움이 됩니다.

"

똑똑한 부동산투자
정보수집이 필수다!

똑똑한 부동산투자를 위해 가장 먼저 할 일은 **정보수집**이다. 하루가 다르게 쏟아지는 각종 뉴스를 수집하는 것인데 신문과 인터넷 정보, 정부 발표자료 등이 여기에 속한다. 특히 흔히 알고 있는 뉴스 외에도 구청, 시청, 국토해양부 등 정부기관에서 발표하는 부동산 관련 뉴스와 정책발표 등을 주의 깊게 살피면 좋은 정보를 얻을 수 있다.

이들 자료는 각각의 기관 홈페이지 보도자료 등에서 확인할 수 있는데, 정부의 자료이므로 소문이 아닌 사실의 기준이 된다. 다음은 이러한 각종 **뉴스** 등을 정리하고 수집하는 일! 그냥 보기만 해서는 개발계획 등이 체계적으로 정리되지 않기 때문에 스크랩도 꼭 필요하다. 재건축, 재개발, 세금, 정책 등 각 분야별로 **스크랩**하고 시간 순으로 정리해 해당 계획이 어떻게 변하며 진행되는지 체크해야 한다.

이제 필요한 것은 확인작업. 실제로 발표된 내용이 맞는지 관공서 등 해당 정부기관에 확인하고, **직접 답사**를 통해 현실성 있는 투자가 될지 판단하는 것이다.

이러한 자료수집과 사실 확인작업이 쌓이면 나만의 투자 가이드라인이 생겨 **투기 유혹에 빠지지 않는 똑똑한 부동산투자**를 할 수 있다.

부동산투자는 오랫동안 모아둔 목돈이 들어가는 일이다. 하지만 그런데도 스스로 자료를 수집하고 발품을 팔면서 판단하기보다는 다른 사람들의 '속삭임'에 현혹되어 확인도 없이 뛰어들 때가 의외로 많다.

"어디에 신도시가 들어선다더라", "재개발이 된다더라", "개발을 앞두고 있으니 땅을 사둬라" 등등….

2008년 경기도 고양시 쪽에 신도시가 조성될 예정이라는 말이 돌자 사람들이 앞다투어 고양시 일대 아파트 매매에 나선 적이 있다. 하지만 정작 다른 곳이 신도시급 조성지로 지정되는 바람에 거래가 안 되어 목돈이 묶였고, 1년 후에는 오히려 투자금액보다 5,000만 원가량 떨어졌다.

반면 너무 고민만 하다가 결국 투자에 나서지 못하거나 흔히 '상투를 잡는다'고 표현하는, 최고점에서 사버리는 사람도 많다. 사고자 하는 아파트를 열심히 분석한 후 좋은 물건을 만났는데도 이것저것 계산하다 타이밍을 놓치는 꼴이다. IMF 때와 2008년 9월 미국발 금융위기 당시 값싼 매물들이 유망 지역에서 쏟아져 나왔지만 사람들은 선뜻 매매에 나서지 못했다. 또 하락기를 지나 가격이 회복세를 보일 때는 자꾸 예전 저가매물 생각이 나서 매매에 소극적이 된다. 결국 훌쩍 가격이 오른 뒤, 여전히 '전세'에 살고 있는 자신을 발견하게 된다.

위와 같은 사례는 너무나 많다. 현재의 시세만 보며 판단할 것이 아니라 투자분석을 통해 오를 가능성이 있다는 결론을 얻었다면 과감하게 투자하는 자세가 필요하다.

분양 카탈로그의 비밀을 풀어라!

청약을 할 때 모델하우스를 방문하는 것은 기본이다. 그런데 이때, 카탈로그 내용에는 별로 관심을 두지 않는 경우가 많다. 하지만 실제 분양단지를 분석하는 데 카탈로그 분석은 꼭 필요하다.

간지를 사수하라

모델하우스에서 주는 책자는 단지정보와 면적에 대해 자세한 내용을 담고 있는 카탈로그와 청약자격 및 분양가 내역을 소개하는 간지(입주자 모집공고)로 나뉜다. 간혹 잡지 스타일의 카탈로그만 주고 간지를 주지 않는 경우가 있는데, 간지는 총 분양가 외에 중도금 일정, 청약 자격 등이 상세하게 적혀 있어 청약 시 꼭 필요한 정보다.

단지배치도 속 보물을 찾아라

카탈로그에 있는 단지배치도는 향과 조망을 파악할 수 있는 중요 부분이다. 간혹 향 표시가 돼 있지 않은 경우가 있는데, 꼭 지도상의 위치를 파악하여 동서남북 위치를 확인하는 것이 좋다. 향이나 조망에 따라 시세 차이가 크기 때문이다. 그 외 조망권, 동 사이의 간격도 살펴야 한다. 요즘은 향보다 조망권을 더 중요시하는 경향이 있으므로 강이나 산, 공원, 단지 내 광장 등의 조망이 가능한지 확인하자.

평면도에 숨겨진 1% 가치를 찾아라

카탈로그의 평면도는 공간의 크기와 구조를 파악하는 데 도움이 된다. 모델하우스는 마감재 수준이나 인테리어 등이 먼저 눈에 들어오기 때문에 정확한 구조와 크기를 파악하기 위해서는 평면도가 필수다. 간혹 모델하우스 구조가 평면도상의 구조와 일치하지 않는 경우가 있는데, 이럴 땐 꼭 이유를 확인해 어느 것이 맞는지 확인해야 한다. 특히 실제 거주공간인 전용면적은 같은 타입이더라도 크기가 제각각인 경우가 있어 전용면적이 얼마인지도 꼼꼼히 따져 봐야 한다.

강북구 소재 ○아파트는 분양 당시 분양가엔 큰 차이가 없었으나, 입주한 지 3년이 지나자 층별, 향별로 가격이 벌어지기 시작했다. 특히 동서향과 남향의 차이가 컸는데, 구조가 같은 소형 아파트의 경우 같은 층이라도 향에 따라 시세 차이가 무려 2,000만 원이나 벌어졌다. 일반적으로 남향은 여름에 해가 짧아서 서향보다 덜 덥고, 겨울에는 해가 길어 난방비를 절약할 수 있다. 무엇보다 일조량도 풍부해 선호도가 높다.

김포의 △아파트는 비슷하지만 다른 케이스다. 복도식 아파트에 85㎡ 단일 평으로 구성돼 있고 향도 같지만 A형과 B형으로 나뉘어 있다. A형은 복도 양 끝에 자리했고, B형은 복도식 가운데에 위치한 아파트였다. A형은 복도 양 끝에 있기 때문에 계단식 아파트처럼 소음이 적고 공간 활용도가 더 높다. 이런 이유만으로도 A형과 B형은 매매가의 10% 가까이 차이가 났다.

분양 당시에는 잘 모르지만 입주 이후 동·층·향, 평면구조, 조망 등에 따라 시세가 벌어지게 마련이다. 따라서 분양받을 때에는 카탈로그를 꼼꼼히 살펴봐야 한다. 카탈로그뿐 아니라 모델하우스를 직접 방문하여 실제 크기와 구성 등도 두루 확인해보는 게 중요하다.

집 살 때 시세 어떻게 알아보세요?

내 집 마련의 첫걸음은 내가 사고자 하는 집의 시세가 얼마인지 정확히 아는 것에서 시작된다. 그래야 시세보다 저렴한지를 확인할 수 있다. 어떻게 하면 시세를 정확히 알 수 있으며 시세 확인 시 고려할 사항은 무엇인지 살펴보자.

인터넷으로 시세 확인

1 부동산 정보업체, 인터넷 시세를 확인한다

닥터아파트를 포함해 인터넷을 통해 부동산 정보를 제공하는 업체는 많이 있다. 대부분 하한가에서 상한가 개념으로 시세를 제공한다. 보통 하한가는 1층이나 향이 좋지 않은 곳의 시세이므로 상한가를 기준으로 보는 것이 낫다. 물론 호황기에는 하루가 다르게 시세가 급등하므로 '상한가+알파'로 보는 것이 이상적이고 불황기일 때는 '하한가-알파'로 시세를 보는 것이 일반적이다.

2 국토해양부 실거래가를 확인한다

현재 국토해양부 사이트(http://www.mltm.go.kr)에서 전국 아파트 실거래가를 확인할 수 있다. 실거래가 외에도 거래 건수와 거래된 아파트의 층까지 확인할 수 있어 시세파악에 큰 도움이 된다. 다만 실거래가가 모두 공개되는 것은 아니고 층별, 상태별(인테리어, 구조 등)로 차이가 날 수 있으며 업다운 계약서 작성 시 실제 매매가가 아닐 수도 있다는 점에 유의해야 한다. 실거래가 공개 시점과 현재 시세의 시간 차이를 고려하는 것도 잊지 말자.

국토해양부 실거래가 확인

3 중개업소에 직접 시세를 문의해본다

실제 중개업소에서 매물 가격 확인

마지막에는 중개업소에 나온 매물가격을 중심으로 시세를 직접 문의해본다. 매수자인 경우 능청스럽게 매도자인 척 물어보는 것도 정확한 시세를 파악할 수 있는 하나의 방법. 정보업체 시세, 실거래가 등과의 가격이 다를 경우 그 이유를 꼼꼼히 물어보는 것도 필요하다.

인터넷도 없고 국토해양부의 실거래도 나오기 이전 시절, 집값을 알아보는 방법은 단 하나였다. 집을 사려는 주변의 중개업소에 들러 일일이 물어보는 것이다.

지금도 어르신들과 함께 집을 보러 가면 얼마의 돈부터 챙기신다. 집값도 물어보지만 집이 마음에 들면 바로 계약하기 위해서다. 하지만 지금은 상황이 많이 달라졌다. 부동산 정보를 제공하는 회사가 등장하면서 직접 가보지 않더라도 인터넷을 통해 대략적인 집값을 알아볼 수 있기 때문이다.

그런데 주의해야 할 점은 인터넷으로 알아본 시세를 맹신해선 안 된다는 것이다. 관심 있는 집의 대략적인 가격을 먼저 파악하고 중개업소에 물어봐서 실제로 거래되는 가격을 확인하는 절차가 필요하다. 대략적인 가격만 알고 가도 중개업소에 휘둘리지 않는다.

그리고 또 한 가지 기본적인 팁! 이왕 중개업소에 들렀다면 한 군데만 가보지 말고 두세 곳을 더 둘러보길 권한다. 중개업소마다 보유 매물이나 가격이 서로 조금씩 다를 수 있기 때문이다. 해당 매물에 대한 평가나 향후 개발정보, 투자가치에 대한 소중한 정보들을 다양한 채널을 통해 들을 수 있어 좋다.

무릎에 사서 어깨에 파는 타이밍이 중요합니다

욕심 내지 않는 안전한 부동산투자의 기본은?
무릎에 사서 어깨에 파는 타이밍 포착이다!

혹시 바닥에 사기 위해 오랜 세월을 기다리고만 있는가?
아니면
본인만은 꼭지에 팔 자신이 있다며 확신하고 있는가?

집을 사고파는 데에도 타이밍이 중요하다. 사람들은 흔히 이렇게 생각한다.

> 집을 사고 싶은 A씨
> "아직 집을 사려면 멀었어. 가격이 더 떨어질 때까지 기다려야지."
> 집을 팔고 싶은 B씨
> "집값이 계속 오르는데 바보처럼 지금 팔 순 없지. 지금보다 가격을 더 높게 불러도
> 팔릴 거야."

자고로 투자는 타이밍 포착이다. 부동산도 마찬가지. 언제 사고파는지에 따라 수익이 극대화될 수도 있고 쪽박을 찰 수도 있다. 하지만 아무리 전문가라도 바닥이 어디인지 짚어낼 수 없으며, 꼭대기도 지나고 나서야 '아 그때가 꼭대기였구나' 하고 알 수 있다. 그렇다면 적절한 타이밍에 사고팔기 위한 방법이 없는 걸까?

먼저 가급적 실수요 위주의 목적에 충실하라. 특히 집을 살 때는 몇 년 후 다시 되팔 때 수요층이 적어 애먹지 않을 만한 입지인지, 선호도가 있는지 등을 따져라.

그리고 자기만의 원칙을 가져라. 적정 기대수익률을 정해놓은 후 그 수익률에 도달할 정도로 가격이 올랐다고 판단될 때 미련 없이 털고 나오는 게 중요하다.

마지막으로 부동산 상승, 하락장을 살펴라. 하락기에는 개별 부동산의 향후 상승 가능성을 살피고, 상승기에는 하락 가능성을 살피는 것도 타이밍 포착에 도움이 된다.

05

뭐가좋아요?
타워형 vs 판상형

일자형으로 펼쳐진 판상형 아파트보다 뾰족한 탑 모양의 타워형 아파트가 최근 수요자들 사이에서 인기다. 애초 타워형은 주상복합아파트에 많이 적용해온 디자인이었으나 용적률과 조망권을 최대한 확보할 수 있는 장점 때문에 아파트에도 도입하는 일이 많아졌다.

타워형

판상형

보통 고층으로 짓거나 주상복합아파트를 지을 때 주로 도입되며, +형 Y형, □형 등 모양이 다양하다.

단면과 장면 비율이 1대 4 미만인 고층 타워형태 아파트로 독특한 구조설계가 가능하다. 또한 동향, 서향, 남동향 등 다양한 방향으로 건설이 가능해 조망권 및 일조권이 뛰어나다는 장점이 있다. 그러나 대부분 고층이기 때문에 노인과 어린이들에게 고소공포증을 유발할 수 있으며 일부는 강제 환기시스템을 설치해야 한다.

성냥갑처럼 반듯하고, 길게 지어진 아파트를 말한다. 전가구 남향 배치가 쉽고, 보통 남, 북으로 창을 만들어 통풍이 잘 되는 구조다. 건축비가 타워형에 비해 저렴하다는 장점이 있다. 그러나 도시미관상 단조롭게 느껴질 수 있고, 뒤쪽에 위치한 동은 각 동 사이의 거리에 따라 일조권이나 조망권 확보가 어려울 수 있다. 또한 독특한 평면 구조를 가지기 힘들다는 것도 단점으로 꼽힌다.

최근 위례신도시에서 분양한 A아파트. 같은 주택형에서도 타워형과 판상형이 나뉘어 있어 소비자들은 두 가지 타입 중 어떤 걸 골라야 할지 고민에 빠지기 쉽다. 두 명의 사례를 통해 타워형과 판상형의 차이를 살펴보자.

타워형 사례

결혼을 앞둔 A씨는 망설임 없이 타워형을 선택했다. 세련된 구조가 장점인 타워형은 개성 있는 공간 연출이 가능하고, 동간 거리가 판상형보다 넓다. 또한 서로 엇갈리도록 동을 배치하기 때문에 사생활 침해 우려가 적다는 것도 선택의 이유다. 게다가 최소 2개 면 이상이 개방돼 있어 탁 트인 조망과 채광 효과는 물론 밤에는 스카이라운지 분위기도 연출할 수 있을 것 같아 기대가 크다.

판상형 사례

주부 B씨. 탁 트인 조망과 세련된 구조를 생각하면 타워형이 끌리지만 고소공포증이 있는 부모님과 어린 아이들을 생각해 결국 구조가 안정적이고, 공간 활용도가 높은 판상형을 선택했다. 특히 남향 배치로 햇볕이 잘 들고 직사각형 형태에 실제 면적이 넓다는 점도 끌렸다.

위의 두 사례에서 알 수 있듯이 타워형과 판상형이 가진 장단점은 서로 다르다. 따라서 소비자들은 장단점을 따져보고 자신의 가족에 맞는 설계 형태를 선택하는 것이 좋다.

알쏭달쏭 TIPS

앞으로 서울에서 판상형 아파트 못 짓는다

2008년 3월 이후 서울시에서는 일명 '성냥갑 아파트'를 짓지 못한다. 2007년 8월 29일 서울시에서는 1,000가구 또는 10개 동 이상인 아파트 단지의 경우 동수 기준으로 건물의 30% 이상은 서로 다른 디자인으로 지어야 한다고 발표했다.

〈내일신문〉 2007년 9월 19일 보도

06 모델하우스
각종 정보 꿰뚫는 방법

모델하우스에 가면 세련된 인테리어와 각종 행사,
도우미 설명 등에 현혹돼 중요한 부분을 놓치기 쉽다.
전문가처럼 모델하우스의 각종 정보를 꿰뚫으려면 어떻게 해야 할까?

카탈로그는 미리 수집한다

모델하우스를 방문하는 많은 사람들의 이동 경로는 입지
및 모형도 파악→유닛 관람→카탈로그 습득→귀가 순이
다. 자연스럽게 카탈로그를 집에 와서야 보게 되는데 그렇
게 되면 중요한 부분을 놓치기 쉽다. 따라서 모델하우스를
들어가자마자 카탈로그를 받아 유닛과 대조해가면서 특이
사항을 그때그때 적어놓는 것이 좋다.

각종 모형도, 실물과 대조해본다

단지배치 모형도는 건물의 방향, 경사, 옹벽, 조망, 일조권을
예상하는 데 많은 도움이 된다. 카탈로그 내 공급내역 아래 상
세설명이나 계약자 유의사항 부분에도 잘 나와 있으니 꼼꼼히
읽어본다. 가구당 주차대수가 카탈로그에 없는 경우도 있으니
이럴 땐 도우미에게 물어보는 것도 잊지 말자. 그 외 위치, 모
형도로, 주변 자연환경, 교통여건, 학교와의 거리, 편의시설 및
혐오시설 유무를 파악하자. 모델하우스에는 장점만 표기되어
부각된 경우가 많아 현장 확인이 꼭 필요하다.

할말 없어도 청약 상담석에 앉을 것

청약 상담석에 사람이 많다고 그냥 귀가하는 사람이 많다. 일단 기다렸다가 꼭 상담을 받아보
자. 청약통장의 활용과 가입 자격, 청약 가능한 공급면적, 중도금 대출 및 무이자 여부, 대출
가능액에 대해 자세히 안내받을 수 있다.

전자계산기 준비는 필수

도량형 법정단위가 통일돼 각종 면적 표기는 평형 대신 ㎡를 사용한다.
공급면적은 평과 ㎡를 혼용해 표기하기도 하지만 편의시설 면적, 방 크
기, 서비스 면적 등은 ㎡ 단위로만 표기돼 있는 경우가 많다. ㎡로는 감
이 잘 오지 않는 분이라면 계산기로 계산해보자.

서울에 사는 K씨는 오랫동안 기다려오던 단지가 분양 공고를 내자 모델하우스에 가보기로 마음먹었다. 그동안 몇 군데 모델하우스를 방문해봤지만 시끄럽고 사람도 많아 대충 둘러본 게 전부다. 이번에는 꼭 분양받고 싶어 모델하우스를 찾아가 제대로 보고 설명도 듣고 싶은데 어떻게 해야 할까? 무엇을 준비해가야 할까? 이번엔 정말 제대로 알고 싶다!

카탈로그를 미리 수집하라

'적을 알고 나를 알면 백전백승'이라 했다. 입주자 모집공고를 비롯한 카탈로그에는 평면도, 입체도, 동호수 배치도, 단지 배치도 등 단지에 대한 거의 모든 정보가 있다. 이것들을 미리 익히고 가는 것이 필수! 내가 알고 있는 것과 대조하면서 한 가지씩 확인하자. 실제와 다른 것이 있는지…. 눈에 더 쏙쏙 들어온다.

상담직원과 직접 면담하라

'과연 내가 청약자격이 있는지?'라는 기본적인 질문에서부터 앞으로 프리미엄이 얼마나 형성될지 등의 전망도 한번 들어보자. 물론 중도금 대출이나 이자율을 의논하는 것도 필수!

알쏭달쏭 TIPS

모델하우스 관람순서
안내 데스크(카탈로그 챙기기) → 아파트 주변지역 모형도 → 아파트 단지 모형도 → 면적별 유닛 관람 → 모델하우스 행사참가 또는 음료 마시기 → 상담석 → 안내 데스크(선물 챙기기^^) → 귀가

오호통재(嗚呼痛哉)로다~

● 지은이: 국세청장

양도세 높다하되 뛴 집값보다 아래로다

오르고 오르면 집값이 더 오른건데

차익은 생각않고 세금만 높다 하더라

해설 : 이 시조는 집값 상승에 따른 이익은 생각하지 않고 세금만 높다고
하는 이기적인 투자들을 비꼬고 있다.

● 지은이: 무주택자

집값이 뛰고뛰어 일백번 배로 뛰어

일억원 집한채가 십억원 올라가니

있는 놈 계속벌고 없는 놈 쪽박차네

해설 : 이 시조는 내 집 마련을 하고 싶어도 계속되는 집값 상승으로
내 집 마련을 못하는 무주택자들의 애환을 담고 있다.

● 지은이: 강남 사모님

규제강화한들 어떠하리 완화한들 어떠하리

강남권 아파트값 떨어진들 어떠하리

결국엔 예전처럼 일천만백 오를텐데

해설 : 이 시조는 강남에 사는 사모님들이 강남집값 상승에 대한 강한 자
부심을 갖고 정부의 정책에 크게 신경 안 쓰면서 호의호식하며 살
아가겠다는 의지를 담고 있다.

아~ 이번 부동산 생활백서배 시조 경합 부문, 경쟁이 아주 치열합니다. 장원을 고르기가 쉽지 않은데요. 물망에 올라 있는 세 편의 시조, 그 속뜻을 짚어보겠습니다.

첫 번째 시조, 아…. 국세청장님이 직접 납셔주셨네요. 네~ 양도세 높다하되 뛴 집값보다 아래로다, 중요한 문장 처음에 넣어주셨죠? 사람들이 집값 올라 좋아할 땐 언제고 거기에 세금 부과했더니 높다고 투덜대는 이기적인 면모를 비꼬아줬군요.

두 번째 시조, 대한민국 설움의 근원 무주택자네요. 여간해서는 잡을 수 없는 집값의 뜀박질을 잘 표현했습니다. 최근 서민주택이다 뭐다 대책들이 나오고 있는데 과연 무주택자님이 웃을 날이 올지 한번 기대해보죠.

아하~ 세 번째 시조는 강남사모님께서! '어떠하리' 이 문장…. 무주택자님이 펑펑 눈물을 흘리고 계신 반면에 강남사모님께선 강남 집값 상승에 대한 강한 자부심과 정부의 정책에 크게 신경 쓰지 않는다는 표현을 잘 녹였네요.

세 분의 시조 잘 보았습니다. 부동산이 뭐길래 누구는 울리고 누구는 웃음 짓게 하는지 참 어려운 일이 아닐 수 없습니다. 힘들겠지만 정부가 더욱 힘써야 할 일이겠죠. 이번 경연을 한마디로 표현자면 '오호통재' 라 할 만하군요. 이상 해설 마치겠습니다.

08 부동산사기
당신도 당할 수 있습니다

사기꾼   도곡동에 상가물건 내놓으셨죠? 현재 내놓으신 것보다 더 비싸게 팔 수 있어요~
인증서를 발부받아야 되니까 우선 500만 원만 입금해주세요~

나착해   아~ 그래요? 지금 입금시킬게요.

입금 후 나착해가 전화를 건다. (따르르릉~~~)

나착해   어~~ 왜 전화를 안 받지?

하지만 일단 돈이 입금되면 사기꾼은 더 이상 전화를 받지 않는다.

지금 이 글을 읽고 있는 독자 여러분에게도 위와 같은 범인의 전화가 올지 모르니
물건 거래 시에는 이 점을 숙지하여 손해보는 일이 없어야겠다.

인터넷 부동산정보업체 사이트나 벼룩시장 등 정보지에 보유하고 있는 부동산을 처분하고자 등록하는 경우가 많다.

이때 매도자의 연락처가 쉽게 노출되는데 이를 악용해 매매하겠다며 전화한 뒤 돈만 입금받고 사라지는 일이 종종 있어 주의가 필요하다. 특히 부동산은 거래금액 단위가 적지 않기 때문에 자칫 피해가 클 수도 있다.

사례 1

도곡동에 거주하는 나착해(가명)씨는 보유하고 있던 상가물건을 급히 처분해야 할 상황이 생겨 지역 정보지에 싸게 매물을 내놨다. 내놓은 지 하루 만에 중개업을 하고 있다는 사람에게 전화 한 통을 받았나.

사기꾼 : 도곡동에 상가물건 내놓으셨죠? 시세보다 싸던데. 그 가격보다 1,000만 원 더 비싸게 팔아드릴 테니 수수료 50%만 챙겨주세요. 아, 그리고 상가에 대한 감정평가서가 필요한데 평가서 떼려면 30만 원이 필요하니 먼저 송금해주세요. 서류 떼어서 찾아뵙겠습니다.

나착해 : 아, 그래요? 지금 바로 입금할게요.

더 높은 가격으로 팔아준다는 범인의 달콤한 유혹에 빠진 나씨는 요구한 금액을 아무 의심 없이 입금했다. 입금 후 확인 전화를 걸었지만 범인은 이미 자취를 감춘 뒤였다.

또 하나의 사례를 소개한다.

> **사례 2**
>
> 부동산정보업체 사이트에 지방에 보유하고 있던 매물을 내놓고 팔리기만 기다리고 있던 억울해(가명)씨에게 계약하자는 전화가 걸려왔다. 반갑게 전화를 받은 억씨에게 상대방은 "타지 물건은 부동산협회가 발급하는 공시가격 증명서가 필요하기 때문에 발급받아야 한다"며 부동산협회라는 곳의 연락처를 알려줬다.
>
> 그렇게 해야 안전하다는 말을 철썩 같이 믿은 억씨는 알려준 번호로 전화를 걸었고 전화를 받은 부동산협회(?)측에서 '증명서 발급에 필요한 수수료 2%를 송금하라'고 요구하자 순순히 200만 원이라는 거금을 입금했다.
>
> 입금 후 아차 싶었지만 상황은 이미 종료됐다. 계약을 하겠다던 사람과 부동산협회라고 지칭한 두 사람이 짜고 벌인 사기극이었던 것이다.

"부동산 사기? 그거 남의 일이에요"라고 방심해서는 안 된다. 당신도 모르는 사이 그들의 수법에 넘어가 돈을 입금하고 있을지도 모른다. 계약할 때에는 직접 사람을 만나 본인 또는 대리인 여부를 확인한 후 계약하는 것이 가장 확실한 방법이다.

부동산 중개회사 사칭 조심하라

부동산 중개회사 직원을 가장해 가게를 급히 팔려는 이들에게 접근, 광고비 명목으로 돈을 받아 가로채는 일들이 벌어지곤 한다. 생활정보지에 가게를 처분한다는 광고를 내면 알지 못하는 번호로 '모 부동산 -가게 긴급 처분해드립니다' 라는 문자 메시지가 날라온다. 이는 십중팔구 부동산 중개회사를 사칭한 것이니 특별히 조심해야 한다. 이들은 처음에 광고비 명목으로 소액의 돈을 요구하다, 시간이 지날수록 거액의 돈을 입금하라고 종용한다. 또한 시간이 지날수록 부동산 감정평가서와 법무법인 공정증서 등의 문서가 필요하다고 말하며 소비자들의 금쪽같은 돈을 호시탐탐 노리고 있다.

전세금 어떻게 돌려받아야 할까요?

 궁금해요!

현재 주택 전세로 살고 있습니다. 8월 달이 만기인데 임대인 분이 그때가 되면 전세금 줄 테니 집을 알아보라고 했습니다. 그래서 나갈 곳을 구했고, 그렇게 집주인에게 말을 했더니 갑자기 돈이 안 되겠다며 12월까지 더 있으라고 말을 바꿨습니다. 어찌해야 할지 몰라서 부동산에 얘길 했더니 '이사 나갈 집 임대인 분이 확실히 12월 달에 온다고 하면 기다려주겠다' 고 하더라고요. 그래서 현재 살고 있는 임대인 분에게 확실히 12월 달에 줄 수 있냐고 물었더니, 또 그때 가 봐야 알겠다는 대답이 돌아왔습니다.

말장난하는 것도 아니고…. 이런 상황에서 계약금을 선뜻 걸 수도 없고요. 제가 어떻게 대처를 해야 할까요? 전세금을 줄 때까지 도대체 얼마나 더 기다려야 하는 건지요. 혹시 8월 만기일 날에 전세금을 받을 방법은 있을까요? 전세를 옮길 때 진행 순서와 만기 시 보증금 반환받는 방법에 대한 조언 부탁드립니다.

Dr.아파트

전세 만기를 앞두고 있을 때는 기본적으로 지금 살고 있는 집이 계약된 이후에 새 집을 구하는 것이 좋습니다. 집주인이 전세보증금을 제때 돌려주지 않을 위험 때문이지요.

또한 세입자의 입장에서는 혹시라도 만기까지 전세보증금을 반환받지 못할 것이 걱정될 경우, 내용증명을 보내 집주인을 심적으로 압박하는 것도 방법이 될 수 있습니다. 하지만 얼굴 붉히는 상황을 만들고 싶지 않으시다면, 이사 갈 집을 구해야 하니 계약 만료 시기로부터 약 2~3개월 전에 미리 전세보증금의 10%를 달라고 말해보세요.

현재 보증금의 10%를 반환하는 것에 대한 법적 규정은 없지만, 이는 집주인과 세입자 사이의 관례입니다. 이사를 간다는 점을 서로에게 재확인하는 의사표시지요. 따라서 집주인이 적극적으로 전세금을 반환하는 데 노력할 계기가 될 수도 있습니다.

 ## 집값의 성수기와 비수기는?

 궁금해요!

신도시 분당 이매동 아파트에 거주하고 있습니다. 요즘 4월 들어 2월 주택과세정책으로 소폭 오르던 집값이 소강 혹은 약세로 돌아섰다고 판단되는데요. 흔히들 1~3월은 성수기고 4월 이후는 비수기라 하는데, 그럼 성수기는 어느 달부터 성수기라고 하는지, 혹시 6월 이후 7월부터가 성수기(여름방학)인가요?

그리고 지금은 집값이 일시적으로 비수기를 맞아 소강상태로 그동안 오른 것에 대해 조정받는 것이라고도 하는데 맞는지요. 저희 동네는 집 시세가 전혀 떨어지지 않았다고 합니다. 성수기 비수기 구분은 어떻게 되는지와 함께 의견 부탁드립니다.

Dr. 아파트

최근 주택시장은 성수기, 비수기 경계가 매우 모호해졌습니다. 과거의 경우 7월~8월에는 장마, 여름휴가 등으로 매매시장도 전세시장도 비수기로 불렸지만 요즘은 7~8월도 전셋값이 크게 오르고 분양도 평년보다 많이 나오는 등 전통적인 비수기란 말이 무색해졌습니다.

물론 3~6월 사이에 비해 7~8월의 시장 움직임은 덜할 수 있습니다. 하지만 그렇다고 해서 7, 8월에 더 싸고 좋은 매물을 만나기 쉽거나 3~6월에 거래가 많다고 해서 더 좋은 매물을 볼 수 있는 것은 아닙니다. 지금의 주택시장에서는 얼마만큼 저렴한 가격의 물건을 잡아 매입하는지가 중요하고요. 이때 집값 하락이 적은 곳은 그만큼 수요가 두터운 곳을 의미하기 때문에 저렴한 가격의 매물은 매도자의 특수한 사정이 아니면 보기가 어렵습니다.

따라서 현지 가까이 지내는 부동산을 2~3곳 정도 정해 놓으신 후 싼 매물에 대한 정보를 수집하시는 것이 좋습니다. 그래야 남들보다 더 싼 매물을 구입할 가능성이 높아지겠지요. 시계만 보고, 전화만 기다리고, 날짜 가는 것만 보고 있으면 남들보다 뒤처질 수밖에 없습니다. 부지런히 발품 파시는 것도 잊지 마시기 바랍니다.

내 집 마련 첫걸음, 청약통장 만들기

아파트를 분양받기 위해서
가장 먼저 해야 하는 일은 바로 청약통장을 만드는 것이다.
청약통장의 종류와 통장별 특징을 살펴보자.

청약예금

만 20세 이상이면 누구나 만들 수 있는 통장이다. 매월 일정액을 적립하는 것이 아니라 한번에 일정금액을 예치하는 형식으로 되어 있다. 지역이나 주택의 전용면적별로 예치금이 차등 적용되는 특징을 갖는다. 특히 전용면적 85㎡를 초과하는 대형 아파트에 청약하고 싶다면 청약예금통장을 갖고 있어야 한다. 물론 전용면적 85㎡ 이하 아파트도 청약이 가능하다.

청약부금

역시 만 20세 이상이면 만들 수 있는 통장이다. 청약예금과 다른 특징은 매월 정해진 날에 저축하는 방식이라는 것과 전용면적 85㎡이하만을 청약할 수 있다는 점이다.

청약저축

무주택세대주만 가입할 수 있다는 것이 가장 큰 특징이다. 매월 정해진 날에 저축하는 방식으로 매월 2만 원 이상 10만 원까지 5,000원 단위로 자유롭게 저축할 수 있다. 정부에서 제공하는 국민주택에 청약하기 위해 필요한 통장으로 저축총액이 많고 납입 횟수가 많은 사람일수록 청약 우선권을 갖기 때문에 매월 꼬박꼬박 최대 금액인 10만 원씩 저축하는 전략이 유리하다.

2004년 3월 청약저축통장에 가입한 지 5년이 지나 1순위 자격을 확보한 Y씨.
Y씨와 같은 날 청약저축에 가입했지만 2009년 5월 만능청약통장이 출시되자
바로 갈아탄 J씨 두 사람을 비교해보자.

> 아파트를 분양받기 위해 부동산 정보업체 사이트를 뒤적이던 두 사람은 2009년 7
> 월, 그동안 자신들이 꿈에 그리던 아파트 분양공고가 나온 것을 알았다. 워낙 관심도
> 가 높아 경쟁이 치열했는데, 아파트 분양을 받고 싶은 Y와 J씨 중 누가 웃고 누가 울
> 었을까?

청약통장은 원래 청약예금, 청약부금, 청약저축 세 가지였다. 하지만 2009년 5
월 6일부터 주택청약종합저축(이하 만능청약통장) 가입이 시작되면서 청약통장의
판도가 달라졌다. 기존 청약예금·부금·저축통장을 갖고 있던 사람들은 새
로 신설된 만능청약통장으로 바꿔야 할지 말지 우왕좌왕하게 되는데, 결론부
터 말하자면 '이미 1순위를 확보한 사람'은 그대로 보유하는 것이 좋다. 기존
청약통장을 해약하고 새 통장으로 갈아타면 1순위 자격이 사라져 다시 3순위
부터 시작해야 한다. 사례에서는 Y씨가 당당히 1순위로 청약접수를 하고 분
양받는 데 성공한다. 그러나 3순위로 밀린 J씨는 해당 아파트 청약이 1순위로
마감될 경우 청약의 기회조차 가질 수 없다.

·· 알쏭달쏭 TIPS

청약통장을 만드는 방법?

본인인 경우 청약예금과 청약부금은 주민등록증 사본 또는 주민등록등·초본을 가지고 은행에 가면 된다.
청약저축은 여기에 무주택확약각서만 더 추가해서 준비하면 된다. 단 청약저축은 가입신청을 받는 은행이
따로 정해 있어, 해당 은행이 청약저축상품을 갖고 있는지 확인 후 찾아가야 헛걸음을 피할 수 있다.

청약저축 취급은행 : 우리은행, 하나은행, 기업은행, 신한은행, 농협중앙회

10 부동산 살 때 *지름신* 오신 경우...

혹시 나에게 그분이?

당장 계약하지 않으면 이 좋은 물건을 놓칠 것 같다는 급한 마음이 든다.
지금 사면 그 순간부터 내 것만은 값이 오를 것이라는 확신에 사로잡힌다.
돈이 좀 모자라지만 계약하고 나면 어떻게든 돈을 맞출 수 있을 거라 생각한다.

혹시 이런 생각이 든다면 지름신이 오신 건 아닌지 고민해야 한다.

좋은 물건이라는 생각이 들수록 냉철하게 판단하는 평정심을 잃지 말자.

쇼핑을 하다 우연히 지름신이 내렸다면? 이럴 때는 결국은 어떻게든 그 물건을 사고 나서야 지름신이 물러간다. 하지만 그나마 쇼핑은 샀던 것을 무를 수 있는 게 장점이기도 하다. 하지만 부동산이라면? 쉽게 무를 수도 없을뿐더러 제3자에게 다시 되팔려고 해도 쉽게 팔리지 않는다. 설령 팔린다 해도 세금 폭탄을 맞을 수 있다.

따라서 부동산 매매 시에는 냉정한 판단이 필수다. 물론 지르는(?) 게 이득일 수도 있다. 서울에 사는 A씨의 사례를 보자.

> A씨는 2012년 세종시 부동산이 한참 뜰 때 투자처를 물색하고 다녔다. 아직 공사 중이라 허허벌판에 공사차량밖에 없는 터라 조금 더 분위기를 지켜보고 사도 늦지 않다는 주변의 만류에도 A씨는 지름신이 강림해 바로 매수에 나섰다. 그리고 한동안 불안했던 A씨. 그러나 정부 청사가 입주하고 도시의 모양이 잡혀가자 가격은 크게 오르기 시작했다.

이처럼 때로는 지름신의 뜻에 따르는 게 이득일 수도 있다. 물론 일반적인 상황은 아니니 염두에 두기 바란다. 운이 따라준 경우라고나 할까….

11 신탁등기 된 미분양 아파트 전세입주 괜찮을까요?

Q 미분양아파트 전세계약을 하려고 합니다. 시세보다 저렴하고 새 집이라 맘에 드는데 등기부등본을 확인하니 신탁등기가 돼 있습니다. 입주시 전입신고 하고 확정일자를 받으면 아무 문제 없다고 하지만 아무래도 불안하네요. 계약할 때 확인해야 할 사항에는 어떤 것들이 있을까요?

A 미분양 아파트 전세계약을 할 때는 확인할 사항이 많습니다. 시행사나 건설사의 자금력을 고려하지 않고 계약했다가 건설사 부도로 전세금을 날릴 수도 있기 때문이죠. 다음 네 가지를 반드시 확인하세요~.

하나 반드시 등기부등본을 열람해 권리분석을 해야 한다.

갑구에 가압류, 가처분, 가등기, 예고등기가 되어 있거나 을구에 근저당이 너무 많이 설정된 경우에는 계약을 피하는 것이 좋다.

둘 신탁원부를 통해 대출금 규모 및 상환 여부를 확인한다.

신탁 내용을 파악하기 위해 해당 부동산 관할 등기소에서 신탁원부를 발급받아 우선수익자(금융기관), 대출금 규모, 신탁계약서의 특약사항을 확인해야 한다. 또한 신탁사 담당자에게 직접 전세보증금 우선 반환 여부를 문의한 후 계약하는 편이 안전하다.

셋 전세계약 시 임대인을 신탁회사로 하고 보증금은 신탁회사 명의의 계좌에 입금해야 한다.

실제로는 건설사(혹은 시행사) 직원과 주로 계약을 하게 되는데, 전세계약서상 임대인과 입금계좌는 반드시 신탁사 명의여야 한다. 또한 보증금 반환의무를 제3자가 아닌 부동산신탁회사가 직접 책임진다는 확인서를 받는 등, 전세보증금을 우선수익자보다 먼저 받을 수 있는 안전장치를 확보해야 한다.

넷 입주 후 전입신고와 확정일자를 받는 등 대항력을 갖춰야 한다.

3개월에 한 번씩 등기부등본을 발급받아 해당 부동산에 대한 권리변동 여부를 확인하는 등 소중한 내 재산을 지키려는 노력이 필요하다.

이자후불제 VS 무이자융자
어느 것이 유리할까?

무이자융자

이자후불제

분양받은 아파트의 중도금이 모자랄 경우
중도금 대출을 받게 된다.
이때 건설사에서 제시하는 것이 이자후불제나 무이자융자다.

이자후불제와 무이자융자 대출 방식, 어떤 차이가 있을까?

아파트 중도금을 대출받을 때 건설사에서 대출을 지원해준다. 이때 그들이 제시하는 것이 '이자후불제' 또는 '무이자융자' 방식이다. 이 둘의 차이는 무엇이고, 실제로 어느 쪽이 더 유리할까?

이자후불제

말 그대로 대출 이자를 나중에 내는 조건이다. 중도금 대출 시 이자가 매월 발생하지만 잔금 시점까지 이자를 안 내도 된다. 계약자 입장에서는 대출을 받더라도 잔금까지 이자 부담을 덜 수 있다. 물론 잔금을 내는 시점이 되면 그동안 내지 않았던 이자를 일시에 내야 하는 만큼 목돈 마련의 부담이 있긴 하다. 유의해야 할 점은 대출 기간 동안 건설사가 이자를 대신 내주는 것이기 때문에 만약 계약을 중도에 해지한다면 계약금과 함께 해지 시점까지의 이자도 지불해야 한다는 것이다.

무이자융자

대출을 받더라도 이자를 내지 않는 조건이다. 중도금 대출 시 이자가 매월 발생하지 않기 때문에 이자후불제와 달리 잔금 시점에도 내야 할 이자가 없다. 무이자 방식은 중도금 대출에 따른 이자를 건설사가 대납한다. 분양마케팅 전략 차원에서 막대한 이자 비용을 부담하는 것이다. 하지만 속내를 들여다보면 이자 부분도 원가 계산에 포함된 것이다. 즉 분양가에 이미 일정 부분 반영되었다고 보면 된다.

자신의 현금 사정에 따라 두 가지를 적절히 활용하면 초기의 자금 부담을 낮출 수 있는 내 집 마련 방법이 될 수 있다. 그러나 세상에는 공짜가 없는 법! 자신의 현재 사정과 납부기한, 계약조건 등 여러 가지를 따져본 뒤 청약에 임할 것을 권한다.

13

양도소득세 무섭다면
절세상식 꼭 챙기자!

'절세상식' 이다!

집을 산 후 되팔 때 차익이 생기면 양도소득세를 내야 한다. 물론 기본공제 등 일정 비용을 차감하고 차익이 없으면 양도소득세를 내지 않지만 대부분의 경우 세금을 내야 한다. 그러나 꼼꼼히 체크하면 양도소득세를 절약할 수 있는 방법이 있다.

양도가격에서 공제되는 필요경비를 챙긴다 양도가격에서 비용으로 처리돼 공제받을 수 있는 필요경비를 챙기면 그만큼 양도소득세를 아낄 수 있다. 필요경비에 속하는 것으로는 취·등록세, 부동산중개수수료, 섀시 설치비용, 발코니 개조비용, 난방시설 교체비용 등을 꼽을 수 있으니 관련 비용 지출 시 영수증을 꼭 챙기자.

양도세 비과세 항목을 항상 숙지한다 1가구 1주택자라고 무조건 양도세가 비과세되진 않는다. 1가구 1주택자가 양도세 비과세 받으려면 거주와 상관없이 2년 이상 보유해야 하며 양도당시 시가가 9억 원 이하여야 한다. 그 외 1년 이상 거주한 주택은 취학·질병·전근 등의 사유로 매도하는 경우, 이민·취학·근무상의 형편으로 세대전원이 출국하는 경우, 주택이 수용되는 경우에는 비과세 요건을 충족하지 않아도 비과세 혜택을 받을 수 있다.

가능하면 예정신고납부를 하고, 신고 전에 감면 내용을 챙겨 둔다 양도일이 속하는 달의 말일로부터 2개월 내에 주소지 관할 세무서에 예정신고와 함께 세액을 납부해야 한다.

양도소득세가 2007년부터 실거래가를 기준으로 과세되면서 양도세 부담이
한층 커졌다. 양도세를 줄이고자 할 때 꼭 필요한 경비는 어떤 것이 있을까?

취득에 소요된 비용

당해 자산의 매입가액, 취득세, 부동산중개수수료 등 취득에 소요된 모든 비용이 해당
된다. 건물을 신축한 경우에는 신축에 소요된 모든 비용이 취득가액이 되며, 자산을
취득하면서 상대방과 분쟁으로 인해 발생한 소송, 명도지명, 인지대 등도 포함된다.

취득 후 지출한 비용

부동산을 취득한 후 이용 편의나 가치 증진을 위해 지출한 비용도 필요경비로 공제받
을 수 있다. 섀시 설치비용, 발코니 개조비용, 난방시설 교체비용 등을 공제받을 수
있다. 그러나 벽지·장판 교체비용, 싱크대나 주방기구 교체비용, 외벽 도색비용, 조
명기구 교체비용 등은 공제 대상이 아니다.

- 필요경비에 인정되는 것들
  섀시공사, 거실확장공사, 발코니확장공사, 붙박이장, 보일러교체 등 자본적 지출
- 필요경비로 인정 안 되는 것들
  도배공사, 싱크대 교체, 욕조 교체 등 수리비 성격

양도에 소요된 비용

자산을 양도하기 위하여 직접 지출한 계약서 작성비용, 공증비용, 인지대, 부동산중
개수수료 등이 필요경비로 인정된다.

이처럼 실거래가액으로 양도소득세를 계산하는 경우에는 비용으로 공제받을
수 있는 사항이 많다. 따라서 비용으로 공제받을 수 있는 사항들에 대한 증빙
자료를 비용이 지출될 때마다 미리미리 챙겨 제출하면 세금을 상당 부분 줄일
수 있다.

청약가점제도 100% 활용하기

• • • •

부모님 부양해 효도하고
애 많이 낳아 국가 출산장려정책에 기여하자

• • • •

자녀에게 교육에 대한 투자만 할 게 아니라
청약통장도 만들어주자

• • • •

확률 싸움은 끝났다. 쎈놈에게 몰아줘라

• • • •

결혼을 약속한 20대 연인이라면 혼인신고부터 해라

부양가족 수는 1명 증가할 때마다 무려 5점이 증가한다. 무주택기간 1년 증가 시 2점씩 가점, 저축기간 1년 증가시 1점 가점되는 점을 감안할 때 부양가족 증가는 단번에 청약가점을 크게 높일 수 있는 방법이다. 단 부모님은 3년 이 상 같이 살아야 부양가족으로 인정받는다.

또한 청약예금이나 부금통장은 세대주가 아니더라도 만들 수 있다. 따라서 만 19세가 됐을 때 청약통장을 만들면 입주자 저축가입 기간을 크게 늘릴 수 있 다. 입주자 가입기간은 15년 이상이면 만점(17점)을 받는다.

가점제는 추첨제와 달리 가점 높은 사람에게 우선순위가 부여되는 제도다. 즉 같은 단지에 부부가 동시에 청약을 시도하는 것보다 한사람에게 집중해 청약 점수를 높이는 것이 당첨확률을 높이는 방법이다. 따라서 부부 모두가 청약이 가능할 때에는 무주택 기간 및 가입기간 가점 합이 높은 사람을 세대주로 전 환해서 높은 가점점수를 확보하자. 세대주만이 부양가족을 인정받을 수 있기 때문이다.

무주택기간은 만 30세를 기점으로 계산된다. 그러나 만 30세 이전에 혼인하 면 혼인신고일로부터 무주택기간이 산정된다. 따라서 현재 결혼을 앞둔 30세 미만의 예비 신혼부부라면 혼인신고를 먼저 해두는 것이 향후 가점점수 확보 에 유리하다.

한 가지 더! 재건축 장기전세용 청약가점제도 도입됐다. 서울시가 공급하는 재건축 장기전세주택(시프트)에도 청약가점제가 적용된 내용으로, 일반 청약 가점제와 점수 환산 방식이 다르다.

우선 동일순위 경쟁 시 무주택 기간, 서울 거주기간, 나이, 부양가족 수 등을 점수화해 이를 합산한 순위로 입주자를 선정하며, 각 기준별 최고 점수는 5점 이다. 서울 거주기간(만 20세 이후)과 무주택 세대주 기간은 5년 단위로 1점씩,

20년 이상일 때는 최고 점수인 5점이 적용된다.

기본 청약자격은 '서울에 사는 무주택 세대주'이며 단독세대주는 국민임대주택과 마찬가지로 전용면적 40㎡ 이하에만 청약할 수 있다.

2014년 '9.1부동산대책'에 따라 청약가점제가 개선된다.

첫째 전용면적 85㎡ 이하 민영주택에 대한 가점제는 2017년 1월부터 지자체장(시군구청장)이 지역별 수급여건에 맞춰 현 가점제 비율 40% 이내에서 자율적으로 운영할 수 있다(현재 민영주택 중 85㎡ 초과는 100% 추첨제며 85㎡ 이하는 40%에 대해 가점제를 적용중이다).

둘째 민영주택에 적용되는 가점 가운데 2주택 이상 보유자의 차별을 폐지한다. 현재 무주택자의 가점은 최대 32점이 부과되는 반면 2주택 이상 보유자의 경우 1주택 보유단 5~10점 감점이 되고 있어 중복 차별을 폐지한다. 또한 청약시 무주택자로 인정받는 소형, 저가주택의 기준을 전용면적 60㎡ 이하 공시가격 7,000만 원 이하에서 전용면적 60㎡ 이하 공시가격 1억 3,000만 원(지방 8,000만 원)이하로 완화한다.

·· 알쏭달쏭TIPS

지역우선 공급제가 뭐지?

지역우선 공급이란 아파트가 공급되는 지역에 거주하는 청약자에게 전체 또는 일부를 우선 공급하는 제도다.

❶ 지역우선 공급물량 배정 요건 : 우선공급 물량은 공급물량의 100%인 경우와 30%인 경우 둘로 나눌 수 있다. 서울과 지방에서 분양하는 모든 물량, 경기, 인천의 비택지개발지구, 택지지구 중 규모 66만㎡(20만 평) 미만인 경우는 공급물량의 100%가 지역 거주자에게 돌아간다. 30% 지역 거주자에게 우선 공급되는 경우는 주택공급에 관한 규칙 30조 1항에 따라 서울을 제외한 인천 경기 등 수도권에서 66만㎡(20만 평) 이상 택지지구 안에서 건설되는 주택이 해당된다.

❷ 지역우선 공급 거주기간 요건 : 지역우선 공급 대상자의 거주기간은 서울시장, 인천시장, 용인시장 등 지방자치단체장이 청약 인기도나 청약 당시 주택시장 상황에 따라 정할 수 있다. 판교신도시처럼 인기가 많은 지역은 택지지구 지정일 이전부터 성남시에 거주해야만 우선공급대상자가 될 수 있었다.

20평형과 25평형의 가치 차이

궁금해요!

용인 수지지역 아파트 가격이 오름세를 보이고 있는데요. 가격을 이끌고 있는 것은 역시 25평형대 소형 아파트들인 것 같습니다. 죽전 쪽에 있는 같은 평형의 아파트들 중에서 가격을 보고 더 나은 것을 잡으려고 하는데요. 분당 외곽 쪽 20평대 수준에 가격이 많이 오르는 것 같은데 20평대 투자가치 있을까요?

Dr.아파트

어느 지역이나 주택면적 20평대는 수요가 많습니다. 그만큼 가격이 상대적으로 낮기 때문에 진입장벽이 낮은 것이지요. 자금력이 많지 않은 대부분의 사람들이 수요층인 셈입니다. 용인 수지 지역은 분당과 맞닿아 있어 분당, 서울 강남권으로 이동하기 좋은 곳입니다. 풍덕천동 일대는 용인이 초기에 택지개발지구 붐일 때 조성된 곳들이 많아 용인 다른 지역들에 비해 입주가 오래된 곳이 많습니다. 대부분 90년대 중후반에 지어진 곳들이지요. 면적도 국민주택규모 이하(전용면적 85㎡ 이하)가 많은 편입니다. 그래서 비교적 실수요자 층이 두터운 편인데요.

다만 투자 측면으로 본다면 가격 상승은 제한적일 수밖에 없습니다. 현재 풍덕천, 성복동 일대로 신분당선 연장선이 들어가기 때문에 역세권 주변으로는 가격이 그리 하락해 있지 않고 회복도 많이 된 편입니다. 개통이 된다면 추가로 상승할 여지는 있습니다만 문제는 준공연도입니다.

앞서 말씀을 드린 대로 90년대 중반~2000년대 초반에 지어졌기 때문에 10~20년가량 되어 가고 있어 노후해지는 만큼 가격 상승은 둔화될 수밖에 없습니다. 주택면적 30평형대의 경우 2000년대 중반 용인지역 집값이 최고가를 칠 때에 다소 과하게 가격이 형성됐던 문제가 있습니다. 그렇기 때문에 2008년 이후 주택 가격이 하락하면서 대형 못지않게 가격이 많이 하락한 것은 30평형대입니다. 만약 시장이 꾸준하게 회복세를 이어간다면 이전 시세를 감안해 상승폭이 더 클 것은 20평형대보다는 30평대라고 말씀드릴 수 있습니다. 상대적으로 아직 회복이 덜 된 상태이기 때문이지요.

주택전세, 갑자기 별도로 월세 50만 원씩 더 내라고 합니다

궁금해요!

서울 방화동 주택에 전세로 살고 있습니다. 1년 전 즈음에 결혼할 때 지금 집은 20년도 더 된 주택이었지만 가격 대비 면적이 넓은 것 하나만 보고 계약을 했습니다. "오래오래 살았으면 좋겠다"는 집주인의 말에, 나중에 아이까지 여기서 낳으면 좋겠다고 생각했고 수도와 타일, 도배뿐 아니라 낡고 부서진 문짝까지 400만 원 이상을 들여 조금 더 좋은 것으로 마음에 들게 수리를 했습니다. 오랫동안 살 거라는 생각에 투자한다는 생각으로 그 모든 비용을 감당했죠.

그런데 오래된 집이다 보니 실제로 살면서 몇 달도 되지 않아서 집에 빗물이 새서 물을 받아가며 공사도 다시 다 하고 보일러가 고장 나는 일들까지 매번 수리를 해가며 살았습니다. 이때는 집주인에게 말해서 해결한 부분도 있고, 일일이 다 달라고 하기가 좀 그래서 중간중간에 우리 돈도 많이 들어갔지요.

그런데 1년이 조금 지나서 재계약 이야기가 나오면서 집 주인이 전세금 1억 6천만 원 이외에 월세로 50만 원씩 더 달라고 요구하네요. 무슨 월세도 아니고 이렇게까지 요구하는 게 화도 나고 너무하다 싶습니다. 들인 비용이 많아서 다른 곳으로 이사를 가는 게 맞는 것인지 고민이기도 하고 속이 상하네요. 이럴 경우 비용을 조금 줄여달라고 협의를 해야 할까요? 어떻게 접근하는 게 좋을까요?

Dr.아파트

전셋집에 너무 많은 투자를 하신 듯합니다. 또한 보일러 수리나 누수 등은 중대한 하자로 집주인에게 수리를 요구할 수 있음에도 불구하고 부분적으로나마 세입자 비용으로 고친 듯하군요. 벽지 같은 인테리어 비용은 전세입자가 부담할 부분이지만 누수나 보일러 수리비는 필요비에 해당하여 영수증이 있다면 집주인에게 비용을 청구할 수 있습니다. 이 경우 공사 전 집주인과 상의해서 금액 부담에 관한 부분을 명확하게 해야 합니다. 대개 집주인들은 수리비용을 부담하지만 일부 악덕 집주인들은 전세기간 만료 후 계약 전 상태로 집을 복구하라는 원상복귀명령을 이유로 비용을 주지 않을 수 있습니다. 위 사례에서 집주인의 의사는 전세금 이외에 50만 원의 월세를 요구하고 조건 수용이 되지 않을 시 이사 나가라는 것으로 여겨집니다. 만기 전 미리 집주인은 의사를 밝혔기 때문에 이 조건을 수용하지 못할 경우 질문자께서는 남은 기간 동안만 살고 이사 나가야 할 것으로 보입니다.

부근 시세와 이사 비용을 고려했을 때 이사 가는 것이 이익이라고 생각이 되면 이사를 하시고, 그렇지 않을 경우에는 집주인에게 수리월세를 감당하기 힘드니 좀 더 줄여달라고 말하고 합의해 오래 사시는 편이 좋을 듯합니다.

업계약서와 다운계약서
조심하세요

실거래가 신고가 의무화됐음에도
업계약서나 다운계약서 작성이 여전히 성행하고 있다.
업계약서와 다운계약서란 과연 뭘까?

다운계약서 다운계약서는 실제 거래된 금액보다 낮은 금액으로 작성한 계약서이다. 일반적으로 매도자는 양도세를, 매수자는 취·등록세를 절감할 목적으로 합의 하에 다운계약서가 작성되는 경우가 있지만 이는 엄연히 불법행위다. 주로 단기간에 시세가 급등한 지역 중심으로 입주 3년이 지나지 않은 단지에서 종종 일어난다. 그러나 만일 거래가격이 사실과 다르다는 것이 적발되면 과태료가 부과되고 매도자가 양도세를 추징당할 시 국세청 세무조사 대상자도 된다.

업계약서 업계약서는 다운계약서와는 반대로 거래된 금액보다 높은 금액으로 계약서를 작성하는 것을 말한다. 이는 주로 금융기관에서 주택담보대출을 더 많이 받기 위해 이용된다. 최근 주택담보대출이 어려워지면서 나타나기 시작했으며 다운계약서보다 조금 더 발전된 형태라 할 수 있다. 또 차후 부동산을 되팔 때 양도차익을 줄이는 방법으로 활용되기도 한다. 업계약서 적발 시 양도세, 취·등록세 누락분과 가산세 등을 추징당한다.

풍족하지 않은 보유자금 때문에 늘 녹물이 나오고 바퀴벌레 많은 아파트에만 살아왔던 K씨, 더 이상은 아니다 싶어 새 아파트를 찾아나섰다.

'새 아파트 가격이 왜 이리 비싼 거야!'
뭐 어느 정도 시세를 알아보고 왔으니 더 놀랄 것도 없다고 생각했는데…. 그런데 이때 매도자가 다운계약서를 쓰자는 제안을 한다. 그럼 취·등록세 정도는 깎아준다는 것이다. 다운계약서라는 말을 처음 들어본 K씨, 시세를 깎아준다는 말이 솔깃한데 이걸 해야 할지 말아야 할지 고민이다.

다운계약서의 주목적은 집을 파는 쪽에서 양도세를 줄일 목적으로 제안하는 경우가 일반적이다. 매도가를 속여 양도세를 적게 내려는 속셈이다. 집을 사는 입장에서도 취득가액이 적게 신고되는 만큼 취·등록세를 아낄 수 있다. 그러나 이는 명백한 불법이다. 걸리고 안 걸리고를 떠나 매수자가 다시 집을 되팔 때 취득가액을 적게 신고한 만큼 양도 차익이 커진다는 사실을 잊어서는 안 된다. 지금 아낀 취·등록세가 양도세로 돌아올 때는 훨씬 클 수 있다는 점을 기억해두라.

업계약서든 다운계약서든 실거래가를 속이는 것은 모두 불법이다. 거래는 투명하고 공정하게 이뤄져야 오히려 큰 손해를 피할 수 있다.

재개발투자 생각하시나요?
이것만은 꼭 알아두세요!

서울 도심을 중심으로 여기저기 재개발사업 추진 지역이 많다. 장시간이 걸리는 사업이지만 그만큼 투자 메리트도 높아 부동산투자에 관심 있는 사람이라면 누구나 관심을 둔다. 그런데 막상 투자 지역을 확정하고 나서도, 실행을 하려면 막연해하는 사례를 종종 볼 수 있다. 이때 알아볼 사항을 미리 챙겨서 계획성 있게 재개발투자를 해보자.

구역내부 및 외부 현장조사는 필수 주택가 모습과 형태, 주변 도로 및 상가 등의 분포형태를 파악해 재개발이 가능한 지역인가를 확인한다. 상가가 많은 지역은 재개발사업 추진속도가 느린 편이다. 또한 교육·편의시설 등 주변 환경도 점검.

추진위원회와 조합사무실 방문 사업추진 일정과 조합원 수, 세입자 수 등을 확인한다. 진행사항 등의 변동이 없는지를 살펴 재개발 사업 속도가 느려질 여지가 없는지 살핀다.

많은 현장 중개업소 방문 지분시세와 인근 아파트 시세를 확인한다. 중개업소마다 매물이나 의견이 다를 수 있으니 발품을 팔아라!

관공서에서 실제 계획 확인 관할구청에서 토지이용계획확인원을 확인해 공법상 제한사항과 실제 계획을 알아보자. 건축물관리대장, 등기부등본 및 지적공부(토지대장, 지적도, 공유지분연명부 등)를 발급받아 분양자격에 대한 지분이 법률적으로 합당한지 체크한다.

어느 날 L씨는 좋은 재개발 물건이 있다는 전화를 받았다. 투자를 해야 할지 고민하느라 며칠째 밥도 못 먹고 잠도 못 이루던 L씨. 중개업자 왈 '투자만 하면 3년 후 두 배가 넘는 수익을 얻을 수 있다'는데 정말인지 일단 현장을 가보기로 했다. 그런데 무엇부터 확인해야 할지 도통 감이 없다.

이때 가장 중요한 것은 내가 사려는 지분이 조합원 자격이 있는지 없는지를 확인하는 일이다. 먼저 등기부등본을 통해 소유 관계를 확인하는 것은 물론이고, 건축물대장 등을 확인해서 무허가 건물은 아닌지 알아보고 토지이용계획확인원을 확인해서 지목 등을 살펴야 한다.

조합원 자격이 있는 지분을 사야 조합원 지위가 승계된다. 아무것이나 산다고 조합원이 되는 것이 아니라는 점을 명심하자. 그리고 일단 구역 현장에 가서는 구역의 형상이나 주변 현황을 살피는 것도 중요하다. 투자 차원이라면 이런 부분은 크게 신경 쓰지 않아도 되지만 현재 입주를 동반하거나 재개발 후 입주를 생각한다면 당연히 인근 환경을 꼼꼼하게 살펴야 한다.

그다음으로 중요한 것이 사업현황이다. 조합사무실이나 추진위원회 사무실에 찾아가면 확인이 가능하지만, 현장에서도 현수막이나 주민들의 대화를 통해 동의율이나 주민들의 반응을 확인할 수 있다. 재개발사업에서 가장 중요한 것이 조합원들 간의 마음을 맞추는 것이다. 절차상 문제가 생긴다면 얼마든지 수정이 가능하지만 주민들의 마음을 수정하긴 어렵다는 점을 알아야겠다.

새집증후군 걱정,
한방에 날려버려요!

새로 짓는 아파트나 리모델링 단지 입주 시
가장 걱정되는 것이 새집증후군이다.
새집증후군은 포름알데히드나 인체 유해화학물질(VOC) 등으로
실내 공기가 오염돼 건강에 이상을 일으키는 증세를 일컫는 말로,
어린 아이들이 아토피 증세를 보이는 등 사회문제로까지 대두되고 있다.

새집증후군을 없애기 위해서는 어떻게 해야 할까?

A씨　얼마 전 새로 지은 집으로 이사했습니다. 그때까지만 해도 좋았죠. 그런데 얼마 전부터 머리가 자꾸 아프지 뭡니까? 아이들이 자꾸 피부를 긁어서 병원에 가봤더니 아토피라고 하네요.

해설자　이런, 새집증후군이네요.

A씨　새집증후군이요?

해설자　네, 새 집으로 이사하면 많은 분들이 겪는 고통이죠. 지어진 지 얼마 안 돼 인체 유해 화학물질 등이 나오면서 오염된 실내공기가 건강에 이상 증세를 일으킨 겁니다.

A씨　그럼 어떻게 해야 하나요?

베이크 아웃(Bake-Out)을 실시한다

난방을 통해 집안에 열을 올려 강제로 유해물질을 배출하는 방법이다. 신축 아파트라면 최소 5일 동안 고온난방(23~35도씨)과 환기를 번갈아가며 실시한다. 난방 시에는 외부와 통하는 모든 창과 문을 닫고 수납가구의 문은 열어둔다. 10시간 이상 난방한 후 1~2시간 정도 환기시킨다. 환기시킬 때에는 반드시 현관문까지 열어 공기보다 무거운 물질까지 모두 배출되도록 한다.

평소에 자주 환기를 한다

대부분 집들이 콘크리트로 막혀 있어 자연적인 환기가 어렵다. 이럴 때에는 창문에 팬(fan)을 달아 항상 공기가 순환될 수 있도록 하거나 하루에도 몇 번씩 정기적으로 환기해주어야 공기가 정화된다. 누구나 아는 사실이지만 이를 꼼꼼하게 챙기기는 쉽지 않다.

공기정화 식물을 최대한 활용한다

휘발성 유기화합물을 분해하는 능력이 탁월한 아레카 야자, 벤자민, 산세베리아, 고무나무, 관음죽, 테이블야자, 스파티필름, 팔손이나무 등 공기정화 식물을 기르는 것도 좋은 방법이다. 또한 양파를 썰어 집안 곳곳에 늘어놓거나 숯이나 천궁 같은 한약재로 실내장식을 하는 것도 공기정화에 큰 도움이 된다.

18 전용면적, 공급면적이 뭐예요?

각종 아파트 면적을 구분하는 요령

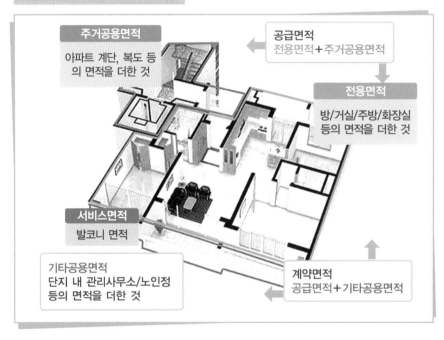

주거공용면적
아파트 계단, 복도 등의 면적을 더한 것

공급면적
전용면적+주거공용면적

전용면적
방/거실/주방/화장실 등의 면적을 더한 것

서비스면적
발코니 면적

기타공용면적
단지 내 관리사무소/노인정 등의 면적을 더한 것

계약면적
공급면적+기타공용면적

아파트에서 **면적은 공간을 가늠할 수 있는 수치인 동시에 분양가와 각종 세금 산정에 기준으로 허용되는 등 부동산 정보에서 가장 중요한 부분**을 차지한다. 하지만 면적 용어는 의외로 많아 헷갈리기 쉽다. 우선 가장 중요한 면적이 전용면적, 각 가구가 독립적으로 사용하는 공간의 면적으로 거실, 주방, 침실, 욕실 등 순수한 아파트 내부면적이 여기에 속한다. 공동주택의 구분소유권 등기에 기재되는 등기면적으로서 청약자격을 따질 때나 세금 등을 산정할 때 기준이 됨은 물론 소비자가 실제 거주하는 공간이기 때문에 꼭 따져봐야 하는 공간이다. 그다음이 공급면적, 흔히 아파트 평형을 언급하는데 이것이 바로 공급면적이다. 전용면적에 계단, 복도, 현관 등 주거공용면적이 포함된다. 또한 서비스 면적은 발코니 면적을 의미한다.

통상 주택에서는 면적을 공급면적, 전용면적, 주거공용면적, 계약면적 등 크게 네 가지로 구분한다.

하나 공급면적

쉽게 말해 우리가 잠자고 먹고, TV를 보는 전용면적과 엘리베이터를 타기 위해 기다리는 공간(주거공용면적)까지 모두 합한 것이다. 도식으로 표현하면 '공급면적=전용면적+주거공용면적'이다.

둘 전용면적

가족들이 잠을 자고, TV를 보는 등 주거만을 위해 사용되는 공간이다. 그래서 주거전용면적이라는 말로도 쓰인다. 즉 '전용면적=주거전용면적'이다.

셋 계약면적

공급면적과 기타 공용면적(단지 내 관리사무소, 노인정 등)을 모두 합한 것이다. 따라서 네 가지 중 가장 넓다.

알쏭달쏭 TIPS

아파트 입주자 모집공고 주택형은 전용면적으로 표시된다는 것을 잊지 말자

현재 새로 공급되는 주택은 입주자 모집공고 주택형에 공급면적이 아닌 전용면적으로 표기되고 있다. 2009년 4월 1일부터 '주택공급에 관한 규칙 8조 7항'이 개정돼 신규 분양아파트의 입주자 모집공고의 주택형 표기 방식이 바뀌었다. 새 주택형 표기 방식에 따르면 주택형은 주거전용면적으로 표시해야 한다. 현재는 입주자 모집공고에 공용면적을 따로 표시할 수 있게 돼 있지만 주택 청약 시에는 꼭 주거전용면적으로 신청해야 한다.

주택형은 입주자 모집공고 시 각 타입의 기준이 되는 것으로 과거에는 공급면적이 적혀 있었고, 청약자들은 청약 시 이 공급면적을 보고 청약할 타입을 선택했었다. 이렇게 주택형 표기가 달라진 것은 그동안 발코니, 계단실, 엘리베이터, 주차장 등 공용면적을 포함해 분양가를 높여 받는 업체를 제재하고 소비자에게 정확한 정보를 전달하기 위해서다. 이렇게 되면 전용면적은 같아도 공급면적이 제각각이었던 종전의 현상은 사라지게 된다. 또 그동안 분양 주택의 청약자격이나 세금은 전용면적을 기준으로 하고 있어 공급면적과 혼돈이 있었다는 점도 주택형 표기 방식을 바꾼 이유 중 하나다.

낙찰 받은 집,
알고 보니 빈집이 아니라면?

경매로 내 집 마련을 하려던 L씨.
원하는 집을 찾자마자 바로 법원에 가서 낙찰을 받았는데…

L씨는 지금 황당하다. 낙찰 받고나서 해당 집을 직접 가보니 이불이나 가전제품 등 살림살이가 왕창 들어 있는 것. 집 앞에서 망연자실하고 있는 L씨에게 전 소유자인 K씨로부터 전화가 걸려왔다. 자신은 원래 이곳에 살고 있었고 잠시 회사 일로 출장을 다녀온 것뿐이니 짐을 뺄 수 없다는 내용. 실상을 알고 보니 경매가 진행되면서 K씨가 보증금에 해당하는 이사비용을 넉넉히 받기 위해 짐을 들여놓은 것인데…

비어 있는 집이라면 복잡한 명도절차 없이 바로 입주할 수 있지만 사례처럼 전소유자의 짐이 하나라도 남아 있다면 문제가 된다. 그러므로 입찰 전에는 빈집인지 확인하는 것이 필수다. 어떻게 구분해야 할지 그 노하우를 알아보자!

하나 경비원, 이웃 주민에게 물어 확인하라

경매로 낙찰받은 집이 아파트라면 관리사무소 직원보다는 해당 동에 근무하는 경비원이 사정을 더 잘 안다. 실제로 사람이 살고 있는지 여부를 물으면 된다. 또한 옆집이나 윗집, 아랫집에 사는 사람에게도 사정을 묻는다. 이때 이삿짐이 나갔는지 함께 확인해볼 것. 또한 관리비 체납 여부도 확인하라.

둘 공과금을 확인하라

고지서가 없다면 수도요금은 관할 상수도사업본부, 전기요금은 한국전력공사, 도시가스요금은 해당 지역 도시가스 공급업체에 문의하여 미납된 내역이 있는지 확인해본다. 경매가 신청된 집임을 먼저 밝히면 주소만으로 그 내역을 확인할 수 있다. 만약 미납 요금이 없더라도 매달 기본요금이 부과되고 있다면 빈집이었을 가능성이 높다.

셋 우편물을 확인하라

비어 있는 집이라면 오랜 기간 확인하지 않은 우편물이나 각종 고지서, 신문 등이 수북이 쌓여 있을 가능성이 크다. 우편함에 이러한 것들이 있는지 확인해보면 빈집인지의 여부를 어느 정도 가늠할 수 있다.

반갑다! 알짜 오피스텔

알짜 오피스텔의 조건

01. 역세권

02. 주거지보다는 도심에

03. 전용률이 높을수록 유리

04. 풀옵션도 젊은 층에게 인기

주거용 오피스텔은 임대수익 사업으로 활용이 가능하다는 장점이 있다.
그러나 주거용 오피스텔이라고 무조건 인기가 있는 것은 아니다.
투자자들에게 호응을 얻을 수 있는 오피스텔 조건은 무엇일까?

| **첫째, 역세권에 위치한 곳이어야 한다** | 역세권은 도보로 5분 이내 접근이 가능한 곳이다. 같은 지하철 중에서도 특히 사람들이 가장 많이 이용하는 2호선이 좋다.

| **둘째, 주택지보다는 도심이 유리하다** | 임대를 얻으려는 특정인이 있는 것은 아니지만, 소형을 많이 찾는 20~30대 직장인이 오피스텔 타깃이 될 수밖에 없다. 그러므로 도심지나 부도심지가 명당. 현재 오피스텔이 성업 중인 지역을 보면 신촌, 마포, 강남권, 인천국제공항 지역 등이다.

| **셋째, 이왕이면 전용률이 높아야 한다** | 일반적으로 아파트는 전용률이 공급면적의 80%인 반면, 오피스텔은 50% 정도다. 그러므로 생활공간인 전용면적이 넓을수록 찾는 수요층이 두터울 수밖에 없다. 그 외 풀옵션으로 꾸며진 오피스텔, 입주한 지 얼마 안 된 오피스텔도 인기가 높으니 기본 상식으로 알아두자.

노후 대책용 투자처를 물색하는 사람들이 가장 많이 찾는 세 가지 상품이 있다. 상가, 소형주택(다세대, 다가구 등), 그리고 오피스텔이다. 이 중 오피스텔은 소액으로 투자하기 적절한데다 그 특성을 잘 고려해 매입하면 임대사업용으로는 이만한 투자처가 없다. 그렇다면 알짜 오피스텔을 고르기 위해서는 무엇을 살펴야 할까? 몇 가지 팁을 제공한다.

하나 임대 수요를 파악하라

오피스텔은 소액으로 투자해 임대수익을 올릴 수 있는 투자처다. 따라서 매매 후 오피스텔 자체 가격이 올라 시세차익을 누리는 것을 기대하기보다는 임대수익을 높이 올릴 수 있는 곳을 선택해야 한다. 이를 위해서는 임대 수요가 꾸준해야 한다.

둘 역세권을 노려라

역세권 오피스텔은 직장인, 신혼부부, 학생 등 수요층이 두텁기 때문에 가장 선호하는 지역이다. 대학가 주변, 도심 업무시설 밀집 지역, 서울 외곽 지역과 도심 및 강남권을 연결하는 중간 지대에 위치한 오피스텔이 인기가 높다.

셋 대학과 역세권이 어우러진 곳이면 최상이다

역세권이면서 대학교가 근처에 자리해 있어 학생 및 직장인들의 수요가 꾸준한 대표 지역으로 서울대역, 신촌역, 청량리역 등이 있다. 공급면적 대비 전용면적 비율이 높거나 관리비가 저렴한 오피스텔을 고르는 것도 하나의 요령이다.

도대체 2베이, 3베이가 뭐야?

이때 베이란 전면 발코니를 기준으로 기둥과 기둥 사이의 한 구획을 말한다.
즉 전면 발코니에 접한 거실이나 방의 숫자라고 할 수 있다.

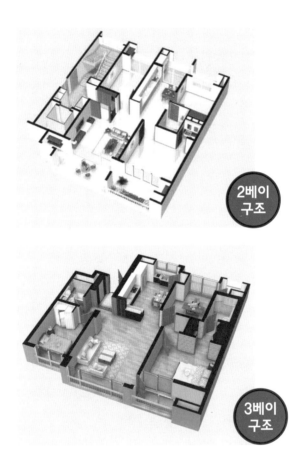

2베이는 전면 발코니를 기준으로 침실과 거실이 위치하는 것이고
3베이는 침실-거실-침실의 구조를 말한다.

2베이와 3베이의 장단점

구분		2베이	3베이
장점		남향으로 많은 가구를 배치할 수 있어 토지효율성이 좋다. 즉 분양가가 저렴하다.	남향으로 방 2개 및 거실을 배치할 수 있어 채광효과가 높다.
		현관에서 바로 거실이 한눈에 들어와 개방감이 좋다.	현관에서 복도를 지나야 거실을 볼 수 있어 사생활침해 우려가 적다.
		주방공간이 앞뒤로 긴 스타일이어서 주부들의 활동하는 데 편리하다.	리모델링 시 공간 평형을 넓히는 데 매우 유리하다.
단점		자녀 방이 주로 북쪽으로 있어 어둡다.	토지효율성이 낮아 분양가가 높다.
		주방과 거실사이 공간 활용이 뚜렷하지 않아 공간 활용도가 떨어진다.	거실 및 안방이 다소 좁으며 주방이 좌우로 넓어 동선이 다소 불편할 수 있다.

요즘은 삶의 질이 높아지면서 분양가가 다소 높더라도 채광 효과가 높은 3베이를 선호하는 편이다.

새 아파트 입주로 마음을 들뜬 나대리씨. 직장 동료들을 초대해 집들이를 했다.

김부장 "어이, 나대리. 나대리 집은 3베이라 볕이 잘 들어서 좋겠구만.

황대리 "맞아요. 저희 집은 2베이라서 그런지 애들 방은 어둡고, 현관으로 들어서자마자 화장실이 바로 보이는데. 이 집은 그렇지 않아서 좋겠어요."

나대리 "그런데 2베이, 3베이가 뭐죠?"

2베이, 3베이라… 이게 무슨 말일까?

'베이'는 전면 발코니를 기준으로 기둥과 기둥 사이의 한 구획을 말한다. 쉽게 말해 전면 발코니에 접한 거실 및 방의 숫자다. 아무래도 2베이보다는 3베이가 전면의 폭이 넓어 채광과 통풍이 좋고 개방감도 뛰어나다. 또한 3베이는 발코니 면적이 넓어 서비스 면적도 넓어진다는 장점이 있다. 현관문을 열었을 때 거실이 바로 노출되지 않고 욕실 문이 바로 보이지 않으며 중앙에 가족의 공동 공간인 거실과 주방이 배치된다. 나머지 방이 좌, 우로 분리돼 있다는 특징이 있다.

반면 2베이는 앞뒤 길이가 긴 평면을 갖게 돼 3베이보다 더 많은 집이 남향에 배치되고 3베이에 비해 안방 및 거실을 넓게 쓸 수 있다는 게 특징이다. 요즘은 주택업체의 신평명 개발 경쟁이 치열해져 2베이, 3베이 외에도 4베이나 2면 개방형 구조도 많이 나오고 있다. 자신의 생활 패턴에 따라 평명을 선택하는 것이 좋다.

그러나 발코니에 접한 거실이나 방 개수가 많다고 반드시 좋은 것만은 아니다. 주택형 규모에 따라 베이 구조도 달라져야 한다는 점을 알아야 한다. 예컨대 110㎡형에 2베이나 3베이는 평면구조상 무난하지만 같은 형에 4베이는 채광은 잘 될 수 있어도 출입문과 발코니 폭이 너무 좁아 다소 답답한 느낌을 줄 수 있다.

실례로 2008년 입주한 송파구의 P아파트의 경우가 그렇다. P아파트 108㎡형은 2베이와 3베이 구조로 다소 안정적인 평면을 제공하는 반면, 비슷한 크기의 109㎡형은 4베이 구조로 발코니에 거실이나 방 3개가 모두 접한 나머지 내부가 터널같이 폭이 좁아 답답하고 불안정하다는 인식을 지울 수 없다. 이런 이유 때문에 P아파트 109㎡형은 면적에서는 108㎡형보다 1㎡ 크면서도 전세가나 매매가가 108㎡형보다 약간 낮게 형성되어 있다. 내부 평면구조가 시세에도 영향을 미치는 대표적인 사례라 할 수 있다.

세입자 문제입니다

아파트 임대인입니다. 지금 보증금 일부를 받고 매달 월세를 받고 있습니다. 그런데 몇 달 동안이나 월세가 밀리고 세입자가 연락까지 안 되더라고요. 몇 달 동안이나요. 그러다가 얼마 전에 세입자의 부인한테서 연락이 왔습니다. 지금은 계약자가 남편으로 되어 있는데, 피치 못할 이유가 생겼다면서 계약자를 본인으로 바꾸고 싶다는데요. 이런 상황에서는 어떻게 대처해야 할까요?

Dr.아파트

세입자의 명의를 변경할 경우에는 구두로 변경하면 안 됩니다. 명의 변경의 내용이 서면으로 명확하게 작성될 필요가 있습니다.

현재 세입자(계약자)와 부인, 집주인 3자가 모인 자리에서

1. 종전 계약서를 회수하고 밀린 월세를 제외한 나머지 금액을 현재 세입자에게 반환하고 영수증을 받으신 후,

2. 부인을 새로운 세입자로 하여 월세 계약서를 작성하고 부인으로부터 보증금을 받으시면 됩니다.

이때 중요한 것은 부부 간에는 서류 위조가 용이하므로 가능하면 현재 세입자와

부인이 함께 있는 자리에서 계약서를 작성하시는 것이 좋습니다. 혹시라도 현재 세입자가 부득이한 상황으로 불참하게 경우, 부인을 통해 위임장과 명의변경에 이의를 제기하지 않는다는 확인서를 받아야 하며 현재 세입자와 전화 통화하여 이를 확인하시고 통화내용을 녹취해야 추후 문제의 소지가 없습니다.

 ## 광명 아파트 매도할까? 2년 더 전세 줄까?

저는 광명 소하동에 44평을 소유하고 있습니다. 서울에도 33평을 소유하고 있는데 서울에서는 제가 살고 있어요. 이번 11월 하순에 2년 전세 기간이 끝나서 정리를 해야 하는데 마땅한 매수자가 없어서 기다리고 있습니다. 2년을 더 보유해야 하나 아니면 싸게라도 정리하는 것이 나은지 결정을 못하겠더라고요. 전세금도 올라서 한 번 더 전세를 줘야 하는지요.

Dr.아파트

광명은 주공아파트가 많이 분포해 주로 중소형 선호도가 높은 지역입니다. 서울 강서, 금천, 양천 등 지역에서 좀 더 저렴한 가격에 광명으로 이전하는 수요자들이 있습니다.

재건축 등을 통해 광명 지역에 대형 브랜드 아파트들이 들어오면서 수요층의 변화도 있긴 했지만 대형 수요층은 상대적으로 적은 편입니다. 매수자가 있다면 매

지

도하시면 좋겠지만 원하시는 가격에 거래는 쉽지 않을 전망입니다. 전세도 수요는 있으나 가격을 너무 올리시면 향후 재계약 시점에 새로운 세입자를 받기가 어려워질 수 있는 만큼 큰 폭의 인상 또한 좋지 않습니다. 만약 매도하신다면 해당 자금의 다른 활용 용도가 있으신지 여쭙고 싶군요.

광명은 현재 노후 단지들을 중심으로 재건축이 추진 중에 있습니다. 만약 매도를 하신다면 철산동, 하안동 등 일대에 주공아파트를 보유해 두시는 것이 투자 측면에서 괜찮다고 봅니다. 광명은 그동안 몇 차례 재건축을 통해 삼성물산, 대우건설 등 대형 건설사의 브랜드 아파트들이 들어서면서 수요가 다양해졌기 때문에 재건축에 대한 기대도 큰 편입니다.
7호선을 이용해 서울 강남 방면으로 출퇴근이 가능하다는 점에서 수요가 두텁습니다. 44평의 수요는 적지만 중소형 수요 두텁고, 재건축까지 감안할 수 있다는 점에서 노후 주공아파트로 갈아타시는 것이 좋겠습니다.

강남 소형아파트! 월세 목적으로 투자하려면

 궁금해요!

강남 논현동 신동아파밀리에 16평을 월세 수입 목적으로 구매하려는데요. 부동산 중개소의 아는 분 말씀으로는 수익률이 잘해야 4%라고 하는데요. 수익률을 어떻게 알아보고 판단하면 좋을지, 지금 강남에 소형아파트는 사두고, 월세 수입을 기대하는 것이 같은 가격 대비 괜찮은 방법인지 궁금합니다.

일반적인 수익률 계산은 다음과 같습니다.

❶ 월세×12개월＝월세소득(A)
❷ 매매가－보증금＝실투자금액(B)
❸ A/B×100＝수익률(%)

논현동 신동아파밀리에는 현재 보증금 1억 원에 월세 60만 원 정도를 평균 월세 수준이라고 봅니다(물건에 따라 달라질 수 있습니다).

매매가는 3억 3천 만~3억 5천 만 원가량 되는데요.

❶ 60만 원×12개월＝720만 원
❷ 3억 5천만 원－1억 원＝2억 5천만 원
❸ 720만 원/2억 5천만 원×100＝2.8%

매매가가 얼마냐, 월세를 얼마 받느냐에 따라 수익률은 3%를 넘길 수도 있습니다. 이때 어떤 물건을 구입하더라도 공실이 발생 가능성이 낮아야 하고 가격이 저렴해야 수익률이 높아집니다. 같은 면적이라도 좀 더 싼 가격의 매물을 구입하는 것도 물론 중요하고요.

일단 강남의 소형아파트들은 공실 우려가 적은 편입니다. 그만큼 임대수요는 탄탄한 편이라고 할 수 있지요. 대신 매매가가 비싼 편이라 웬만큼 월세를 받아도 임대수익률은 최대 5% 정도며 이보다 못한 경우들이 대부분입니다.

반대로 강북 지역의 경우 강남보다는 수익률이 높은 편입니다. 매매가가 낮기 때문이지요. 따라서 상대적으로 초기 비용 부담이 적은 쪽은 강북권이고, 투자 금액에 따라 선택은 달라질 수 있습니다. 강남권은 비용은 많이 들 수 있지만, 매달 받는 월세 자체가 강북 지역보다 높은 편이기 때문에 수익률이 조금 낮아도 매달 받은 금액이 큰 강남을 선호하는 투자자들도 있습니다.

내 집 마련에 앞서 누구나 한 번쯤은 전셋집을 알아보게 된다.
하지만 사회초년생, 신혼부부 등 전셋집을 처음 알아보는 사람들이라면
전셋집 구하는 일조차 쉽지 않다. 전셋집 구할 때 꼭 알아야 할 사항을 정리했다.

등기부등본을 반드시 확인하라! 등기부등본은 계약 체결 전, 잔금 치르기 전, 전입신고 하기 전 등 최소 세 번은 열람하자. 대출을 많이 받은 집이 경매에 넘어갈 경우 전세 보증금을 날릴 수 있기 때문. 대출 총액이 아파트의 경우 시세의 70%, 단독주택은 시세의 50%를 넘어서면 전세를 들지 않는 게 좋다.

가처분 또는 가등기가 설정된 집은 피한다! 가등기는 장래 발생하거나 확정될 청구권을 보전하기 위해 임시로 해두는 예비등기다. 만일 집주인이 채무를 갚지 못할 경우 본등기의 순위는 가등기의 순위와 같아진다. 따라서 전입신고와 확정일자를 받아도 임차권을 주장할 수 없어 소용이 없다.

전세입자가 많은 주택은 되도록 피한다! 다가구주택에서는 세입자가 많은 경우 주택의 감정가와 세입자 전체의 보증금을 따져봐야 한다. 세입자 전체의 보증금이 더 많거나 비슷하다면 향후 경매가 진행됐을 때 전세금 일부 또는 모두를 회수할 수 없으므로 피하는 것이 좋다.

주택 하자도 꼼꼼히 점검해야 한다! 미리 확인하지 않으면 이전 세입자가 변경한 집 구조나 하다못해 깨진 유리창이 있는 경우 변상해야 할 수도 있다. 따라서 계약 전 집주인과 함께 주택의 구조나 하자 여부를 꼼꼼히 체크해야 한다. 그 외에도 준공허가가 나지 않은 건물은 새집이라도 허가 지연에 따라 입주하지 못하는 경우도 발생할 수 있으니 이 점도 참고하자.

날 때부터 금수저를 물고 태어난 게 아니라면 전셋집은 내 집 마련에 앞서 누구나 한 번은 거치는 코스다. 그러나 태어나서 전셋집을 구하는 일을 처음해보는 사람이라면 전셋집을 구하기가 여간 부담스럽고 신경 쓰이는 일이 아니다. 이리저리 고민해보지만 답이 안 나온다. 그렇다면 전셋집을 구할 때 무엇부터 살펴야 할까? 한 가지씩 살펴보자.

일단 집이 맘에 들어야 한다. 그러고 나서 해가 잘드는지, 물은 잘나오는지, 보일러가 잘 돌아가는지, 겨울에 결로 현상은 없는지 등등을 확인한다. 여름에 집을 구한다 해도 보일러 온수를 꼭 확인해보자! 한철만 살 게 아니라면….
그다음이 등기부등본 확인이다. 이 작업은 번거롭더라도 세 번(계약하기 전, 잔금을 넘겨주기 전. 전입신고 직전)은 반드시 확인해야 한다. 확인 결과, 등기부에 선순위로 설정된 대출액이 아파트의 경우 70%, 단독주택의 경우 50% 이상이라면 아무리 맘에 드는 집이라 해도 과감히 포기하는 게 낫다. 대출이 많은 집은 경매에 넘어갈 위험이 높고 경매에 넘어가면 전세보증금을 날릴 위험성이 있다. 가처분 또는 가등기가 설정된 집도 피해라. 아직 소유권이 넘어가거나 경매가 실행된 것은 아니지만 그럴 위험이 있다는 뜻이므로 이런 집은 처음부터 피하는 것이 상책이다.
임차인이 많아도 위험하다. 다른 전세입자보다 늦게 전입신고를 하게 된다면 이들에게 대항할 수 없는 만큼 소중한 전세보증금을 날릴 위험성이 높다.

집주인이 바뀌었는데 별일 없겠지?!

전세계약이 끝나가는데,

전셋집을 새로 찾는 일보다 기존에 살던 집에서

계약을 연장하는 편이 이사비용도 아끼고 수고도 덜 수 있어 편하다.

집주인도 새로 세입자를 들일 때 도배를 해준다든지 등의 비용을 줄일 수 있다.

전세 재계약은 매매나 신규 전세계약과는 달리
중개업소를 통하지 않고도 세입자와 집주인이 직접 할 수 있다.

그렇다면 이때 새로운 전세계약서를 꼭 써야 하는 걸까?

본문에서 구체적으로 살펴보도록 하자.

계약 내용에 변동이 없다면?

계약 내용에 변동이 없다면 계약서를 다시 작성할 필요도, 확정일자를 다시 받을 필요도 없다. 계약기간이 만료된 후 같은 조건으로 계약을 갱신하거나 묵시적 갱신이 되는 경우가 이에 해당하기 때문. 계약서를 다시 쓸 때 최초 계약 당시에는 없었던 근저당권 등이 새로 설정되어 있을 경우 임차인으로서의 지위가 후순위로 밀릴 수 있으므로 주의하자.

계약 조건에 변동 사항이 있다면?

전세보증금이 아닌 다른 계약 조건이 변한 경우에는 기존 계약서에 변경된 내용을 적고 세입자와 집주인이 확인 도장을 찍으면 된다. 그런데 전세보증금이 달라졌다면 조금 복잡해진다. 인상된 보증금에 기존 확정일자의 효력이 미치지 못하기 때문이다. 따라서 인상된 보증금에 대해 별도의 계약서를 작성하고 이에 대한 확정일자를 다시 받아야 한다. 이때 주의 사항은 기존 계약서를 파기하고 새로이 전체 보증금에 대한 임대차 계약을 작성하지 않도록 해야 한다는 점이다. 이미 취득했던 대항력 및 우선변제권을 모두 잃을 수 있기 때문이다.

집주인이 바뀌었다면?

전 집주인이 집을 팔아 주인이 바뀌었다면 계약서를 작성하지 않아도 된다. 임대차 계약기간 중에는 주인이 바뀌더라도 세입자의 권리가 인정되기 때문이다. 그런데 바뀐 집주인과 다시 재계약을 하고 싶은데 앞에서와 마찬가지로 보증금이 얼마라도 늘었다면 늘어난 부분에 대하여 별도의 계약서를 작성하고 확정일자를 받아야 한다.

아파트 보러 다닐 때 놓치기 쉬운 1%

집을 보러 다닐 때 집의 위치, 채광, 인테리어 정도만
대강 살피고 나오는 일이 흔하다.
아무래도 남이 살고 있는 집이다 보니 꼼꼼하게 들여다보기가
미안하고 민망하기 때문이다.
하지만 실제로 그 집에 들어가서 살다가
생각지도 못한 일이 발생해 난감해질 수도 있으므로 주의가 필요하다.
꼼꼼하고 정확하게 집의 상태를 알아보기 위해
점검해야 할 사항들을 알아보자.

화장실, 부엌 등의 수압을 반드시 체크하라

집을 보러 갔다면 화장실, 변기, 욕실, 싱크대 등 물이 나오는 곳마다 실제로 틀어서 수압에 이상이 없는지 확인해야 한다. 층에 따라 수압이 다를 수 있지만, 층이 낮은데도 불구하고 수압이 약하다면 별도의 공사가 필요하기 때문이다. 보일러 상태를 점검하는 일도 중요하다. 갑자기 불어 닥친 추위에 보일러가 작동하지 않으면 당황할 수 있다.

내 가구가 들어갈 공간이 있는지 확인하라

방의 높이가 장롱이 들어갈 수 있을 만큼 높은지 세탁기를 놓을 여유 공간이 충분한지 염두에 두고 집을 봐야 한다. 부가적으로 별도의 수납공간이 있는지 확인해 두는 것이 좋다.

불가피하게 발생하는 소음을 체크하라

현관 구조가 복도식이라면 여러 사람이 복도를 이용하기 때문에 소음에 노출될 수 있다. 여러 집이 하나의 엘리베이터를 공유하면서 복도로 연결된 방식이 복도식, 엘리베이터를 중심으로 두 집만 연결된 방식이 계단식이다. 복도식의 경우 엘리베이터에서 가까운 집보다 멀리 떨어져 있는 집이 소음도 덜하고 복도 활용도 역시 높다. 또 대로와 인접해 있다면 창문을 열어서 소음 정도를 확인하는 것이 좋다.

엘리베이터가 지하주차장까지 이어져 있는지 확인하라

막상 입주해서 생활해보면 꽤 불편함을 느끼는 부분이 바로 지하주차장 연결 여부다. 지하주차장이 아파트까지 바로 연결되지 않으면 상당히 불편하다. 비가 오거나 무거운 짐을 차에서 날라야 할 때가 바로 그렇다. 지하 엘리베이터는 같은 단지라도 동마다 다를 수 있으므로 반드시 점검해야 한다.

남편이 **언제** 짤릴지 모를 때...
보금자리 지키는 법

아버님 댁에
보일러 놓아 드려야겠어

멍!멍!

오늘 오랜만에 부모님께 안부전화를 드렸다.
아버지가 당황해하신다.

명절 때만 찾아뵙던 부모님 댁을 주말마다 찾기 시작했다.
슬슬 부모님이 눈치 채신 것 같다.

벌써 겨울이 코앞이다. 부모님 댁에 보일러를 놔드려야겠다고 생각했다.
14년 동안 묵은 보일러를 바꿔드렸다.

그리고 우리 가족은 부모님 댁에 들어가 함께 살았다.

뭉치면 살고 흩어지면 죽는다.
감사합니다. 부모님!

집을 합칠 때 나오는 양도세를 어떻게 감당할지 걱정이라고? 너무 걱정하지 않아도 된다.

직계존속의 동거봉양을 위한 일시적인 2주택의 경우, 즉 1주택을 보유한 1세대를 구성하는 자가 1주택을 보유하고 있는 60세 이상의 직계존속(배우자의 직계존속 포함)을 동거봉양하기 위해 세대를 합침으로써 1세대가 2주택을 보유하게 되었다면, 세대를 합친 날로부터 5년 이내에 먼저 양도하는 주택은 이를 1세대 1주택으로 보아 비과세 여부를 적용한다.

즉 부모님을 모시기 위해서 1가구 2주택이 되는 것은 5년 이내에 부모님 집과 내 집 중 하나만 팔아도 양도세 비과세가 가능하다는 얘기다. 더 나아가 만약 세대합가 후 5년이 넘어 부모 또는 자녀의 주택 중 어느 하나를 양도할 계획이라면 양도하기 전에 주민등록을 분리해놓는 것이 좋다. 1세대 1주택에 해당하는지 여부는 양도일 현재를 기준으로 판단하기 때문이다.

종부세 걱정도 붙들어두라. 어차피 종부세는 세대별 과세가 아니고 인별 과세다. 따라서 부모님을 모심으로써 합가를 하게 되었다고 해도 종부세에 영향을 주지는 않는다.

부동산 생활퀴즈

부동산 가격의 변동은 전반적인 경제 상황이나 부동산 정책 등 거시적 요인의 영향을 받기도 하지만 지역적 개발호재, 지역 프리미엄, 교통, 학군 등 미시적 요인에 의해서도 영향을 받는다.

내 집이 오르지 않거나 올라도 다른 지역 아파트에 비해 가격 오름 폭이 적다면 필시 미시적 요인 중 어느 하나 또는 그 이상에서 다른 아파트보다 경쟁력이 떨어진다고 보면 된다.

실수요자라 해도 남의 아파트 가격만 오르면 배가 아픈 법!
실수요뿐만 아니라 자산가치 상승까지 바란다면 미련 없이 살던 집을 처분하고 개발호재가 있거나 입지적으로 더 나은 곳으로 옮겨보는 것은 어떨까?

알쏭달쏭 TIPS

청약통장을 팔 수도 있을까?
청약통장을 사고 파는 것은 불법이다. 주택법 등에 따르면 다른 사람 청약통장으로 아파트를 분양받은 사실이 적발될 경우 주택공급 질서 교란행위로 당첨이 취소되고 통장을 판 사람은 3년 이하 징역 또는 3,000만 원의 벌금에 처하도록 규정돼 있다. 게다가 주택법 개정으로 청약통장을 매도한 자 이외 매수한 자도 처벌받도록 하였다.

부동산 세금 조삼모사

주택을 살 때 내야 하는 세금은 취득세와 교육세와 농어촌특별세다. 취득세율은 과표 및 면적에 따라 1~3%까지 차등 적용된다. 농어촌특별세 역시 과표 및 면적에 0.2%의 세율이 부과되는데 다만, 전용면적이 85㎡ 이하 주택을 취득할 경우 과표와 상관없이 비과세 된다.

부동산 관련 세금에 대한 정책이 달라질 때마다 세금이 더 늘어난다고 조세저항을 하는 사람이 많다. 하지만 자신이 누린 시세차익은 생각하지 못하는 것 같다. 부동산을 팔 때는 양도세를 내야 하는데, 이 양도세는 자신의 양도차익에 따라 각기 다른 세율을 적용한다. 따라서 주택의 수가 많은 사람이거나, 양도차익이 클수록 세율이 높아진다.

집을 살 때에도 취득세가 부과된다. 이들 세금도 만만치 않다. 예컨대 전용면적 85㎡를 초과하는 주택을 6억 원에 구입했다면, 취득세는 780만 원(1.3%) 정도 든다. 여기에 등기수수료, 채권매입비, 중개수수료, 이사비용 등을 포함하면 대략 1,340만 원이 소요된다. 따라서 집을 사고팔 때 내야 하는 부수적인 세금이나 기타 비용을 잘 따져보고 자금 계획을 세워야 하겠다.

주택 취득 시 합계 세율은 다음과 같다.

- 과표 6억 원 이하의 경우 85㎡ 이하 주택은 1.1%, 85㎡ 초과 주택은 1.3%
- 과표 6억 원 초과~9억 원 이하일 경우 85㎡ 이하의 주택은 2.2%, 85㎡ 초과 주택은 2.4%
- 과표 9억 원 초과일 경우 85㎡ 이하 주택은 3.3%, 85㎡ 초과 주택은 3.5%

전세금 안전하게 지키는 방법

가장 확실한 방법은 전세보증보험에 가입하는 것. 확정일자나 전세권설정등기를 했더라도 전세계약 만료 후 집주인이 돈이 없거나 다른 세입자를 구할 수 없어 전세금을 돌려주지 못하는 경우 보증금을 보증보험회사로부터 받는 방법이다. 이 보험에 가입하려면 확정일자를 받은 전세계약서, 전세보증금 지급 확인서류(입금증 등), 등기부등본, 주민등록등본 등 심사에 필요한 서류와 도장을 챙겨 보험회사로 가면 된다. 전세보증보험은 서울보증보험, 대한주택보증에서 취급하고 있으며 모든 세입자가 가입 가능한 게 아니라 대항력과 우선변제권을 취득하고 임대차 기간이 2년 이상인 세입자만 가입할 수 있다.

28

우리도 재건축 하고 싶을 뿐이고!

오래된 아파트는
재건축 기대감으로 인해 인근 아파트보다 비싸다.

하지만

아무 때나 재건축을 할 수 있는 건 아니다.

이는 각 시·도 조례에 따른다.

세상에 날로 먹을 수 있는 것은 없다. 몸도 움직여야 하고, 머리도 써야 한다. 부동산도 마찬가지다. 마음에 드는 부동산 물건을 찾았다면 몸을 움직여 꼭 찾아가 봐야 한다. 전화로 대충 알아보고, 인터넷으로 휘리릭 살펴보고 구입한다면 어리석은 짓이다.

그런데 유독 머리를 써서 구입해야 하는 상품이 있다. 바로 재건축아파트다. 재건축이 가능한 시기가 법적으로 정해져 있는 만큼 재건축 연한을 계산할 줄 알아야 한다. 재건축 연한이 도래했다고 하여 재건축이 가능한 건 아니다. 재건축 연한이 도래했다면 안전진단 신청을 할 수 있는 자격이 주어진다는 정도다. 안전진단을 통해 재건축해야 한다는 평가를 받으면 정비구역 지정을 통해 재건축 사업을 추진할 수 있다. 통과하지 못하면 통과될 때까지 기다리는 수밖에 없다. 따라서 '오래된 아파트＝재건축 아파트'의 공식이 정답이 아님을 알기 바란다.

2014년 '9.1부동산대책'에 따르면 재건축 연한이 최대 40년에서 30년으로 완화된다. 즉 서울의 경우 현행 기준으로 1992년 1월 1일 이후 준공된 5층 이상 건축물은 40년 이후에나 재건축 추진이 가능했으나 법이 개정되면 30년 이후부터 재건축 추진이 가능해진다.

마찬가지로 인천은 1994년 1월 1일 이후 준공된 5층 이상 건축물도 기존 40년에서 30년으로 단축되며 경기도는 1993년 이후 준공된 5층이상 건축물 역시 40년에서 30년으로 연한이 단축된다.

서울을 예로 들어보자.

1987년 10월 준공된 아파트는 종전 기준에 따르면 22+(1987년−1982년)*2년=32년, 즉 2019년(1987년+32년) 이지만 재건축 연한이 30년으로 단축에 따라 2년이 줄어든 2017년(1987년+30년)부터 재건축 사업 추진이 가능해진다.

서울시

1. 1992년 1월 1일 이후 준공 : 5층 이상 건축물 40년, 4층 이하 건축물 30년
2. 1982년 1월 1일부터 1991년 12월 31일까지 준공
   ① 5층 이상 건축물 22+(준공연도−1982)×2년, ② 4층 이하 건축물 21+(준공연도−1982)
3. 1981년 12월 31일 이전에 준공된 건축물은 20년

인천광역시

1. 1994년 1월 1일 이후 준공 : 5층 이상 건축물 40년, 4층 이하 건축물 30년
2. 1984년 1월 1일~1993년 12월 31일까지 준공
   ① 5층 이상 건축물 22+(준공연도−1984)×2년, ② 4층 이하 건축물 22+(준공연도−1984)
3. 1983년 12월 31일 이전 준공된 건축물은 20년

경기도

1. 1993년 이후 준공 : 5층 이상 건축물 40년, 4층 이하 건축물 30년
2. 1984년~1992년 준공 :
   ① 5층 이상 건축물 20+[(준공연도−1983)×2], ② 4층 이하 건축물 20+(준공연도−1983)
3. 1983년 이전 준공된 건축물은 20년

.... 알쏭달쏭 TIPS

비례율은 또 뭔가?

개발이익률로 불리는 비례율은 재개발 사업이 끝난 후 조합이 벌어들인 총 수입금에서 사업비를 뺀 금액을 구역 내 토지 및 건물감정평가액으로 나눈 금액을 말한다. 조합원 개인의 지분에 대한 재산평가액에 비례율을 곱한 금액이 조합원의 최종권리가액이 된다. 일반적으로 조합원이 적어 일반 분양이 많은 곳, 사업추진이 빠른 곳, 건축비가 상대적으로 싼 평지 등의 재개발단지에서 비례율이 높게 나온다.

• 비례율=(사업 완료 후의 대지 및 건축물의 총 추산액−총 사업비)/종전토지 및 건축물의 총 가액

BOOK IN BOOK ┤ 닥터아파트의 **특급처방** |

 아파트 청약 분양 관련 질문

 궁금해요!

저희 부부가 각각 시점이 다른 아파트에 청약 분양을 하려고 하는데요. 혹시 먼저 A아파트가 10월에 와이프 이름으로 청약 당첨이 되고, 다음 11월에 B아파트가 제 청약으로 당첨되었을 때 두 개 모두 계약을 하고, 둘 중 하나를 분양권 전매해도 문제가 안 되나요? 궁금합니다. 두 아파트 모두 마음에는 드는데요. 더 마음에 드는 아파트가 분양 일정이 더 늦어서 고민되네요. 투기과열지구라는 것에 따라 문제가 될 수도 있다고는 하는데 답변 부탁드립니다.

Dr.아파트

재당첨 제한에 대해서 간단히 말씀드리겠습니다. 이때 제한하는 부분은 주택청약에 당첨된 사람 및 그 세대원에게 주택의 종류, 지역 등에 따라 일정기간 동안 다른 주택의 당첨을 제한하는 것이지요. 단, 민영주택의 경우 투기과열지구에서 공급하는 경우에만 재당첨 제한을 적용받습니다.

그런데 현재 전국에서 투기과열지구로 지정된 곳은 없습니다. 민영주택에 당첨된 후 재당첨 기간 내에 민영주택에 다시 당첨된다고 하더라도, 재당첨 제한을 적용받지 않지요. 따라서 두 분 모두 청약은 가능하십니다. 다만 주의하실 점이 한 가지 있는데요. 재당첨 제한이라는 것은 기존에 당첨된 통장을 재사용할 수 있다는 의미는 아니라는 점을 명심하시기 바랍니다.

 ## 위례신도시 새 아파트로 갈아타기

 궁금해요!

현재 올림픽선수촌아파트 34평형 보유 중입니다. 잠시 외국에 나와 있는 관계로 전세를 놓은 상태이고 내년 8월이 전세 만기입니다. 올 겨울 정도에 귀국 예정이라 이참에 새 아파트로 갈아타는 것이 어떨까 생각 중입니다. 올림픽 선수촌을 매도하고 송파 위례 분양권을 매수하여 입주하는 것이 어떤지 궁금합니다. 위례 근처에는 아직 교육 시설이 정착되지 않은 상태라 새 아파트라는 조건을 제외하고는 올림픽선수촌이 여러 가지 면에서 편리한데 올림픽선수촌 매도 시점 및 위례 매수 시점과 관련해 의견 부탁드립니다.

Dr.아파트

위례신도시는 입주 초반에는 다소 불편한 점들은 있겠지만 되도록 일찍 매입해 보유하는 것이 좋다고 판단됩니다. 위례신도시는 기존에 입주한 2천9백여 가구 이외에 2015년 하반기부터 점차 입주가 증가할 전망입니다. 따라서 인프라가 어느 정도 구축되려면 2016년 이후부터 좀 더 두드러질 전망입니다. 올해 매입을 해 놓는다면 최소 2~3년 뒤부터는 시세가 자리를 잡아갈 수 있겠지요.

송파권역, 성남권역, 하남권역 등으로 단지들이 구분돼 있기 때문에 입주 후에는 시세가 지역별로 차별화 될 수 있습니다. 따라서 그 시기의 가격은 현재보다 높아질 가능성이 높아 위례신도시 입주를 원하신다면 미리 선점해 두시는 것이 좋습니다. 다만 현재 일부 단지들에서 프리미엄이 1억 원 이상을 호가하는 등 다소 과열된 모습을 보이고 있기 때문에 이와 같은 분위기가 좀 가라앉은 2015년 상반기 중으로 매수 타이밍을 잡는 것이 좋겠습니다.

당분간은 로열동, 로열층 매물은 쉽게 나오지 않을 것입니다. 상대적으로 층, 향이 로열층보다 못한 물량들이 시장에 나올 가능성이 높지만 상대적으로 낮은 프리미엄에 나온다면 실거주 차원에서 매입하셔도 나쁘지 않다고 봅니다. 올림픽선수촌은 살기 좋은 단지지만 노후화 됐기 때문에 가격이 올라도 제한적입니다. 위례신도시에 입주가 몰리고, 추후 가락시영의 입주, 인근 둔촌주공 재건축 입주 등이 이어지면 수요가 이탈될 수 있어 언제든 매도는 이루어져야 합니다.
당장 매도하시라는 말씀은 아니지만, 위례 입주를 위한 자금을 위한 용도라면 매도가 선행될 필요는 있어 보입니다. 그렇지 않으시다면 매도는 내년에 하셔도 좋겠습니다.

29

급매물이라고 덥석 잡지 마세요!

급매물은 인근 아파트 시세보다 10% 이상 저렴하거나
로열동, 로열층 매물을 하한가 수준에서 살 수 있는 물건이다.
그러나
싸게 나온 만큼 주의사항도 있다.

하나 왜 싸게 나왔는지 이유 분석하기

시세보다 턱없이 싸게 나온 매물은 하자가 있을 가능성이 높기 때문에 싼 이유를 밝히는 게 중요하다. 경매 직전인지, 1가구 다주택자인지, 그 외에도 처분조건부나 각종 세금부담인지를 알아봐야 한다. 매도 목적을 안다면 가격협상에서도 우위를 점할 수 있으니 일석이조.

너이 시세 조사는 필수다

중개업소의 말만 믿고 급매물로 판단해서는 안 된다. 실제 해당 물건에 대한 정확한 시세를 파악해 해당 물건이 정말로 싼 가격인지 확인해야 한다. 실제 최근 거래된 거래가격을 체크해보는 것도 한 방법이다.

셋 다급하게 계약하는 것은 금물!

아주 싸게 나온 매물이기 때문에 다른 매수자가 금방 나타날 거라며 계약을 종용하는 중개업자가 종종 있다. 물론 실제 좋은 급매물인 경우 바로 계약으로 소화되지만 그렇다고 다급하게 계약해서는 안 된다.

넷 자금계획은 철저히하자

문제가 없다고 판단되는 시점에 자금 계획 등을 종합적으로 고려해 매입해야 한다. 특히 대출을 얻어야 하는 경우 미리 대출 가능 여부와 대출금액, 대출 승계 여부 등을 꼼꼼히 파악한 후 계약해야 자금 부족으로 계약을 파기하는 실수를 범하지 않을 수 있다.

몇 년 전에 있었던 일이다.

부천 사는 한 선배에게 전화가 왔다. 다급한 목소리로 "오피스텔을 싸게 준다고 하는데 구입하는 게 좋을까, 어떨까?" 하고 물었다. 뜬금없는 전화이기도 했고, 워낙 목소리가 다급했기 때문에 일단 진정시키고 자초지정을 물었다.

내용인즉슨 주말에 오피스텔 견본주택을 다녀왔는데, 견본주택에 있는 판매직원이 분양가보다 싸게 줄 테니 구입을 권유했다는 것이다. 그리고 앞으로 지하철 7호선 연장선이 개통되면 오피스텔과 역을 연결할 계획도 갖고 있다고 했단다. '일단 알아볼 테니 매수를 보류하시라' 말하고 전화를 끊었다.

다음날 오피스텔에 대해 알아봤다. 부천시청 인근이고 주변이 중동신도시다 보니 웬만한 편의시설이 다 들어가 있는 곳이었다. 그런데 맘에 걸리는 것이 오피스텔과 지하철역과의 연결 유무였다. 대부분 시공사에서 공사금액을 부담하기 때문에 공사비 부분도 그렇지만 위치상 부천시청과 연결되면 되었지, 소규모 오피스텔과 연결되지는 않을 것이란 판단이 들었다. 그래서 선배에게 전화를 걸어 판매직원이 잘 모르는 것 같으니 다시 확인해보고, 일단 매수는 보류하라고 조언해주었다. 그런데 며칠 후 선배로부터 다시 전화가 걸려왔다. 계약을 했다는 것이다. 어찌하겠는가, 계약을 했다는데. 축하한다는 말과 함께 전화를 끊었다.

시간이 흘러 오피스텔 공사가 마무리되어 입주를 했다. 종종 선배 집에 놀러가기도 했다. 그래서 생각나서 물어봤다. '지하철역과 연결되는 건 어때'라고?

대답은 NO다. 당초부터 계획에 없었다고 한다. 판매직원이 잘 모르고 연결된 다고 했다는 것이다. 결과적으로 따지면 이 경우는 분명 사기분양이다. 되지도 않을 것을 되는 것처럼 속여 분양을 했으니 말이다. 하지만 선배는 강남이나 서울 도심가는 버스편도 좋고, 가격도 조금 올랐으니 괜찮다는 입장이었다.

이 정도면 그나마 잘 된 케이스다. 싸게 준다는 업체측 말만 믿고 덜컥 계약한 후 생각보다 가격이 오르지 않거나, 입지가 좋지 않거나 해서 법원까지 가는 다툼이 종종 있기 때문이다. 명심해야 한다. 싼 것은 분명 이유가 있다는 사실 을….

 알쏭달쏭 TIPS

급매물을 잡으려면 중개업소를 활용하라

급매물을 잡기 위해서는 부동산 중개사무소의 도움이 절대적이다. 급매물 시장에도 부익부 빈익빈이 존재한다. 중개사무소에 급매물이 접수되더라도 급매물은 시장 상황에 상관없이 꾸준히 매입하는 투자자인 진짜 고객에게 최우선적으로 매입할 기회가 있다. 따라서 급매물로 내 집 마련을 하려는 무주택자들은 이에 대한 대비책을 세워야 한다. 중개사무소에서는 침체기나 비수기에 급매물을 찾는 사람, 같은 아파트단지에서 평형을 넓혀서 이사 가려는 사람, 외국 출국 전에 아파트를 매입하고 출국을 원하는 사람 등에 대한 정보를 가장 잘 알고 있다. 해당 단지에서 최소한 2년 이상 종사하고 평판이 좋은(매물도 많이 확보하고 계약 후 사후관리도 잘해주는) 사무소를 알고 있다면 한곳에만 매수의뢰를 해도 좋다. 중개사무소는 아파트 입주민에게 추천받는 게 가장 확실하다.
해당 아파트의 중개사무소를 잘 모를 때에는 3곳 정도를 선정, 매수의뢰를 해놓고 지속적인 관리를 해주는 곳, 급매물에 근접한 매물을 지속적으로 브리핑해주는 곳을 고르면 된다.

깨끗한 셋방 있음... 어린이는 없는 분

30

어느 허름한 집의 주인이 **'셋방 있음. 어린이 없는 분'** 이라고 써붙였다.

그런 후 얼마 있다가 노크 소리가 나더니 8살가량 된 사내아이가 들어왔다.

"아주머니, 대문에 써붙인 걸 봤는데요, 아직 전세 있나요?"

이렇게 말한 소년은 잠시 생각하고 나서 이야기를 계속했다.

"어린아이는 없습니다. 나하고 늙은 부모님뿐입니다."

밖에는 젊은 부부가 걱정스러운 표정으로 서 있었다.

집주인은 소년의 재치에 함박웃음을 짓더니 기꺼이 그들에게 방을 내주었다.

더럽고 치사하지만 어떻게 하겠는가. 돈 있는 사람들의 횡포라고 볼 수밖에 없다. 그렇지만 적은 돈을 가지고 좋은 전셋집을 얻으려면 별 수 없다. 특히 없이 살던 시절, 하나의 집에 여러 가구가 세들어 살던 시절에는 정말로 이런 일이 비일비재했다. 집주인들은 한집에 여러 세대가 모여 살려니 조금이라도 조용하고 깨끗하게 쓸 사람들을 구했다. 그 시절 식구는 많고 가난했던 집들이 많아 정말 전셋집을 구하기가 어려웠다고 어른들은 고생담을 들려주시곤 한다.

요즘에는 아파트나 연립, 다세대는 물론이고 다가구나 원룸주택도 독립세대로 꾸며져 이 같은 진풍경이 대다수 사라졌다. 다만 새롭게 인테리어를 했거나 지은 지 얼마 안 된 주택의 건물주가 집을 보러오는 사람에게 '애들이 몇 명이냐?'고 묻는 경우는 종종 있다. 새로 지은 집이니 깨끗하게 사용해달라는 취지에서 그렇게 묻는 것이기도 하지만, 가급적 아이가 적은 가구에 세놓고 싶은 생각이 집주인의 머릿속에 깔려 있는 것이다.

알쏭달쏭 TIPS

서울에서 저렴한 전셋집 구하려면?

해마다 치솟는 전셋값 때문에 2년에 한 번씩 고민에 빠지는 사람들이 많다. 더 저렴한 가격에 전셋집을 구하려면 어디에 주안점을 두고 알아봐야 할까?

❶ 입주 물량이 쏟아지는 곳: 대단지 아파트 입주가 시작되는 곳은 전세물량이 쏟아져 전셋값이 안정되는 경향이 있다. 투자자들이 잔금을 조달하기 위해 전세로 내놓지만 매물이 워낙 많아 시세가 하향 조정되기 때문이다.

❷ 재개발, 재건축이 예정된 곳: 재개발, 재건축 사업이 예정된 단지는 향후 사업이 추진되면 이주할 가능성이 우려돼 전세로 들어가지 않는 경향이 있다. 하지만 재개발, 재건축 사업은 오랜 시일이 걸리는 사업으로 전세 거주 기간 동안 별다른 사업 진척을 보이지 못할 수 있다. 게다가 주택이 낡아 전셋값이 저렴해 눈여겨볼 만하다.

소유권이전!
어떤 서류가 필요할까요~?

매도자 A씨는 속이 부글부글 끓는다. 계약 당시보다 소유권 이전을 해줘야 하는 지금 집값이 5,000만 원 이상 오른데다 똑똑하지 못한 중개업소에서 필요한 서류를 제대로 알려주지 않아 급하게 이곳저곳 뛰어다니며 서류를 뗐기 때문이다.

특히 별 생각 없이 주민등록등본을 떼러 갔다가 낭패를 봤다. 매수자는 주민등록초본이나 주민등록등본 둘 중 하나만 있으면 되지만 매도자는 주소의 이력사항이 있는 주민등록초본이 꼭 필요하기 때문이다. 그나마 불행 중 다행으로 A씨는 인근 동사무소에서 모든 서류를 떼는 일이 가능했다. 그러나 매수인 B씨는 인감증명서 때문에 애를 먹었다. 인감도장 자체가 등록이 안 돼 있었기 때문이다. 인감도장을 만들려면 반드시 거주하고 있는 주소지의 읍·면·동사무소에서만 가능하다. 이런 기초 준비 없이 집을 사려 한다면 우물가서 숭늉 찾는 식이라 볼 수 있다.

소유권이전을 할 때는 항상 필요한 서류들이 따라다닌다. 중개업소에서 알려주기는 하지만 본인이 관련 서류를 정확히 알고 있다면 불필요한 서류를 챙기지 않아도 된다. 또한 인감증명서나 등기권리증 등은 중요한 서류이므로 남한테 함부로 맡길 수 없다. 따라서 본인이 직접 떼는 습관을 들이는 것이 좋다.

> **소유권이전 계약 시 필요한 서류**
> - **매도인** 인감증명서 1통(용도 : 부동산매매용), 주민등록초본 1통(주소이력 포함), 등기권리증(집문서), 인감도장
> - **매수인** 주민등록초본 or 등본 1통, 도장(막도장 가능)

인감증명서는 구청 및 전국 읍, 면, 동사무소에서 발급된다. 본인이 직접 갈 경우 주민등록증이나 운전면허증, 여권이 있으면 발급받을 수 있고 부인 등 대리인이 갈 경우에는 본인의 인감(막도장 가능)이 날인된 위임장과(진정한 위임인지 여부를 확인하기 위하여 위임자의 신분증을 요구하는 경우도 있음) 대리인의 신분증(주민등록증, 운전면허증, 여권)이 있으면 된다.

또한 인감증명서는 용도를 적는 칸이 있는데 다른 용도로 남용되는 것을 방지하기 위해 반드시 부동산매매용이라고 표기하는 것도 하나의 팁이다. 그 외 매수인은 막도장을 써도 되지만 매도인은 반드시 인감도장을 써야 한다. 인감증명서를 만드는 방법은 거주하고 있는 주소지의 읍, 면, 동사무소에 본인의 신분증과 인감 등록할 도장을 챙겨 가지고 가면 된다.

...... 알쏭달쏭 TIPS

믿거나 말거나 상식?! 인감도장은 벼락 맞은 대추나무로 할 것
대추나무는 악귀를 쫓아내고 복을 불러온다는 전통적인 믿음과 함께, 실제적으로도 성분이 변화하면서 단단하기 때문에 한번 파놓은 글자가 마모되지 않아 오랫동안 변함없이 사용할 수 있다는 장점이 있다.

기발한 상상... 굴러 들어오는 돈!

땅속에 금광물이 있는데도 매장량이 없어서 가치가 없다니~ 너무 아깝다..

매장량은 적지만 그래도 금광물인데 다른 가치가 분명히 있을꺼얘

진정한 가치투자란 무엇일까?

버려진 땅, 쓸모없는 땅이라도 발상의 전환을 통해 가치 있는 땅으로 변모시키거나 활용하는 것이 아닐까? 하나의 사례를 살펴보자.

호주의 한 오지, 버려진 땅에 금맥 발견 소식이 들려왔다. 금광개발의 부푼 기대감으로 사람들의 관심이 집중됐다. 그러나 조사 결과 매장량이 너무 적어 사업성이 없다는 소식에 사람들은 떠나고 어느 새 잊히고 말았다. 그러던 어느 날 낯선 형제가 이곳을 찾아와서는 모두가 버린 그 땅을 헐값에 구입했다. 그리고 형제는 금광개발 관광사업을 벌여 청년 재벌이 됐다고 한다.

위의 이야기에서 느낄 수 있는 점은 무엇일까?
다름 아닌 발상의 전환이다!

옆에서 소개한 내용은 실제로 호주에서 청년 재벌이 된 형제 사업가의 이야기다. 그럼 과연 형제는 왜 그 땅을 샀으며 어떻게 재벌이 됐을까?

형제는 '땅 속에 금광물이 있는데도 가치가 없다니…. 너무 아깝다' 라는 생각을 하며, '그럼 저 땅으로 뭘 할 수 있을까?' 라는 짧은 상상 중에 그 땅의 진정한 가치를 발견하게 된다. 바로 '금광개발 관광사업' 이다.

형제는 방문객이 직접 보석을 캐는 재미와 찾은 보석을 소유하는 물질적 즐거움까지 제공해주는 관광사업을 구상했다. 이 사업은 입소문을 통해 대박을 터트리게 됐으며, 지역의 유명한 관광지로 떠올랐다. 버려진 황무지가 엄청난 가치를 지닌 황금의 땅으로 탈바꿈한 것이다. 발상의 전환이 빛을 발하는 순간이라 할 수 있다.

이 사업은 또한 개발비용도, 홍보비용도 필요 없었다. 금광물이 있을 것으로 추정되는 암석 돌무더기를 군데군데 모아주고 관광객에게 개인 연장으로 알아서 보석 캐라는 식이었는데, 귀한 보석을 캔 사람이 실제 나오면 바로 다음날 TV나 신문 등 매스컴이 알아서 홍보를 해주었기 때문이다.

'부동산 가치 투자'의 진정한 성공사례로 되새겨봄직한 이야기가 아닐까 싶다.

33

현대판 맹모삼천지교

교육열이 높은 곳은 전세가도 높다는 사실을 알고 있는가?

전통적으로 강남구 대치동, 양천구 목동, 노원구 중계동 등이 학구열이 높은 지역이다.

그중 강남구만 살펴보자. 강남구 3.3㎡당 전세가가 1,512만 원인 반면 대치동은 1,642만 원으로 130만 원 더 비싸다. 만약 아파트 크기가 109㎡라면 전세가가 4,286만 원 더 비싼 것이다.

특히 이들 지역의 전세가는 계절을 가리지 않고 강세를 보이는데, 방학 이사철이 되면 두드러지게 물건이 없고 전세가가 오른다.

맹모삼천지교(孟母三遷之敎)

옛날에 맹자라는 아이가 있었습니다.

그 아이는 시장 주변에 살고 있었는데, 날마다 "떡 사세요~"라는 상인들 소리만 듣게 되자 자연스레 상인들의 말소리를 배우게 됐습니다. 이에 걱정스러웠던 어머니는 다른 마을로 이사를 했죠.

이 마을에는 장의사가 살고 있었습니다.

"아이고~ 아이고~" 하는 곡소리만 들리자 역시 맹자는 이런 곡소리를 따라 하게 됐습니다. 그래서 세 번째로 이사 온 곳이 바로 서당 근처. 그제야 맹자는 공부에 관심을 가지게 돼 맹자의 어머니는 마음을 놓을 수 있었다고 합니다. 환경의 중요성을 일컫는 맹모삼천지교입니다.

현대판 맹모삼천지교(孟母三千之交)

현대판으로는 맹모삼천지교(孟母三千之交)라고 합니다.

(孟 : 맏 맹, 母 : 어미 모, 三千 : 천의 세 갑절로 많은 수 비요, 之 : 어조사 지, 交 : 사귈 교)

요즘에는 아이의 교육을 위해 수많은 인맥형성에 신경을 쓴다고 합니다. 자녀교육 때문에 학원가와 명문학교가 밀집된 지역으로 학부모들이 몰리면서 전세가가 강세를 보이는 경향이 있습니다. 강남구 대치동, 양천구 목동, 분당, 일산, 노원구 중계동 등이 대표적이죠. 최근 들어 지역보다 인맥형성을 위한 명문학교 진학을 위해 해외 유학, 전문 과외 등이 성행하고 있습니다.

하지만 그보다 내 아이가 공부에 관심이 있는지 혹시 다른 소질이 있는 것은 아닌지 확인하는 게 먼저 아닐까요?

34 블루칩 아파트가 뭐죠

블루칩 아파트란
안전성과 수익성, 미래가치 등을 고루 겸비한 단지로
활황기에는 시세상승을 주도하고
불황기에는 시세가 크게 흔들리지 않는 곳을 말한다.

블루칩 아파트의 조건은 크게 5가지로 나눠볼 수 있다.

1	2	3
1,000가구 안팎의 대단지 아파트	역세권·학군·브랜드 등이 탄탄한 곳	강·산·공원 등 훌륭한 조망권이 확보된 곳

4	5
지하철 및 도로, 공원 등 개발호재가 있는 곳	지역 랜드마크

역세권과 학군 및 브랜드가 함께 어우러진 블루칩 아파트는 강남 대치동의 은마, 미도, 선경, 압구정동 한양아파트 등이다. 또한 2008년 입주한 반포동 래미안 퍼스티지, GS자이도 신흥 블루칩 아파트로 급부상했다. 이들 아파트 단지는 2,000세대가 넘는 대단지이기도 하다.

초고층 아파트로 지역 랜드마크 역할을 하는 대표적인 블루칩 아파트로는 도곡 타워팰리스, 삼성동 아이파크, 목동 하이페리온, 서초동 아크로비스타, 자양동 더샵스타시티 등이다.

반면 옐로칩 아파트란 상대적으로 저평가되어 있는 곳으로 앞으로 가격이 오를 가능성도 있지만 위험성도 큰 곳을 의미한다.

신규 지하철 개통노선 주변, 신도시, 뉴타운 등 개발호재가 뒷받침돼 불황에 강하면서 미래가치가 높은 곳이 이에 해당한다.

 알쏭달쏭 TIPS

블루칩이란 말의 유래

이 말은 카지노 포커게임에 돈 대신 사용되는 칩 중 블루칩이 가장 고가로 사용하는 데서 유래됐다는 주장과 미국의 소시장에서 유래됐다는 두 가지 설이 있다. 주식에서 블루칩은 아파트와 마찬가지로 수익성과 성장성, 안정성이 높은 대형 우량주를 뜻한다.

35

양도세 절세의 핵심! 장기보유특별공제

2014년도 주택매매 대상

주택 매매는 투기가 아닙니다. 투자입니다!

대상 수상 소감 좀 부탁 드립니다

대상
절세부문
고주택

금일봉
양도세 감면

장기보유특별공제

주택 또는 토지의 양도소득세 공제항목 중 '장기보유특별공제'가 있다.

말 그대로 주택 또는 토지를 최소 3년 이상 장기간 보유하다
매매할 경우 공제받는 혜택이다.
양도세 기본공제(250만 원)와 더불어 흔히 놓치기 쉬운 항목인데,
이때 미등기 부동산이거나 비사업용 토지는 장기보유특별공제에서 제외된다.

물론 양도세 비과세 대상인 1주택자(2년 이상 보유, 실거래가 9억 원 이하)나 일시적 1가구 2주택자에게는 특별공제를 받을 필요가 없다.

그러나 고가주택(실거래가 9억 원 초과)을 3년 이상 보유한 1주택자나 다주택자에게는 장기보유특별공제가 절세의 '핵심 포인트'가 될 수 있다. 장기보유특별공제는 1주택자와 다주택자(2주택 이상)에 따라, 보유 기간에 따라 공제율이 다르다.

장기보유특별공제 공제율표

보유기간	공제율		비고
	1주택자	다주택자(2주택이상)	
3년 이상 ~ 4년 미만	24%	10%	1주택자의 경우
4년 이상 ~ 5년 미만	32%	12%	연 8%씩
5년 이상 ~ 6년 미만	40%	15%	추가공제
6년 이상 ~ 7년 미만	48%	18%	
7년 이상 ~ 8년 미만	56%	21%	다주택자의 경우
8년 이상 ~ 9년 미만	64%	24%	대략 연 3%씩
9년 이상 ~ 10년 미만	72%	27%	추가공제
10년 이상	80%	30%	

그러나 2015년 1월 1일부터는 고가주택 1주택자의 장기보유 공제율이 18%에서 연 6%씩, 최대 60%로 축소된다. 따라서 3년 이상 장기 보유한 1주택자는 2014년까지 집을 매도하는 쪽이 세금공제를 유리하게 받을 수 있다.

예제. 20년 전 5억 원에 주택을 매입한 고주택 씨. 현재 15억 원 하는 주택을 매도할 경우 양도세는 얼마나 될지 살펴보자.

A. 올해 매도할 경우 양도세(장기보유특별공제 80% 적용) : 약 1,472만 원
B. 2015년도에 매도할 경우 양도세(장기보유특별공제 60% 적용) : 약 4,371만 원

양도소득세 비교

구분	A (올해 매도)	B (2015 매도)
과세 대상 양도차익	4억 원 (9억 원 초과 고가주택)	
장기보유특별공제	3억 2천만 원 (80%)	2억 4천만 원(60%)
양도소득금액	8천만 원	1억 6천만 원
기본공제	250만 원	250만 원
과세표준	7,750만 원	15,750만 원
세율	24% (누진 공제액 522만 원)	38% (누진공제액 1,614만 원)
양도소득세 (지방소득세 10% 포함)	1,472만 원	4,371만 원
양도소득세 차액	2,899만 원	

(단위 : 원)

주택청약예금 3백만 원 통장으로
분양받을 수 있는 평수는?

궁금해요!

주택은행 당시 주택청약예금 300만 원짜리 통장을 갖고 있습니다. 이 통장으로 분양받을 수 있는 아파트는 어떤 것이 있을까요? 전용면적으로 따졌을 때 몇 ㎡까지 신청할 수 있는지 궁금합니다. 그리고 혹시 통장 명의는 바꿀 수 있나요?

Dr. 아파트

한국주택은행이 2001년 11월 국민은행과 합병되었습니다. 이점을 고려했을 때 그 이전부터 가입이 되어 있으신 것으로 생각하고 말씀드리겠습니다.

청약통장의 예치금 기준은 거주지에 따라 다릅니다. 먼저 예치금 300만 원인 경우 서울과 부산에서는 전용면적 85㎡ 이하 면적에 청약이 가능합니다. 또한 청약제도 개편에 따라 전용면적 102㎡ 등 면적을 넓힐 경우 모집공고일 이전까지 해당 면적에 해당하는 예치금에 필요한 금액을 추가 예치하면 넓은 면적으로 청약이 가능합니다.

다만 2014년 9.1대책에 따르면 청약가점제 등 청약제도의 대대적인 개편이 예정돼 2015년 초에는 개편된 청약제도가 시행될 수 있습니다. 이때는 4가지 종류의 청약통장이 청약종합저축으로 일원화 되는 등 큰 변화가 예정된 만큼 추후 바뀌는 청약제도에 맞는 새로운 청약전략을 짜는 것이 중요합니다.

통장의 명의를 바꾸는 것과 관련해서는 과거 2000년 3월 이전 청약예금 가입자의 경우, 세대주 변경을 이유로 명의변경이 가능합니다. 명의변경과 관련해서는 무주택세대주 기간이 좀 더 긴 분으로 해서 청약가점을 높일 수 있는데요. 2000년 3월 이전 가입자시라면 한번 고려해 보시기 바랍니다.

 ## 동탄 1기에서 2기로 갈아타기

 궁금해요!

안녕하세요? 현재 동탄1기 신도시 시범다은마을에 거주하고 있습니다. 요즘 동탄2기 신도시 분양권을 알아보니 시범단지 내에 있는 단지들은 p가 너무 비싸고 D아파트가 프리미엄 4천5백만 원에 나온 것이 있어서 매수를 생각하고 있습니다. 실거주 목적인데 p를 주고 사도 향후에 손해 보지 않을지 우려됩니다. 동탄1기와 2기 중에서 어느 쪽이 향후에 더 전망이 있을까요? 지금 살고 있는 곳은 1기 중 가장 좋은 곳이고 D아파트는 시범단지가 아니라서요.

Dr.아파트

통상 신도시가 조성된 후 시세를 주도하는 곳은 시범단지들입니다. 입주가 빨라 그만큼 인프라도 형성도 빠르기 때문입니다. 입지 또한 좋은 편이기 때문에 그간 신도시의 조성 과정을 볼 때 시범단지들만큼은 좋은 가격을 기록했습니다. 어느덧 동탄1 신도시는 입주 7년~8년차로 접어들고 있습니다. 2007년~2008년에 주로 입주가 이뤄졌기 때문이지요. 동탄2신도시는 2015년 초부터 입주가 됩니다. 동탄2신도시의 입주가 본격화되면 초인접지역인 동탄1신도시 아파트값은 하락할 가능성이 높습니다.

질문하신 분의 경우처럼 동탄1신도시에서 동탄2신도시로 이주하실 분들 가운데 입주 시기를 맞추기 위해 동탄1신도시 매물을 팔아야 하는 경우가 있는데요. 이때 매매가 늦어지게 되면 시세보다 싼 가격에 매물을 거래하는 상황이 발생할 수 있습니다. 대신 동탄2신도시의 입주가 1~2년가량 어느 정도 이뤄지고 나면 동탄1신도시 가격도 하락세에서 벗어나 유지하는 형태가 될 것입니다.

일단 현 시점에서 프리미엄을 주고 매입하시는 것은 권하지 않겠습니다. 동탄2신도시도 입주가 비슷한 시기에 몰렸기 때문에 매물이 많이 나올 수 있어 현 분양권 보유자들의 기대만큼 높은 가격에 거래가 쉽지 않을 수 있습니다.

또한 시범단지 쪽에 수요가 집중되기 때문에 비 시범단지 단지들의 경우 가격이 낮아질 가능성도 있습니다. 가능하다면 상대적으로 새 아파트를 매입하는 것이 유리하지만 리스크를 감내하면서 서두를 정도의 물량은 아니라고 봅니다. 동탄2신도시 입주 시점, 물량들이 쏟아질 때 그 때 매물들 가운데 골라서 갈아타실 것을 권합니다.

36 당신은 부자형인가?

체크리스트

YES

- 나는 운이 좋다고 생각한다
- 남이 가지 않은 길이 좋다
- 기본에 충실하다
- 다른 사람에게 신뢰감을 준다
- 남보다 내집마련이 빠르다
- 참을성을 갖고 어려움을 이겨낸다
- 계획을 기록하는 습관이 있다
- 나를 지지하는 친구가 있다
- 혼자서 결단을 내릴 수 있다
- 미래를 위해 매일 투자한다

※7개 이상 체크했다면 당신은 부자형

누구나 부자가 되고 싶어 한다.
그렇지만 99%는 꿈만 꾸다가 결국 부자가 되지 못하고 생을 마감한다.
부자는 보통 사람들과는 마음가짐과 행동이 다르다.

과연 어떻게 다르다는 것일까?

부동산으로 부자가 되고 싶은 사람들을 위해 '당신이 부자형인지' 알 수 있는 체크리스트를 만들었다. 다음 10가지 질문에 대해 '예' 또는 '아니오'로 답하면 된다.

01. 스스로 운이 좋다고 생각하는 낙관주의자입니까?　　예☐ 아니오☐
02. 남이 가지 않은 길을 가는 것을 좋아합니까?　　예☐ 아니오☐
03. 무엇을 배우든 기본에 충실합니까?　　예☐ 아니오☐
04. 성실해서 다른 사람에게 신뢰감을 줍니까?　　예☐ 아니오☐
05. 내 집 마련을 남보다 빨리 했습니까?　　예☐ 아니오☐
06. 무엇을 하든 참을성을 갖고 이겨냅니까?　　예☐ 아니오☐
07. 크고 작은 계획에 대해 기록하는 습관이 있습니까?　　예☐ 아니오☐
08. 당신을 진심으로 지지해주는 친구(배우자 포함)가 있나요?　　예☐ 아니오☐
09. 매순간 시의적절하게 혼자서 결단을 내리나요?　　예☐ 아니오☐
10. 미래를 위해 매일 투자하고 있습니까?　　예☐ 아니오☐

위 체크 리스트에서 7개 이상 항목에 '예'라고 답했다면 당신은 부동산 부자형이다. 하지만 이보다 더 중요한 건 왜 부자가 되고 싶은가이다. 행복하지 않으면 부자가 된들 무슨 소용이 있겠는가? 매일 현재를 즐겁게 사는 사람이 진정한 부자, 행복한 부자다.

"홀로 행하고 게으르지 말며 / 비난과 칭찬에도 흔들리지 말라
소리에 놀라지 않는 사자처럼 / 그물에 걸리지 않는 바람처럼
진흙에 더럽히지 않는 연꽃처럼 / 무소의 뿔처럼 혼자서 가라"
－숫타니파타

37 주택담보대출 받을 때 체크 해야 할 사항

집을 살 때 자금이 부족하면 가장 먼저 생각하게 되는 것이 주택담보대출이다.
큰 돈을 빌리는 일인 만큼 꼼꼼히 체크할 사항도 많다.

대출가능금액 문의 ✓

⬇

본인에게 맞는 상품 선택 ✓

⬇

상환방식, 거치기간 확인 ✓

⬇

부대조건 체크 ✓

⬇

직장인이라면 소득공제 여부 확인 ✓

E씨는 결혼 10년 만에 드디어 집을 마련하려는 데 모아
둔 돈이 부족해 대출을 받고자 한다. E씨가 따져봐야
할 사항이 한두 가지가 아니다. 본문을 통해 하나씩 차
근차근 살펴보자.

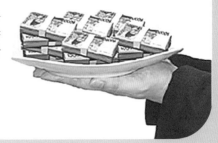

우선 은행에 대출이 가능한지 문의하라!

현재 본인의 소득을 기준으로 얼마를 빌릴 수 있는지 확인하고 무엇보다 기존의 다른 주택담보대출이나 중도금대출, 이주비대출 등이 얼마나 있는지 꼭 점검한다.

떤 대출상품이 본인에게 맞는지 살펴라!

저소득층을 위한 국민주택기금대출은 시중금리보다 저렴하다는 장점이 있지만 대출한도가 크지 않다는 것이 흠이다. 한국주택금융공사에서 제공하는 보금자리론은 고정금리로 집값의 70%까지 빌릴 수 있는 장점이 있지만, 10년 이상 장기적으로 원금과 이자를 함께 갚아야 하기 때문에 매월 내는 돈이 부담 될 수 있다. 그 외 시중은행의 다양한 대출상품과의 비교는 필수다.

상환방식과 거치기간을 확인하라!

금리가 동일해도 상환방식에 따라 매월 갚아야 할 금액이 달라진다. 현재 소득수준과 지출 패턴을 고려해 결정하는 게 좋다. 일정기간 이자만을 갚는 기간을 뜻하는 거치기간도 점검하라. 거치기간이 길수록 초기 대출상환부담은 적지만 나중에 더 큰 상환부담을 감수해야 한다(상환기간 동일 시).

중도상환수수료 등 부대조건도 따져라!

대출 시에는 근저당설정비, 인지세 등의 비용이 발생하므로 부담 주체와 금액을 살펴보자. 중도상환수수료를 확인하는 것도 중요하다. 대출기간 중간에 상환하는 중도상환수수료가 높다면 대출이자가 낮아도 실제 금융비용은 더 많아질 수도 있다.

기획부동산 에 대처하는
우리의 자세

기획부동산은 일반적으로 넓은 토지를 작게 분할하여 파는 회사다.

일반적으로 텔레마케팅을 통해 지인들 위주로 영업을 한다. 100개 중 10개 회사는 괜찮은 회사일 수있지만 대부분 사기성이 짙은 곳이니 주의해야 한다. 그런 사람들로부터 브리핑을 받았는데 괜찮은 땅이라고는 생각되지만 사기 등 손해를 볼까 두렵다면 어떻게 해야 할까?

가장 먼저 지적도와 토지이용계획확인원을 살펴보자.

지적도를 통해 땅의 모양과 도로 등을 확인하자. 도로가 붙어 있는지 진입도로는 몇 미터인지 등을 살펴보라. 일반적으로 전원주택 등으로 개발하려면 진입도로가 6미터 이상은 되어야 한다. 토지이용계획확인원는 땅의 용도나 가치를 알아보기 위한 서류다. 해당 토지의 개발 가능성을 타진하기 위한 것이다. 토지이용계획확인원에는 토지에 대한 각종 공법상의 규제사항들이 망라되어 있다.

토지대장이나 등기부등본을 통해 실제 소유주가 누구인지 확인하고, 기획부동산이 팔고 있는 토지가 소유주의 적법한 위임을 받았는지 여부를 확인하는 것도 필수다! 관련 서류를 확인한 결과 효용가치가 있다고 생각되면 현장을 답사한 뒤 계약하면 된다.

따르릉~~	
똑똑한 사모님	여보세요?
××부동산	사모님, 좋은 땅 있습니다. 지금 빨리 투자하세요. 사실 이게 회사 보유분인데 특별히 권해드립니다.
똑똑한 사모님	그렇게 좋으면 너나 사세요!!

기획부동산에 속지 않는 방법!

전화로 '좋은 물건이 있으니 사라'고 할 때

- 텔레마케팅뿐 아니라 오랫동안 연락이 없던 사람에게 투자권유가 오면 기획부동산이 아닌지 의심한다.
- 이럴 땐 "나도 부동산업을 하고 있는데요"라고 하면 바로 딸깍!

그래도 끈질기게 떨어지지 않는 경우

- 지번을 알려달라고 한다.
- 지번을 알면 토지대장이나 등기부등본을 떼어 확인할 수 있기 때문에 지번은 가급적 알려주지 않으려 한다.

지번을 알려주더라!

- 지적공부(토지대장, 임야대장, 지적도 등)를 마련하고 현장답사에 나선다.
- 업체에서 마련하는 투어에 참가해도 되지만 가급적 따로 시간 내어 가 보는 것이 좋다. 내친 김에 관할관청에 들러 업체가 얘기하는 개발계획이나 변화 전망이 맞는지 확인한다.

🏃 부득이하게 계약을 하게 되었다면?

- 실제 소유자가 맞는지 또는 소유자의 적법한 위임을 받은 대리인과의 계약인지 확인한다.
- 가급적 계약기간을 길게 하고 초기 계약금을 적게 준다.
- 공휴일 계약보다는 평일 계약이 낫다. 계약하기 전 관공서에 들러 확인할 필요가 있기 때문.

🏃 유령회사 아닐까?

- 이름이 알려진 회사가 아닌, 신설법인이거나 이름만 있고 실체가 없는 회사일수록 단기에 치고 빠질 가능성이 많다.
- 회사를 방문해볼 필요는 있지만 잘 꾸며놓은 인테리어, 개발계획도면이나 조감도 등에 현혹되지 말기를 …!

.... 알쏭달쏭 TIPS

기획부동산업체들의 사기수법

개발 가능성이 전혀 없는 임야 수십만 평을 싼값에 매입해 분할한 뒤 일반인에게 마치 개발 예정지인 것처럼 속여 판매, 수백억 원의 이익을 챙긴 기획부동산. 어느 기획부동산은 약 65만 여㎡의 땅을 44억 3,000여 만 원(3.3㎡당 2만 2,400원)에 사들여 735명에게 매입가의 6배인 270억 원(3.3㎡당 13만 7,000원)을 받고 팔았다.

이들은 수십 명에서 많게는 100명 이상의 텔레마케터를 고용해 자신의 친인척과 지인을 상대로 허위·과장 광고를 하며 사무실을 방문하도록 한 뒤 땅을 사도록 유도했다. 매각된 대부분의 토지는 도로와 접하지 않은 것은 물론 상당 기간 갖고 있더라도 원금 회수가 어려운 땅이었다. 더욱이 매각된 임야는 대부분 소유자가 여럿인 공유지분 상태여서 이들이 모두 동의하지 않는 한 매각하거나 건축조차 할 수 없는 상황이었다.

이런 사기에 말려들지 않으려면 성급한 결정을 자제하고 광고 내용에 대해 공인중개사무소나 해당 자치단체에 확인하는 등 확인·검증하는 자세가 필요하다.

집주인 맞으세요?

한두 푼씩 모아 마련하게 되는 내 집 마련
따라서 매매계약을 체결할 때는 신중에 신중을 기하게 된다. 특히 매도자 신원 확인 단계는 빠뜨리지 말고 꼭 체크해야 한다.

매도자 신원 확인 시 계약 상대방은 실제 소유자가 아니라 등기부상 소유자여야 한다!
• 등기부상 본인이 나온 경우 신분증을 통해 본인임을 확인한다.
• 소유주의 처가 나온 경우 주민등록등본(의료보험증) 및 주민등록증을 통해
  부인임을 확인하고 남편과 통화할 것(본인의 인감도장을 갖고 나오면 더욱 좋음).
• 대리인이 나온 경우 부동산 매도용 인감증명서, 대리인의 주민등록증을 통해
  적법한 대리인인지 확인한다.
• 미성년자, 한정치산자의 경우 법정대리인의 동의서를 확인한다.

한정치산자(限定治産者)란?
심신이 박약하거나 낭비가 심하여 가정법원으로부터 재산의 관리나 처분을 제한하는 선고를 받은 사람이다. 본인, 배우자, 사촌 이내의 친족, 호주, 후견인 또는 검사의 청구에 의하여 선고되며, 후견인이 붙여지고, 중요한 재산에 관한 거래행위를 하는 경우에는 그의 동의를 얻어야 한다.

실제 중개 현장에서 벌어진 사례다. 함께 살펴보도록 하자.

> 사례 1 남편이 출장을 갔다면서 부인 혼자 계약하러(매도하러) 나왔더라구요. 그런데 나중에 알고 보니 부인이 남편 몰래 집을 팔려고 한 거였습니다. 기분이 이상해서 계약을 하지 않았는데, 얼마나 다행인지 몰라요.

> 사례 2 매수할 집에도 가봤는데요. 자기는 집주인의 친구고 사업상 친구가 외국에 나가 있는데 집을 처분해달라고 했다면서 집을 판다더군요. 집 상태도 좋고 가격도 괜찮고 해서 계약하기로 했습니다. 그런데 계약 당일 사정이 생겼다면서 좀 일찍 나오라는 거예요. 계약날 가보니까 서두르는 것도 그렇고, 왠지 이상하더라구요. 그래서 계약을 미뤘지요. 나중에 알고 보니 집주인과 친구 사이가 아니었어요. 권리관계 조사를 마쳤다는 중개업소 말만 믿었다간 큰일 날 뻔했습니다.

둘 다 모두 가슴을 쓸어내릴 만한 이야기다. 이런 일이 생기면 어떻게 대처해야 할까? 사례 1처럼 소유주의 아내가 나온 경우에는 주민등록등본이나 의료보험증을 통해 부인임을 확인해야 한다. 무엇보다 남편과 반드시 통화해서 집을 파는 것이 맞는지를 확인한다.

사례 2는 집주인이 사정상 나오지 못하고 대리인을 내세운 경우다. 특히 사업상 외국에 나가 있다고 하는 일이 종종 있는데, 이렇다면 전화통화가 쉽지 않다. 이 경우에는 일단 집주인의 인감이 날인된 위임장과 인감증명서를 통해 대리인이 적법한 대리권한을 위임받았는지 꼭 확인해야 한다. 그리고 신분증을 통해 대리인 본인 여부 확인도 필요하다. 적절한 대리인인지 여부는 중개업소에서 확인해주는 경우가 많지만 그들도 미처 챙기지 못하는 일이 발생할 수 있기 때문에 집을 사려는 사람이 다시 한 번 챙기는 게 정답이다.

무릎팍 도사를 찾은 왕급해 군의 고민은?

고민해결 팍!팍!

매도의사 표시
청소 및 수리
집은 밝게
태연하게

왕급해 군

우리 집은요, 사람들이 보러는 많이 오는데 계약이 안 돼요.
원래 우리 집이 좀 어둡고 가끔 바퀴벌레도 나오긴 하지만….
그렇다고 아주 나쁘진 않거든요

무릎팍도사

집이 안 나가서 고민이시라면 이런 방법 써보세요!
고민 타파!! 해결 팍팍!!

적극적인 매도의사를 표시해보라! 매매 하한선을 정해놓고 주거래 중개업소와 믿음이 가는 중개업소 1곳 정도를 더 정해 매물을 내놓으라.
청소, 일부 수리를 통해 가치를 높여라! 청소는 기본. 삶의 때가 묻은 벽지나 장판, 문틀 등을 깨끗이 청소하라. 하지만 부분 도배를 새로 하게 되면 곰팡이나 누수의 의심을 받을 수도 있으니 주의하기 바란다.
집을 밝게 만들어 넓어보이는 효과를 내라! 집은 밝은 낮 시간에 보여주되 부득이 저녁이나 흐린 날에 보여줘야 한다면 집안의 전등을 모두 켜서 집안을 환하게 만들어라.
마지막으로, 흔들리지 않는 태연함은 기본이다! 집을 보러온 사람에게 집의 장단점을 구구절절 설명하는 것은 금물. 급한 마음을 읽고 값을 깎기 십상이다. 조바심 내지 말고 포커페이스를 유지하라.

집을 내놨는데도 잘 나가지 않는다면 그처럼 속상한 일도 없다. 그런 집들을 유심히 살펴보면 나름의 이유가 있게 마련! 평소 중요하다고 생각지 않았던 사소한 일 하나가 대사를 망치기도 한다. 아래 사례를 한 번 살펴보자.

> 강북구 미아동 △아파트에 사는 A씨와 B씨는 거의 동시에 매물을 내놨다. 그런데 A씨 집은 내놓자마자 바로 거래가 된 반면, B씨의 집은 아무리 해도 거래가 안 됐다. 두 사람의 집은 층과 향에서 큰 차이가 없었는데 거래 기간은 왜 차이가 났을까?

제일 중요한 이유는 청소!

△아파트는 방 3개와 좁은 거실의 구조인데, B씨는 가뜩이나 작은 거실에 소파를 뒀을 뿐 아니라 평소 청소를 잘 안 해서 물건이 여기저기 나뒹굴기 일쑤였다. 따라서 집을 보러 온 사람들은 B씨 집에 들어서자마자 퀴퀴한 냄새와 함께 답답한 느낌이 들었고 쌓여 있는 물건 때문에 집을 구석구석 볼 수도 없었다. 결국 대부분의 방문자들이 매매하기를 꺼려했다.

반면 A씨는 좁은 거실을 잘 활용하고자 불필요한 가구를 치웠고 매수자들이 언제든지 집을 보러 와도 깨끗한 모습을 유지하여 보여주었다. 또 이 집에 살면서 돈도 많이 벌어 더 큰 집으로 이사 간다고 덧붙인 것도 빨리 매매가 이루어진 노하우 중 하나였다.

41

역에서 5분 맞잖아요~ 직선거리로...

역에서
5분 거리
직선거리로…

분양광고 볼 때 유의사항

(1) 역세권 5분 거리는 직접 발로 확인해볼 것

뛰어서 아님 날아서… --;;

(2) 강남 진입 30분은 언제를 기준으로 한 것인지 확인할 것

새벽 2시, 아~ 새벽 3시 기준이라고…

(3) 수익률 보장 문구는 계약서에 명시돼 있는지 확인할 것

말로는 수익률 1,000%도 나겠다

(4) 상권 및 유동인구와 관련된 표현은 모두 믿지 말 것

조사 시점 및 데이터를 요구해볼까?

(5) 주변 생활편의시설은 개발 예정인지, 확정인지 알아볼 것

계획만 100만 년째… --;;

'지하철 ○○○역에서 도보 5분 거리',
'인근 지역으로의 접근성이 뛰어난 사통팔달의 요지!'

아파트분양 홍보 전단지에서 흔히 볼 수 있는 문구다. 접근성, 한마디로 교통 여건은 아파트 선정 시 가장 중요한 요건이라고 볼 수 있다. 역이나 도로에서 얼마나 멀리 떨어져 있느냐에 따라 적게는 수천만 원에서 많게는 수억 원씩 차이가 나며, 향후 도로나 철도가 개통 예정인 곳은 그 가치가 미리 반영되기도 한다.

이렇듯 부동산 가치에 영향을 미치는 중요한 요인임에도 일부 수요자들은 분양 담당자들이 하는 말이나 전단지만 믿고 쉽게 계약하는 일이 많다. 계약서에 도장을 찍으면 다시는 돌이킬 수 없는 상황이 되므로 신중, 또 신중해야 한다. 따라서 귀찮다거나 시간이 없다는 이유로 분양 담당자의 말이나 광고 전단지에 의존하기보다는 한 번쯤 시간을 내어 직접 걸어보도록 하자.

 ··· 알쏭달쏭 TIPS

역세권의 의미

전철역을 중심으로 반경 500미터 이내 지역으로 접근성이 뛰어난 지역을 말한다. 보통 걸어서 10분 안에 도달할 수 있는 거리로 역에서부터의 반경 거리에 따라 크게 1차, 2차로 구분하기도 한다.

1차 : 지하철역 반경 500미터 이내의 지역

2차 : 지하철역 반경 1킬로미터 이내의 지역

※ 더블역세권이나 트리플역세권과 같이 환승역일 경우에는 반경이 더 넓어진다.

아무것도 따지지도 않고 청약통장 변경하기?

청약가점제 도입 및 분양가 상한제 적용, 주택종합청약저축 출시 등 청약제도가 시시각각 변하는 상황에서 청약자들은 더욱 유리한 청약전략을 세우기 위해 청약통장 변경을 고민하게 되었다.

하지만 **청약통장의 종류에 따라 통장 변경 시 제한되는 요소가 많으므로** 변경하기전 미리 알아두면 도움이 된다.

청약부금 및 청약저축은 대형 타입 청약이 가능한 고액 청약예금으로 통장을 변경할 수 있다. 이 중 부금통장은 가입 후 2년(수도권 이외 지역 6개월)이 지나 1순위 자격이 있는 청약자에 한해서 가능하며 청약저축은 저축한 금액 등 인정되는 금액이 예치(은행에 맡겨둔 돈) 이상 저축돼야 변경이 가능하다. 청약부금은 고액예금으로 전환 시 한 번에 부족한 예치금을 납입할 수 있는 대신 3개월간 전용면적 85㎡ 이하로만 청약할 수 있다. 예를 들어 현재 청약부금액이 350만 원이 있는데, 서울 기준 1,000만 원 예금통장으로 전환하고자 계획한다면 부족한 돈 650만 원을 납입하고 3개월이 지나야 대형 타입으로 청약할 수 있다는 뜻이다.

반면 청약저축은 예치금에 맞게 예금통장으로 전환이 가능하다. 즉 현재 서축액이 700만 원이라면 서울 기준 600만 원 통장으로 전환이 가능하지만 바로 1,000만 원 통장으로 전환이 어렵다. 하지만 부금과 달리 서울 기준 600만 원 통장으로 전환했을 때 3개월간 유예기간 없이 바로 전용면적 102㎡까지 청약이 가능하다. 만약 저축액이 1,000만 원 이상일 때, 서울 기준 1,000만 원 통장으로 전환했을 경우에는 전환 후 바로 해당 타입에 청약할 수 있다. 여기서 꼭 알아둘 사항은 청약통장을 한 차례 변경하면 2년 동안 청약통장 변경이 불가능하다는 점이다. 따라서 예치금을 늘려 한 번에 원하고자 하는 예금통장으로 갈아타는 일이 유리한지, 아니면 우선 중소형 타입에 청약할 수 있는 예금으로 전환한 후 금액을 늘려가는 것이 좋은지에 대한 철저한 계획이 있어야 하겠다.

2014년 '9.1대책'에 따라 청약가점제, 입주자 선정절차 단순화, 청약예치금 칸막이 단순화, 예치금 변경시 청약규모 변경 즉시 가능, 4개 청약통장 '청약종합저축'으로 일원화 등 대대적인 청약관련 제도 개편이 이뤄질 예정이다.

2014년 연말까지 세부 내용을 확정 한 후 2015년 초에는 시행될 예정인 만큼 앞으로 바뀔 청약제도에 대해 꾸준한 관심이 필요하다.

금전운을 높이는 인테리어 따라하기

침대 헤드는 창문 쪽으로
침대 헤드는 창문 쪽으로 향하도록 하는 것이 금전운에 좋다.

노란색이나 황금색의 침구
노란색이나 황금색 침구는 금전운을 좋게 해준다.
또한 침구는 늘 청결해야 한다.

작은 종 달기
실내의 나쁜 기를 분산시키거나 약하게 하는 데에는
작은 종이 그만이다.

조명에 신경 쓰기
조명 등은 항상 밝아야 밖에서 들어오는 행운이
순조롭게 집안으로 흘러간다.

현관문을 열었을 때 거울이 보이면 NO~~
문을 열자마자 정면에 거울이 있는 배치는 반드시 피한다.
집안에 들어오는 좋은 기가 반사되어 되돌아나갈 수 있다.

욕실의 청결은 금전운과 직결
욕실은 자금순환과 관계되는 곳이므로 항상 청결해야 한다.

이 외에도 현관을 밝고 가지런하게 정리한다든가 북쪽이라도 창 방향으로 머리를 두고 자는 것, 자주 환기하여 상쾌한 기운이 감돌게 하는 것도 금전 운에 도움이 된다. 반면 청소를 하지 않아 지저분하거나 냄새가 나는 집, 침실에 장식품이나 가전제품 등 물건이 많거나 조명이 깨지면 금전운이 좋지 않다고 한다.

참고로 주방을 잘 정리해도 금전운이 들어오는데, 식탁에 약을 두지 않는다거나 가스레인지를 청결하게 하는 것, 설거지한 그릇을 바로 놓아두는 것, 식탁 위나 싱크대 위에 물건을 두지 않는 것 등도 금전운을 높이는 데 도움이 된다.

알쏭달쏭 TIPS

재개발 구역이라도 개발이 안 될 수 있다!

똑같은 재개발 구역이라도 개발이 안 될 수 있는 지역이 있다는 사실을 아는가?

재정비촉진지구는 크게 개발지역과 존치지역으로 나뉜다. 여기서 개발지역이 흔히 말하는 재정비촉진구역으로 사업의 성격에 따라 주거환경정비사업, 주택재개발, 주택재건축 등의 개발이 이뤄지는 지역이다.

존치지역은 존치정비구역과 존치관리구역으로 나뉘는데, 존치정비구역은 상태에 따라 개발이 당분간 보류됐다가 여건이 되거나, 노후도가 부합하게 되면 다시 계발계획 수립 등의 절차를 거쳐 개발이 되는 곳이다. 존치관리구역은 아예 개발이 되지 않는 곳으로 각각의 건축물 등의 소유자가 알아서 개발해야 하는 곳이다. 따라서 구역 지정이 이뤄지지 않은 재개발 추진 지역 등에 투자할 때 주의가 요구된다.

나경매씨의 어느 하루

오늘은 나경매씨가 몇 주 전부터 준비하던 경매물건에 입찰하러 가는 날이다.
법원은 어떤 모습일지. 나경매씨와 함께 법원으로 따라가 보자!

안녕하세요. 나경매입니다.
법원에 가기 전에 아침밥은 든든하게 드세요. 언제 종료될지 몰라요.
아침에 시작해 2시 넘어서까지 기다릴 때도 있어요.

가장 먼저 법원에 도착하면 법정 입구에 있는 게시판을 확인해보세요. 오늘 진행할 물건의 취하나 변경 등의 내용을 확인할 수 있어요.

법정 안으로 들어오면 10시에 집행관이 입찰개시 선언을 해요.
아~ 법원에 따라서 10시 30분에 시작하는 곳도 있어요. 오늘도 사람이 많네요.

그럼 이제부터 앞쪽 테이블에 쭉 놓여 있는 물건열람을 해볼까요?
이땐 본인이 들어갈 물건을 몇 사람이 열람하고 있는지
확인해보고 예상 경쟁률을 체크해보는 것도 잊지 마세요.

그럼 입찰을 해볼까요! 집행관에게서 입찰표를 받아 앞쪽에 있는
입찰기재대에서 입찰표를 작성할 겁니다. 입찰표를 다 작성했다면
이제 제출하고 일련번호가 적힌 수취증을 교부받은 후 입찰표를
입찰함에 투여하게 되지요.

아참, 보증금은 최저입찰가의 10%랍니다.

이제 모든 사람들이 입찰을 끝냈네요.
그럼 이제부턴 집행관들이 입찰함을 열어 사건번호순으로
정리할 겁니다. 무지 떨리네요. 정리가 끝났으니 이제 사건번호순으로 입찰자들을 모두
부른 뒤 최고가입찰자를 발표하겠네요. 야호~~ 제가 최고가입찰자가 되었네요.

입찰에서 떨어진 분들은 그 자리에서 바로 보증금을 반환해줍니다.

떨어지면 저렇게 보증금을 반환받으면 됩니다.
너무 겁내지 마시고, 열심히 공부한 뒤 도전해보세요.
저는 오늘 낙찰 기념으로 택시 타고 집에 갑니다.

만약 경매가 어렵다고 생각된다면?

2006년부터 법이 개정되면서 공인중개사가 입찰대리를 할 수 있게 되었으니 참고하기 바란다.

공인중개사에게 입찰대리 업무를 맡기면 쉽게 경매를 받을 수 있다. 공인중개사는 입찰 준비부터 기본적인 권리분석과 현상조사는 물론 입찰대리, 낙찰 후 대금납부 등 경매투자에 필요한 모든 업무를 원스톱으로 진행한다. 다만 모든 공인중개사가 입찰대리가 가능한 것은 아니다. 공인중개사 또는 중개법인이 입찰대리를 할 수 있기 위해서는 지정 교육기관에서 진행하는 소정의 입찰대리 교육을 이수해야 하고, 공제 또는 보증보험에 가입한 후 법원 행정처로부터 입찰대리 등록증을 교부받아야 한다.

매수신청대리 수수료는 감정가의 1% 이하 또는 최저매각가격의 1.5% 이하의 범위 안에서 합의에 따라 결정되며 상담 및 권리분석 수수료는 50만 원 이내, 실비는 30만 원 이내에서 따로 결정될 수도 있다. 일반적으로 수수료는 낙찰받을 때 50%, 소유권 이전까지 끝나고 난 뒤 나머지 50%를 받는다.

결혼으로 2주택 됐을 때 양도세 대처법

일시적 2주택이라 행복해요~

나두살

난세살

서른아홉 살 갑돌이는 서른다섯 살 갑순이와 결혼을 앞두고 있다. 그런데 갑돌이와 갑순이는 이미 아파트를 분양받아 각자 본인 명의로 주택을 한 채씩 소유하고 있다.

갑돌이는 결혼하면 집이 두 채가 되는데 양도소득세 비과세 요건을 갖추고 있음에도 비과세 혜택을 받지 못할까봐 걱정이 이만저만이 아니다.

과연 갑돌이는 어떻게 현명하게 대처해야 양도세를 내지 않을 수 있을까?

2012년 2월 개정된 소득세법 시행령 155조 5항에 따르면 "1주택을 보유하는 자가 1주택을 보유하는 자와 혼인함으로써 1세대가 2주택을 보유하게 되는 경우 또는 1주택을 보유하고 있는 60세 이상의 직계존속을 동거봉양하는 무주택자가 1주택을 보유하는 자와 혼인함으로써 1세대가 2주택을 보유하게 되는 경우 각각 혼인한 날부터 5년 이내에 먼저 양도하는 주택은 이를 1세대 1주택으로 보아 제154조 제1항을 적용한다"고 돼 있다.

쉽게 말해서 이런 경우 일시적 1가구 2주택으로 인정돼 양도세 비과세를 받을 수 있다는 것이다. 따라서 결혼 전 주택을 구입하고 결혼 후 2주택이 됐다면 양도세 비과세 요건(2년 보유)을 갖춘 '결혼 후 5년 이내 주택을 팔 경우 1가구 1주택'으로 인정돼 양도세 비과세 혜택을 받을 수 있다.

여기서 혼인한 날, 즉 결혼 시점은 언제일까? 민법 812조 혼인의 성립규정에 근거해 가족관계의 등록 등에 관한 법률이 정한 바에 따라, 관할 시군구에 혼인신고를 한 날이 된다.

따라서 갑돌이와 갑순이가 혼인신고를 하기 전 각자 1주택을 구입(잔금 납부 기준)한 뒤 결혼했고 보유기간 2년을 충족했다면 양도세를 내지 않아도 된다.

46 집과 애인의 공통점

누구나 꼭 갖고
싶어하고,
처음에는
누구나 뿌듯하다.

부동산 지식 공부하느라 힘드셨죠? 이번엔 잠시 머리를 식히는 의미로 열 고 개 퀴즈를 진행합니다. 자, 시~작!

① 누구나 꼭 갖고 싶어하고, 처음에는 누구나 뿌듯하다.
② 하지만 많으면 골치 아프고 돈도 많이 든다.
③ 유지가 힘들다.
④ 늘 애지중지해야 한다.
⑤ 없으면 불안하다.
⑥ 비밀이지만, 누구나 업그레이드하길 원한다.
⑦ 더한 사람은 교체도 원할 수 있다.
⑧ 이것도 비밀이지만 젊을수록 좋다.
⑨ 가끔, 아니 자주 남의 떡이 더 커 보인다.
⑩ 사람들은 이걸 내 능력의 척도로 본다.

A군 저요!! 정답은 애인!
B양 아니요, 정답은 집!!

이제 보니 집과 애인이 공통점이 많군요?! 두 분 모두 정답입니다.

무주택자와 유주택자의 생각차이

> 집값이 너무 올랐다.
> 이젠 떨어질 일만 남았다!
> 집은 투자대상이 아니라
> 살기 위한 곳이다!

> 아무리 기다려봐라!
> 그 집값이 떨어지나?
> 집도 증권, 채권과 같이
> 또 하나의 좋은
> 재테크수단이다!

기호1번
무주택

기호1번
무주택

1 마사회

기호2번
유주택

기호2번
유주택

2 야사회

무주택자
- 정부 말만 믿으면 언젠가는 집 한 채 주겠지.
- 앞으로 인구가 줄어든다고 하는데 집은 무슨….
- 지금 집값 떨어지고 있는 건 시작에 불과해. 폭락하고 말 거야.
- 집은 투자대상이 아니라 살기 위한 곳이다.
- 부동산은 모두 투기야.

유주택자
- 정부 말만 벌써 20년째다. 집 한 채가 어디 애 이름이냐?
- 출산율이 줄었지만 인구는 절대 줄지 않는다. 왜냐고? 노인들이 오래 사니까.
- 집값 하락은 일시적인 현상이야. 바로 회복할 거야.
- 집도 증권, 채권과 같이 또 하나의 좋은 재테크 수단이다.
- 투기와 투자의 차이를 구분할 수 있는가? 법이 인정하는 내에서 자산증식은
  자본주의사회에서는 결코 나쁜 행동이 아니다.

투기는 안 좋다고 하지만 일반 서민들의 재산증식 수단에 부동산이 중요한 역할을 하고 있음이 분명하다. 특히 대출을 받아 주택을 구입해도 대출이자보다 꼬박꼬박 올라주는 부동산이 그렇게 고마울 수가 없다. 아래 두 사람의 상황을 비교해보자.

> **현명해씨는** 3년 전 1억 8,000만 원짜리 20평대 아파트를 본인의 자신 1억 원에 대출 8,000만 원을 보태어 마련했다. 그리고 만 2년이 지난 지금 양도세는 비과세됐으며, 아파트값이 많이 올라 3억 원 이상 호가하고 있다. 맞벌이 부부인 현명해씨는 2년 동안 열심히 일해 8,000만 원의 대출을 모두 갚았으며 이제는 대출을 조금 더 받아 30평대 아파트로 이사 가려고 계획 중이다.

> **박오판씨는** 집을 가지고 자산을 증식하는 시대는 지났다고 여기고, 앞으로 아파트값이 떨어질 거라 생각했기 때문에 2년 전 1억 2,000만 원짜리 30평대 전세를 구했다. 2년이 지난 지금 박씨는 1억 2,000만 원 전세에 예금 5,000만 원 정도가 있는 상태다.

이처럼 같은 2년이 지났지만 현재 두 사람의 자산 상태는 1억 원 이상 차이가 난다. 무주택자와 유주택자의 생각 차이, 쉽게 좁혀질 수 있는 게 아니다. 투기가 아닌 재테크 수단으로서 내 집 마련을 한 번쯤 적극적으로 고려해보는 것은 어떨까?

48

★★★
부동산 진짜 가격은 따로 있다

하늘 높은 줄 모르고 치솟는 전세보증금, 떠돌이 생활에 지친 김 대리는 집을 사기로 마음을 먹었다. 일단 인터넷에 원하는 아파트 이름을 쳐보니 중개업소에서 올린 매물들과 그 가격이 나오고 덤으로 최저가부터 최고가까지 시세로 나온다. 그런데 막상 중개업소에 전화를 걸어 가격을 물어보니 두루뭉술하게 답할뿐이다. 무조건 일단 나와 보시라고만 하는데….

바로 이런 상황에서 어떻게 하면 진짜 가격을 알 수 있는지 결정적 비법을 공개한다.

매도자 혹은 매수자를 가장해 가격을 묻는다.

> 매도자 A아파트 25평 소유주인데요. 3달 안에 처분하려면 얼마 정도에 내놓아야 할
> 까요?
>
> 매수자 B아파트 33평을 사고 싶은데 요즘 얼마면 살 수 있나요?

이와 같은 방법으로 몇 군데 중개업소에 물어보면 중개업자는 실제 거래 가능한 금액을 알려줄 것이다.

최근 거래사례로 시세를 파악한다.

국토교통부 주택실거래가 홈페이지(http://rt.molit.go.kr)에서 전국 주택 실거래가 확인이 가능하다. 또 이때 해당 주택뿐만 아니라 인근 유사지역 내 최소 1년 전부터 최근까지의 사례를 확인해야 정확한 시세를 알 수 있다.

외부효과가 부동산 가격을 만든다.

부동산 가격은 외부효과에 민감하다. 지하철 개통, 대기업 이전 등 호재에는 가격이 오르고, 인근에 송전탑 등 혐오시설이 들어서면 가격은 떨어지기 마련이다. 따라서 현재 가격에 연연하지 말고 정책이나 각종 정보를 파악해 미래가치를 따져봐라.

협상력에 따라 가격은 달라질 수 있다.

시세를 파악하고 적절한 매물을 발견했다면, 협상력을 발휘해야 한다. 매도자의 성격이 느긋하거나 규모를 넓혀 이사를 가는 정도의 자금력이 충분한 경우엔 협상이 쉽지 않으나, 담보가 많거나 꼭 팔아야 하는 이유가 있다면 흥정은 쉬워질 수 있다. 계약금, 중도금 잔금을 일시불로 지급하거나 잔금지급을 앞당기는 식으로 흥정한다면 얼마든지 시세보다 저렴하게 매수할 수 있다.

49

연소득 3천만 원 이하
내 집 마련 걱정 덜기

만약 당신의 연소득이 3,000만 원 이하라면,
주택을 매입하는 데 있어 일반 전세자금대출보다 금리가 낮고,
중도상환 수수료가 없는 점이 장점인
국민주택기금을 이용해보기 바란다.

아래 조건에 맞는다면 내 집 마련이 한결 수월해지겠죠?

대출 종류	내 집 마련 디딤돌 대출	근로자 · 서민 주택전세자금 대출
대출 자격	부부합산소득 6,000만 원 이하 무주택 세대주	연간소득 5,000만 원 이하 무주택 세대주
대출 대상 주택	전용면적 85㎡이하 (수도권을 제외한 도시지역이 아닌 읍 또는 면 지역 100㎡), 6억 원 이하	전용면적 85㎡이하 (수도권을 제외한 도시지역이 아닌 읍 또는 면 지역 100㎡)
대출 가능액	대출금액은 최대 2억 원 이내 (DTI적용)	전세금액의 70% 이내에서 최고 8,000만 원, 3자녀 이상 다자녀 세대주는 10,000만 원이내 / 수도권 12,000만원 이내)
대출 조건	연 2.8~3.6%(소득수준에 따라 다름), 최장 30년 2014년 9.1대책에 따라 하락 중인 시중금리와 역전되지 않도록 대출금리를 0.2% 인하 결정	연 3.3%, 2년 일시상환 (3회 연장하여 최장 8년 가능)

※국민주택기금은 우리, 하나, 기업, 신한, 농협, KB국민 등 6개 은행에서 취급

여자 친구와 오랜 기간 만나온 S씨.

이제 결혼을 하려는데 돈이 없다, 나이 30이 넘어서 연로하신 부모님께 손 벌리기도 그렇고 작은 전셋집이라도 마련해야겠는데 너무 난감하다. 다른 건 모두 아끼거나 생략하면 되지만 살 집은 있어야 하지 않을까? 고민이 이만저만 아니다.

그러던 어느날 회사 선배에게 근로자 · 서민주택전세자금대출이라는 것이 있다는 얘길 들었다. 최근 1년간 소득(급여)이 3,000만 원 이하면 4.5%로 최고 6,000만 원까지 대출받을 수 있다는 사실…. 아, 이런 게 있었구나. S씨 연봉

이 다행히 2,800만 원, 전세금액의 70% 이내 6,000만 원까지는 일단 대출받을 수 있겠구나…. 그간 모아둔 3,000만 원에다 5,000만 원 정도 대출을 받아 서울 인근 소형 아파트 전셋집이라도 얻을 수 있을 것 같다. 마침내 신혼 보금자리 마련 꿈에 한껏 부풀은 S씨는 근로자·서민주택자금대출이 그저 고맙기만 하다.

·· 알쏭달쏭 TIPS

꼭 알아야 할 전세자금 대출 Q&A

1 세대주로 인정받을 수 있는 경우는?

세대주로서 대출을 받기 위해서는 기혼 세대주, 노부모·미성년자 세대원을 부양하는 미혼 세대주, 35세 이상의 단독 세대주, 청첩장 등으로 증빙되는 결혼예정 예비 세대주 등을 말한다.

2 결혼을 앞둔 신혼부부는 미리 전세자금을 대출 받을 수 있나?

배우자가 연대보증을 선다는 조건으로 대출을 받을 수 있다. 국민임대주택기금에서 지원하는 전세자금은 나이, 소득, 부양가족 수 등에 따라 최고 8,000만 원까지 대출이 가능하다.

3 무소득자나 소득신고를 하지 않은 사업자도 받을 수 있나?

원칙적으로 소득신고 내용이 없으면 무소득자로 간주한다. 다만 소득신고를 하지 않은 사업자는 은행에서 연간 소득을 1,000만 원으로 인정하기 때문에 대출이 가능하다.

4 전셋집은 모두 전세자금 대출 받을 수 있나?

대상주택은 국민주택규모(전용85㎡ 이하) 단독, 다가구, 연립, 아파트 오피스텔 등이다.

아파트 구두계약을 파기하려면?

 궁금해요!

아파트 팔려고 내놓았습니다. 매수인이 기 백만 원을 입금했는데 아무래도 마음이 흔들리네요. 아직 정식 계약서는 쓰기 전이고요. 구두계약은 부동산중개인과 한 상태입니다. 이럴 경우에 혹시 매수인에게 다시 기백만 원 돌려주고 계약을 하지 않으면 안 될까요? 지금은 입금까지 받은 상태지만 서류로 작성한 것은 아무것도 없는 상태입니다.

Dr.아파트

결론부터 이야기하자면 가계약금을 받으셨기 때문에 계약의 효력은 발생합니다. 본 계약의 대상물과 금액 등 중요 부분에 대한 합의가 이루어지고 (가)계약금이 지불되었다면, 계약이 성립된 것으로 보아 가계약금 반환과 계약파기는 당사자의 합의가 이루어지지 않은 한은 어렵습니다.

또한 가계약금은 민법 제565조에 의해 해약금으로 추정됩니다. 따라서 당사자 일방이 이행에 착수할 때까지 수령자는 그 배액을 상환하고 교부자는 이를 포기하여 계약을 해제할 수 있습니다.
따라서 매수인이 가계약 파기를 이유로 가계약금의 배액상환까지 요구할 경우에는, 원칙적으로 여기에 응할 수밖에 없습니다. 그러나 실무에서는 서로 합의하에 가계약금만 돌려주고 계약파기 하는 경우가 더 많으니 매수인에게 사정을 설명하고 잘 설득해서 계약을 파기하심이 좋을 듯합니다.

 ## 자녀들 이름으로 분양받았을 때?

 궁금해요!

결혼하지 않은 20대 후반 자녀 둘이 있습니다. 노후에 위례에서 살기 위해 청약에 도전했지만 번번이 떨어져서 추후 위례신도시에 나올 아파트의 분양에 자녀들 통장까지 다 도전해보려고 합니다. 그런데 만약 직장 다니는 아이들 이름으로 당첨되면 세금 관계가 어찌되는지요. 참고로 평형은 37, 38, 39평형 정도 생각하고 있습니다. 그리고 만약 당첨이 되었을 때 나중에 권리 관례는 어떻게 처리하게 되는 건가요? 가족 간의 양도나 증여 등의 문제도 궁금하고요.

Dr. 아파트

부동산의 취득의 과정에서 나이가 어리고 소득이 불분명한 사람이 취득한 경우 일반적으로 자금출처조사 대상이 될 수 있습니다. 하지만 분양권의 경우 당첨을 받는다고 해서 조사대상이 되는 것은 아니고요. 준공(잔금 치르기)까지 갈 경우 추후 조사 대상은 될 수 있습니다.

대신 분양권 전매가 가능하기 때문에 분양권 상태에서 매도한다면 문제될 것 역시 없습니다. 30세 미만 자녀라도 직장이 있고 일정 소득이 있는 경우, 자금에 대한 출처를 어느 정도 증명할 수 있는 준비가 된다면 증여세를 추징당하거나 하지 않습니다. 통상 취득자금의 80% 이상을 소명해야 하고요.

자금출처 조사 배제 기준은 30세 미만이고 세대주가 아닌 경우 주택의 취득은 5천만 원 이내에는 조사 대상에서 제외됩니다. 기타 채무상환 등을 모두 포함해 8천만 원 한도 내에서는 30세 미만인 세대주가 아닌 자녀의 경우 조사 대상에 포함되지 않습니다.
위례신도시 분양물량의 분양가가 낮지 않다는 점에서 계속 보유할 경우에는 조사 대상이 될 가능성이 높습니다. 또한 인기지역이고 주목을 받는 지역의 경우 국세청에서도 똑같이 주목하고 있다는 점도 유의하셔야 합니다.

부부 사이일 경우에는 증여가 가능한데요. 이때 공제금액이 6억 원에 해당됩니다. 하지만 자녀가 부모에게 증여하는 경우에는 공제액이 3천만 원이라는 점도 알아두시면 좋습니다.

분양받은 아파트 건설사가 부도설이 돌아서 불안해요…

금융위기 여파로 실물경제가 위축되면서 건설사의 부도설이 끊이지 않고 있습니다. 그럼 내가 분양 받은 아파트 건설사가 부도가 나면 어떻게 해야 할지 알아보겠습니다.

Q 건설 중이던 아파트의 건설사가 부도 났습니다. 분양받은 사람은 어떻게 되나요?

A 20가구 이상을 분양하는 아파트 사업장은 의무적으로 대한주택보증에 가입. 주택분양보증서를 발급 받는다. 따라서 그동안 납부한 계약금, 중도금 등의 분양대금을 돌려받거나 다른 시공사를 지정해 공사를 마무리하도록 한다. 또한 공사가 계획보다 25% 이상 늦어진 사업장은 건설사가 부도 난 경우와 같이 보호받을 수 있다. 단 20가구 미만의 아파트나 후분양 아파트는 보증받지 못할 수도 있다.

Q 건설사가 부도났을 때 계약자들은 어떻게 해야 하나요?

A 우선 중도금납부를 중단해야 한다. 부도 후 납부 한 중도금은 돌려받기 어렵기 때문이다. 여기에 대한주택보증에서 새로운 납부계좌를 지정하기 전까지 중도금을 납부하지 않아도 연체이자는 발생하지 않는다. 다음으로 아파트 계약자의 2/3 이상이 분양대금 환급을 원해 환급이행청구서류를 대한주택보증에 제출하면 대한주택보증은 1개월 내에 분양대금을 계약자들에게 지불한다. 단, 계약자 대부분이 아파트 공사가 마무리되기를 원해 공사가 계속 진행되면 개인적으로 환급을 원하더라도 돈을 돌려받을 수 없다. 따라서 아파트 계약자들은 대표회의를 구성해 의견일치를 보는 게 중요하다.

Q 건설사에서 정해진 납부일 이전에 선납한 중도금도 돌려받을 수 있나요?

A 중도금을 선납한 경우에는 원칙적으로 보증혜택을 받을 수 없기 때문에 주의해야 한다. 부도시점까지 분양계약서상에 납부하기로 돼 있는 돈만 보호가 된다. 따라서 중도금 선납에 따라 할인혜택이 있더라도 건설사 재정상태를 먼저 파악해야 한다. 또한 건설사가 중도금 무이자 조건으로 아파트를 분양했다면 부도시에는 무이자혜택 부분에 대해서는 보호받을 수 없다. 즉 계약자가 금융기관에 중도금 이자를 추가로 더 내야 한다.

Q 건설사의 부도로 입주예정일이 지체됐습니다. 지체보상금을 받을 수 있나요?

A 지체보상금은 받을 수 없다. 단, 부도 후 대한주택보증에서 새로 정한 입주예정일에 입주하지 못한 경우에는 지체보상금을 받을 수 있다.

Q 분양권 전매를 통해 보유한 경우는 어떻게 되나요?

A 적법한 절차를 통해 구입한 경우엔 보증대상이 된다. 즉 분양계약서에 검인을 받고 건설사 입주자 명단에 등재된 경우에 해당한다. 분양권 구입자는 검인계약서를 잘 간수하고 건설사에 문의해 입주자 명단에 본인이 등재돼 있는지 확인해야 한다. 참고로 철거민들에게 주어진 입주권을 구입한 경우 불법거래이므로 분양보증 대상이 될 수 없다.

짓고 있는 아파트의 건설사에 부도설이 돌면 누구나 좌불안석일 것이다. 실제로 2008년부터 지방 주택시장의 침체로 중소 건설업체 부도가 잇따라 발생했다. 부도난 아파트를 분양받은 입주 예정자들의 대처 요령을 살펴보자.

일반적인 아파트의 분양 방식은 선(先)분양 후(後)시공이 많다 보니 건설사가 부도났을 때 공사가 중단되고 입주일이 지연될 수 있다. 하지만 대한주택보증이라는 법적 보호책이 마련돼 있어 입주예정자들의 피해를 줄일 수 있다.

우선 입주예정자들은 자신이 분양받은 아파트가 대한주택보증에 분양보증을 받았는지부터 확인해볼 필요가 있다. 아파트는 분양계약자에 대한 분양보증을 하고 있고 주상복합이나 오피스텔, 상가도 분양보증을 받을 수 있지만 주상복합 특히 오피스텔과 상가는 분양보증이 선택사항이므로 꼭 확인해야 한다.

그리고 건설사의 재무구조와 평가 등도 잘 살펴봐야 한다. 한편 건설사가 부도났을 경우 입주예정자들은 입주자 대표회의를 결성하는 것이 좋다. 입주예정자 명단은 아파트 사업소재지 관할 시군에 협조를 요청하면 된다. 법정관리나 화의 등 부도건설사 처리 방향이 잡힐 때 해당 건설업체 및 대한주택보증과의 협의를 진행하는 것이 좋다. 또 입주예정자들은 공사자금 관리에 만전을 기해야 한다. 분양대금이 공사현장에 투입되지 않거나 시공사의 은행부채 탕감에 사용될 가능성이 높은 만큼 자금사용 내역 및 지출을 감시해야 한다.

51 전세금
안전하게 지키는 방법

내가
지켜야지

2014년 1월 20일.
A씨는 봉급쟁이 생활을 하며 차곡차곡 돈을 모아 서울 성동구에 가족들과 살 수 있는
보증금 1억 2,000만 원짜리 전셋집을 마련했다. 하지만 행복도 잠시. 집주인에게 청천
벽력 같은 소리를 들었다. 사업이 어려워 집이 경매에 넘어갔다는 것. 당장 그동안 모
아 들어간 전세금 걱정부터 들었다.

A씨가 전세금을 안전하게 돌려받으려면
어떻게 해야 했을까?

🔍 전입신고와 확정일자를 챙겨라

세입자가 해당 주택에 입주하고 전입신고(전입신고를 한 때에 주민등록이 된 것으로 본다)를 마치면 바로 그 다음날 0시부터 대항력이 생긴다. 그러면 집주인이 바뀌더라도 계약기간 동안 쫓겨날 걱정 없이 맘 편히 지낼 수 있다. 아울러 기간 만료 후 임차보증금 반환도 요구할 수 있는 권리를 갖는다. 확정일자는 전입과 동시에 동사무소에 계약서를 가져가면 바로 부여받을 수 있는데, '대항력과 확정일자'를 갖추면 향후 전세로 거주하던 집이 경매에 넘어가더라도 순위 여부에 따라 배당받을 수 있다(우선변제권).

🔍 전세권을 설정하라

전세보증금을 안전하게 지킬 또 다른 방법은 '전세권설정등기'다(이를 위해서는 집주인의 동의가 필요하다). 전세권설정등기를 하면 전세보증금을 돌려받지 못할 때 전세금 반환청구소송을 거치지 않고도 세입자가 해당 주택을 경매 신청할 수 있다. 경매 처분이 되면 배당절차에서 후순위권리자보다 우선적으로 배당받을 수 있다. 전세권은 집주인의 동의 없이 자유롭게 양도, 임대, 전전세(빌린 부동산을 다시 빌려주는 것), 담보 제공 등이 가능하다는 장점도 있다.

🔍 전세보증금반환 상품을 활용하라

2013년 9월 정부는 대한주택보증을 통해 전세금 전액을 보장해주는 전세보증금반환보증을 내놨다. 임대인과 전세계약을 체결한 임차인이 대한주택보증에 보증신청 및 전세보증금반환채권 양도를 하면 대한주택보증은 임대인에게 전세보증금 반환채권 양도사실을 통보한다. 이후 보증금 반환이 이뤄지지 않을 때 대한주택보증에서 미반환된 전세보증금을 지급해준다.

52 누구나 생각대로 로열층

일반적인 로열층 사람들이 흔히 말하는 로열층은 중간층으로 본다. 20층을 기준으로 할 때 10~15층을 로열층으로 생각한다.

고층을 선호하는 사람들 엘리베이터가 생기면서 고층 주거가 편해지고 조망권 및 일조권 확보에 대한 욕구가 커졌다. 고층은 다락방 등 서비스 면적이 새롭게 추가되면서 공간 활용이 우수해졌다. 단, 고층은 여름엔 햇볕을 더 받고 겨울에 바람이 더 세게 불기 때문에 냉·난방비가 더 나올 수 있다.

저층을 선호하는 사람들 거동이 불편하거나 땅의 기운을 받아야 건강하다고 생각하는 노년층, 범죄 발생 우려가 있는 엘리베이터 탑승을 꺼리는 여성, 어린 자녀를 키우는 가정이 주로 저층을 찾는다. 일부 아파트에선 1층 입주자를 위해 개별 출입구 및 정원 등을 마련해 주고 있다. 단, 현관 앞 복도 소음 문제, 일조권 및 조망권 부족, 사생활 침해 우려가 있다.

로열층이라는 게 1990년대까지만 해도 15층 아파트에 9층 정도 위치였다. 총 15층 가운데 중간에서 1~2층 위이기도 하고, 우리나라 사람들이 9라는 숫자를 좋아해서도 그렇단다. 물론 지금은 초고층 아파트가 건립되고 있는 상황이라 9층이 로열층은 아니다. 20층 아파트라면 10~15층 정도, 30층이라면 15~20층 정도가 로열층이라고 볼 수 있다.

반면에 1층을 선호하는 사람들도 있다. 대표적으로는 어린이집을 운영하는 분들이다. 요새는 아파트에서도 어린이집이라는 간판을 걸고 아파트 주민들의 아이를 봐주는 일이 흔하다. 아이들이 계단을 오르내리며 다칠 수 있는 위험이 상대적으로 적어 어린이집을 운영하는 분이나 아이를 맡기는 부모 모두 1층을 선호한다.

사람들이 로열층을 선호하는 이유는 아무래도 시세 상승이 빠르기 때문이다. 그러나 비로열층이라고 경쟁력이 없는 것은 아니다. 시세 상승폭이 더딜 뿐 단지 전체 분위기에 편승해 시세가 상승하기도 하고 로열층에 비해 가격도 저렴해 구입 시 그만큼 경쟁력 있는 가격에 되팔기도 쉽다.

 ·· 알쏭달쏭 TIPS

그럼 북한 아파트의 로열층은 어디일까?
답은 저층. 이유는 일단 전력이 부족해 엘리베이터를 거의 운영을 하지 않으며 운영한다 해도 불안해서 잘 이용을 하지 않는다고 알려져 있다. 또한 난방시설 및 보온, 단열재 시설이 부족해 겨울이 긴 북한에서는 고층이 매우 춥다고 한다.

53 신혼부부여 내 집 마련 걱정 마라

우리 복덩이들‥ 너희들은 지금보다 더 큰 집에 살 수 있을 거야‥ 지금보다 더 높은 집에서 아름다운 경치를 보면서 살 수 있을 거야.

'결혼 4년 만에 쌍둥이를 낳은 주부 성심씨'

신혼부부 청약자격

1 결혼기간 5년 이내

2 자녀가 있어야 함(임신 중, 입양 모두 포함)

3 무주택 세대주

4 순위 •1순위 : 결혼기간 3년 이내 •2순위 : 결혼기간 3년 초과 5년 이내

5 청약통장 가입 6개월 이상(청약예금 제외)

6 소득이 전년도 도시근로자 연평균 소득의 100% 이하인 경우(맞벌이 120% 이하)

첫 내 집 마련 시기를 인생의 어느 때 쯤으로 잡고 있는가? 신혼 초 또는 결혼 전부터 미리미리 계획을 짜 두면 내 집 마련 시기를 한층 앞당길 수 있다.

신혼부부 주택은 청약가점제에서 소외된 신혼부부를 위해 마련된 청약 제도로 신혼부부의 주거안정을 도모하고 저출산 문제를 해결하기 위해 시행됐다. 2009년 1월 1일부터 신혼부부주택의 입주 자격이 한차례 완화됐으나 면적제한(전용면적 60㎡ 이하) 등 몇 가지 제한 사항으로 인해 2010년 2월 신혼부부 주택특별공급을 추가로 완화했다. 따라서 현재 신혼부부 주택특별공급자격은 다음과 같다. 우선 전용면적 85㎡ 이하 중소형 주택에만 해당된다.

청약자격은 ① 결혼기간 5년 이내 ② 무주택세대주 ③자 너가 있거나 임신 중 또는 입양한 경우 ④ 결혼기간 3년 미만 1순위, 결혼기간 3년~5년 2순위 ⑤ 청약통장에 가입하고 6개월이 경과했고 ⑦소 득이 전년도 도시근로자 연평균 소득의 100%이하(맞벌이인 경우 120% 이하) 등이다.

이는 첫 시행 시 전용면적 60㎡ 이하 소형주택으로 면적 제한이 있었고 ① 결혼 5년 이내 ② 그 기간에 출산(입양 포함)해 자녀가 있는 ③ 무주택 세대주로서 ④ 청약통장에 가입하고 6개월이 경과한 자(청약예금 제외) ⑤ 소득이 전년도 도시근로자 월평균 소득의 100% 이하인 경우만 해당했던 조건과 비교해 상당부분 완화된 것을 알 수 있다.

하지만 신혼부부 주택에도 단점은 있다. 신혼부부용으로 공급되는 주택의 물량이 많지 않다는 점이다. 따라서 분양 받아 내집을 마련하는 것에 대한 대안으로 시프트(장기전세주택)나 소형 아파트, 빌라 등 주택 매입을 통해 내집을 마련하는 법도 생각해볼 만하다.

54

퀴즈!
계약 해제 시 중개수수료 주나?

계약해제시 중개수수료를 준다?

정답은
O입니다!

부동산을 매수하기 위해 계약을 맺고 계약서를 작성했으나,
매도인이 계약의 해제를 주장하여 돈을 돌려받기로 한 경우에도

중개수수료를 줘야 할까?

정답은 줘야 한다!

김세입씨와 이매도씨가 집을 사고 팔기 위해 계약서를 썼다. 그런데 파는 사람인 이매도씨가 계약을 해제하자고 해 계약을 파기하고 돈을 돌려받기로 한 경우에도 중개업자인 나중개씨에게 중개수수료를 줘야 할까?

정답은 '줘야 한다.'

'공인중개사의 업무 및 부동산 거래 신고에 관한 법률' 제32조 1항에 따르면 중개업자는 중개 업무에 관해 중개의뢰인으로부터 소정의 수수료를 받을 수 있게 돼 있다. 다만 '중개업자의 고의 또는 과실로 인해 중개의뢰인 간의 거래행위가 무효, 취소 또는 해제된 경우에는 그렇지 않다'고 규정하고 있다.

따라서 일단 계약이 유효하게 성립한 후 계약이 해제되어 매매가 이뤄지지 않았다고 해도 거래 행위의 무효, 취소 또는 해제가 중개업자의 고의 또는 과실에 의한 것이 아니라면 중개수수료를 지급해야 한다. 이 경우 양 당사자가 합의 아래 중개수수료를 줘야 한다.

알쏭달쏭 TIPS

계약금, 해약금, 위약금의 차이는?

계약금 외에 위약금과 해약금은 모든 계약에서 늘 따라다니는 용어다. 특히 부동산 거래를 할 경우 계약서상에 명시되는 경우가 많아, 무심코 지나쳤다가는 큰 코를 다칠 수 있다. 그러나 그 내용이 잘 정비되지 않아 혼동을 하는 경우가 많아 용어에 대한 구분이 필요하다.

- 계약금 : 계약을 체결할 때 상대방에게 교부되는 금전으로, 계약금이 교부됐으면 당사자간의 합의가 성립됐다는 증거로 해석된다. 또한 계약금은 원칙적으로 해약금의 성격을 갖고 있다. 예를 들어 부동산 거래 시 교부한 계약금은 중도에 계약을 파기할 경우 포기해야 하는 금액을 말하기도 한다.
- 해약금 : 계약이행을 착수하기에 앞서 계약 당사자가 계약을 포기하면서 일정한 금액의 손해를 부담하고 임의적으로 해제하는 것이다. 계약의 구속에서 스스로 벗어나기 위한 조항이다.
- 위약금 : 당사자 중 일방이 약속을 위반하는 경우, 즉 계약의 의무를 이행하지 않을 시 교부한 금액을 몰수하거나 그 배액을 상환하는 것으로 계약위반에 따른 손해배상을 미리 정하는 것이다.

55

중개수수료,
얼마면돼! 얼마면되겠니?

수수료율 (서울특별시 기준)

종별	거래가액	요율(%)	한도액(원)	비고
매매·교환	5,000만 원 미만	0.6	250,000	–
	5,000만 원 이상 2억 원 미만	0.5	800,000	–
	2억 원 이상 6억 원 미만	0.4	–	거래가액에 요율을 곱한 금액
	6억 원 이상	거래금액의 0.9 이하		중개의뢰인과 중개업자가 협의하여 결정함

종별	거래가액	요율(%)	한도액(원)	비고
매매·교환 이외의 임대차 등	5,000만 원 미만	0.5	200,000	–
	5,000만 원 이상 1억 원 미만	0.4	300,000	–
	1억 원 이상 3억 원 미만	0.3	–	거래가액에 요율을 곱한 금액
	3억 원 이상	거래금액의 0.8 이하		중개의뢰인과 중개업자가 협의하여 결정함

강북에서 5억 원짜리 아파트를 매수한 J씨는 매수 후 중개수수료가 200만 원이나 돼 깜짝 놀랐다. 매매자금 마련시 중개수수료는 생각지도 않았기 때문에 너무 비싼 것 같아 화도 나고 마땅히 돈 구할 데도 없어 부랴부랴 다른 곳에서 급전을 빌려 수수료를 지급했다.

그렇지만 8억 원짜리 집을 구입한 K씨는 서울시 기준 중개수수료율을 알고 있어 이런 혼란을 막을 수 있었다. 평소 부동산 쪽 정보를 잘 챙기고 있던 터라 중개수수료요율표가 한국공인중개사협회 홈페이지(http://www.kar.or.kr/)에 나와 있다는 걸 알고 있었기 때문이다.

B씨는 8억 원짜리 집의 중개수수료가 0.9%이고 중개의뢰인과 중개업자가 협의하여 결정한다는 사실을 알았다. 그래서 수수료를 0.9%가 아닌 0.5%로 낮추어 중개업자와 협의 끝에 일을 성사시켰다.

알쏭달쏭 TIPS

중계수수료율 계산 방법

매매·교환, 전세·임대차인 경우 : 거래가액 × 요율(%)

월세인 경우 : [월세보증금액 + (월세 × 100)] × 요율(%)

단, 환산보증금이 5,000만 원 이하 월세인 경우 '100'이 아닌 '70'을 곱함

※ 통상 위처럼 수수료율에 따라 수수료를 주는 것이 원칙이나 거래과정에서 중개업자가 기본적인 사항 이외에 거래 당사자들을 위해 성심껏 수고하는 모습을 보였다면 단 얼마라도 더 주고 성의를 표시하는 것도 미덕이다.

56

분양권 투자 5계명

보라!

1. 지역선호도
2. 로열층
3. 지역 대표
4. 발전가능성
5. 브랜드 선호도

아무 분양권, 아파트를 산다고
투자수익이 생기는 건 아니다.
지역동향 분석과 한발 빠른 매매타이밍을 갖춰야
높은 수익률을 올릴 수 있다.

분양권 투자 5계명을 소개한다!

지역 선호도가 높은 곳을 찾아라

분양권에도 프리미엄이 붙는 지역은 한정돼 있다. 서울에는 강남구, 서초구, 송파구, 마포구, 성동구 그리고 경기도는 수도권 전철(분당선, 신분당선 등)이 개통돼 운행 중이거나 연장 개통예정인 용인, 수원 등 경기 남부 지역이 선호도가 높아 분양권에도 프리미엄이 많이 붙는다. 이처럼 선호도가 높아야 거래가 활발하고 집을 팔고 싶을 때 언제든 팔 수 있어 환금성이 좋다.

투자용이라면 비싸도 로열층이 좋다

시간이 지날수록 로열층과 비로열층의 가격 차이는 커진다. 강을 바라볼 수 있는 분양권 단지라면 무조건 강조망 물건을 매입. 입주 직전 팔 계획이라면 더욱 로열층을 사라.

지역 대표분양권을 매입하라

지역별로 가격상승을 선도하는 지역대표분양권이 있다. 이런 곳은 불황기에도 가격 하락폭이 적고 호황기에는 가격상승을 주도한다.

발전 가능성이 큰 곳을 골라라

분양권은 단순히 입주할 권리일 뿐이다. 현재는 다소 살기에 불편하더라도 입주 후에 주변 환경이나 입지조건이 좋아질 아파트를 골라야 한다. 입주시점에 맞춰 새로 생기는 도로, 지하철, 기반시설 등이 있는지 살펴야 한다.

브랜드 선호도가 높은 단지를 골라라

분양권을 살 때는 시공사의 브랜드파워를 따져 매입할 필요가 있다. 브랜드 선호도는 삼성물산, 현대산업개발, GS건설, 현대건설, 대림산업, 대우건설 등이 높다.

단! 지역에 따라서는 대형건설사가 아닌 해당 지역을 기반으로 하는 중견건설사 브랜드 선호도가 높을 수 있다는 점을 명심하라.

전세 2년 만기 후 1년 연장한 다음, 또 재연장도 가능한가요?

궁금해요!

2년 만기 후 전세금을 올려 1년 연장계약서를 작성했습니다. 최초 계약서는 확정일자를 받았고, 연장계약서는 최초 전세금을 계약금으로 인상된 전세금을 잔금으로 하여 계약서를 다시 쓰고 확정일자도 인상된 부분에 대해서 받았습니다.

전세는 2년을 보장하는 걸로 아는데요. 이런 경우 계약서를 다시 썼으니 1년 더 연장이 가능한지 아니면 1년이 만기되는 시점에 다시 전세금을 올려주고 계약서를 써야 하는지 궁금합니다. 사정이 있어서 1년 더 살아야 할 것 같은데요. 기존 금액대로 연장한 계약대로 봐서 2년을 채워도 되나 해서요.

Dr.아파트

세입자의 주거안정을 위하여 주택임대차보호법 제4조는 기간을 정하지 않았거나 2년 미만으로 정한 임대차는 그 기간을 2년으로 보고 있습니다. 단, 임차인의 입장에서는 2년 미만으로 정한 기간이 유효하다는 주장을 할 수 있습니다.

따라서 쉽게 말하면 계약기간을 1년으로 정했다고 할지라도 세입자가 2년 거주를 주장한다면 2년 동안 사실 수 있습니다. 물론 특약사항에 1년 거주할 것을 명시했어도 법적으로 거주기간 2년이 보장됩니다. 이는 새로운 계약이나 암묵적인 갱신, 혹은 재계약의 경우에도 모두 적용됩니다. 단, 경우에 따라 일시적으로 사용하기 위한 임대차라는 점이 명백할 경우에는 2년의 거주기간이 보장되지 않습니다.

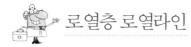 로열층 로열라인

분양권 매입 시 정석을 알고 싶습니다. 매입 후 실제로 거주할 수도 있겠지만, 분양권 상태로 되팔지, 입주 후 매도할지는 정확하지 않아서요. 이왕이면 로열동을 사두고 싶습니다. 같은 로열동으로 라인이 1~8라인의 판상형이고 층이 1~18층인 경우 어느 라인과 동이 좋을지 교과서적인 조언 부탁드립니다. 참고로 특별히 전망에 큰 차이는 없습니다.

Dr.아파트

통상 특정 단지에서 로열동을 꼽는 기준은 조망권입니다. 단지 내에 있는 경우는 단지 내 공원, 단지 외곽에 있는 경우 다른 외부 조망권이 확보됐느냐 아니냐의 차이지요.

그 외에 보는 것은 소음, 다른 동 또는 다른 아파트로 인한 사생활침해 소지 등을 따져 볼 수 있습니다. 각 동 사이의 거리가 짧은 경우, 다른 아파트와의 거리, 상가동과의 거리 등등 가까운 거리로 인해 사생활 침해 우려가 있는 동은 비로열 동입니다.

로열층 또한 어느 동에 있느냐에 따라 달라질 수 있습니다. 사생활침해 소지가 없는 동이라면 어느 정도 저층이어도 나쁘다고 할 수 없습니다. 물론 18층 정도인 경우 10층에서 15층 정도를 로열층으로 봅니다. 조망권이 장점이라면 고층으로 갈수록 선호도가 높아집니다.

라인의 경우 흔히 사이드 즉 가장 측면에 있는 라인은 피하라고 합니다. 집이 외부 벽과 접한 경우에는 냉난방비가 더 나올 수 있기 때문이지요. 최상층을 선호하지 않는 것도 같은 이유인데요. 과거에 비해 건축 기술, 마감재 등 질이 좋아졌기 때문에 큰 차이를 느끼지 못하는 경우가 많지만 아직도 이러한 선입견들을 갖고 있는 분들도 많습니다. 따라서 되도록 1호, 8호 라인은 피하시는 것도 나쁘지 않습니다.

57

우리 집 家長, 氣 살리는 인테리어

오후 10시.

오늘도 어깨가 축 처져서 집에 들어온 김부장. 후배는 치고 올라오고 위에선 누르고…. 게다가 회사가 어려워지면서 감원이니 감봉이니 말이 많다. 먹여 살릴 처자식을 생각하면 회사에는 어떻게든 붙어 있어야 하는데, 기운 나는 일이 없어 하루하루가 우울하다.

이런 김부장을 바라보는 아내는 마음이 좋지 않다. 어느 때보다 기가 꺾여 있는 것이 눈에 보여 어떻게 해줄까 고민하던 차, 가장의 기운을 살리고 행복한 가정을 꾸리는 **'풍수인테리어'**를 찾았다!

작은 변화로 가장에게 활력을 불어넣어줄 수 있는 인테리어를 소개한다.

거실

거실 창가에 잎이 무성한 식물이나 스탠드를 두면 가장의 승진, 건강 등 사회 활동에 좋다고 한다. 또 텔레비전 등 가전제품은 한 곳으로 모으고 난이나 작은 화분을 두면 나쁜 기운을 차단할 수 있다. 밝고 환하게 유지해야 좋은 기가 모이는 곳이다. 소파는 현관으로부터 대각선 방향에 배치하는 것이 좋다.

안방

안방 문을 열었을 때 정면에 침대가 보이지 않게 하고 행거나 옷걸이 등이 노출되지 않도록 한다. 특히 외출복은 바깥의 나쁜 기운을 끌어들일 수 있어 장롱 안에 넣어두자. 안방에서 생기가 가장 왕성하게 샘솟는 지점은 침실 출입문에서 가장 안쪽이다. 따라서 이곳을 가장의 취침 장소로 배치하면 좋다. 머리를 두고 자는 방향은 가급적 창문 쪽으로 하고 노란색이나 연녹색, 광택이 나는 베게가 금전운을 불러일으킨다고 하니 참고하기 바란다. 또한 안방에서 재물과 부부애가 형성되기 때문에 다른 곳보다 조명이 어두워야 기운이 산다.

부엌

부엌의 경우 식탁 위에 백열등을 사용해 밝은 분위기를 연출하고 식탁 중심이 되는 자리에 가장의 자리를 배치하면 좋다. 사용한 칼은 반드시 칼집에 보관해야 나쁜 기운을 막을 수 있다.

화장실

화장실은 청결과 정리정돈, 밝은 조명을 사용해 음침한 기운이 나오지 않도록 신경 쓰자. 욕실용품을 붉은 계통으로 사용하면 가장의 부와 건강에 좋다고 하니 한번 바꿔보는 건 어떨까?

58 세금, 법률상담 어디 공짜 없수?

● **세금**

1. 국세청 고객의 소리-국제관련 모든상담 (국번없이 126)
   홈페이지 : http://www.hometax.go.kr/home/eaeehp17.jsp
   양도소득세, 증여세 등 상담 가능
2. 지자체 홈페이지(구청 인터넷사이트-운영민원상담코너에 부서별 상담실)
   서울시 : 무료 법률 상담서비스 실시(국번없이 120)
   서울시 법무행정서비스(http://legal.seoul.go.kr/legal/front/main.html)

● **재건축, 재개발**

국토교통부(1599-0001) 민원마당(http://eminwon.mltm.go.kr/index.jsp)

● **법률**

1. 한국소비자원(02-3460-3000) 대한법무사협회 소속 법무사가 상담
2. 대한법률구조공단(지역번호+132) 법률상담센터
3. 서울지방변호사회 종합법률센터(02-3476-8003)

세금에 대해 궁금한 점이 생겼는데, 여기저기 물어봐도 조금씩 다른 답변이
돌아오거나 인터넷상에서의 불확실한 정보로 더 복잡해진 적은 없는가?

여기 좋은 방법이 있다. 다름 아닌 국세청 민원상담실을 이용하는 것이다. 국
세 종합상담센터의 상담원들이 양도세, 증여세 등에 대해 자세한 상담을 해준
다. 조리 있게 정리해서 질문하고 싶다면 인터넷으로도 가능하다. 이때는 국
세청 홈텍스의 인터넷 상담하기 코너를 이용하면 된다. 국토교통부 역시 민원
마당에서 리모델링, 재건축, 재개발 등 주택과 관련법에 대해 질의할 수 있다.
지방 각 자치단체에서도 법률, 세무 상담을 해준다. 서울시는 2007년 4월부
터 행정, 민사, 형사사건 등에 대한 무료법률 상담서비스를 하고 있으며 서울
시는 서소문별관 1층에 설치된 상담실에서 변호사나 변리사 등 법률 전문가
가 상담을 해준다. 인터넷으로는 서울시 법무행정서비스에서 상담 받을 수
있다.

각 구청 인터넷사이트에서도 민원상담 코너에 부서별 상담실이 마련돼 있다.
또한 구청별로 세무종합민원실을 운영 중인데, 이곳에서 재산세, 취득세, 등
록세 등 지방세에 대해 종합적으로 안내하고 있으니 참고하자. 이밖에도 국민
은행(청약, 세무, 법률 상담 코너 운영), 소비자보호원(법무 상담), 대한법률구조공단 등
에서도 무료로 상담을 해주니 참고하기 바란다.

매도자와 매수자의
동상이몽 同床異夢

올해 보유세를 내지 않으려면 잔금을 5월 31일로 해야지...

올해 보유세를 안내려면 6월 1일 이후로 잔금을 처리 해야지...

잔금

매도자   6월 1일   매수자

주택을 보유했을 때 부과되는 보유세는 재산세와 종합부동산세를 말한다.
보유세의 과세 기준일은 매년 6월 1일 소유권이 있는 자에게 부과된다.
따라서 매도시기나 매수시기를 잘 맞추면 재산세, 종합부동산세를 절세할 수 있다.

매도 시기 등은 잔금청산일을 기준으로 하기 때문에
매도자와 매수자는 잔금청산일에 대해
서로 다른 꿈을 꿀 수밖에 없다.

새 아파트에 입주하려는 예정자들도 마찬가지다. 잔금 납부일이 4~5월로 잡혔을 때는 보유세가 부과되는 것을 피하기 위해 연체이자를 물면서까지 6월 2일로 입주 날짜를 늦추는 사례가 적지 않다.

이러한 날짜 차이로 재미난 현상도 나타난다. 매매시장에서는 6월 1일 이전 보유세를 피하기 위해 매도가 몰리면서 가격이 하락세를 보이거나 절세하려는 급매물이 나오기도 한다. 따라서 매수자는 이때를 매매타이밍으로 눈여겨보는 것도 하나의 팁이다. 이후 보유세 부과 기준일이 지난 후에는 매도자들이 팔리지 않은 매물을 다시 회수하면서 가격이 회복세를 보인다.

그렇다면 6월 1일 당일 매매했을 때는 누가 보유세를 내야 할까? 언뜻 두 사람 모두에게 소유권이 걸쳐 있어 모호해 보이지만, 사실상 소유자인 '양수인'이 납세 의무를 진다. 즉 보유세는 매도자가 아닌 매수자에게 부과된다.

 .... 알쏭달쏭 TIPS

재산세 납부 인터넷으로 하세요!

재산세는 7월 16일부터, 7월31일까지 절반을 내고 9월 16일~9월30일까지 나머지 절반을 해당 시군구청에 납부해야 한다. 번거롭게 은행에 가기 보다는 인터넷을 통해 온라인 납부를 하는 것은 어떨까?

안전행정부가 운영하는 위택스 시스템(http://www.wetax.go.kr)을 이용해보자. 재산세 뿐 아니라 자동차세, 취등록세까지 납부할 수 있다. 은행에 가지 않고 집에서 편하게 신용카드, 자동이체 등으로 세금납부가 가능한 것이 장점이다. 위택스 회원으로 가입하면 MY Wetax에서 가입자의 지방세정보를 한번에 확인할 수 있다.

대리인 자격이 없는 이와의 거래는 NO~

Q 아파트 매매계약을 체결하려고 등기부등본을 보니
소유자는 A인데 그 아들인 B가 대리인으로 나왔습니다.
정상적인 매매계약 체결을 위해 필요한 서류는 무엇이 있으며
서류 없이 매매계약을 체결했을 때 발생될 수 있는
문제점은 무엇인가요?

부동산 계약을 체결하는 경우 '무대뽀(?)' 마인드로 접근하는 분들이 종종 있다. "내가 아들인데 어떠냐?", "내 부모가 연로하셔서 대신 나왔으니 그냥 계약하자" 등등 여러 이유를 대며 대리인 자격을 갖추지 않은 상태에서 "믿고 계약하라"는 분들이 있다.

위 질문처럼 부모와 아들 사이는 물론 부부사이라도 대리인 자격을 갖추지 않은 채 대신 나와 계약하는 경우 거래사고가 종종 발생한다. 적법하게 계약이 진행되려면 대리인은 매수자에게 소유자로부터 적법하게 위임받았다는 증명을 해야한다.

만약 대리인 자격을 갖추지 않은 채 대리인과 계약하는 경우 계약 이후 잔금 지급하기까지 해당 부동산의 가격이 급등한다거나 너무 저렴하게 매도했다는 생각이 들면 소유자가 "내가 언제 도장을 찍었냐?", "위임한 사실이 없다"고 오리발을 내미는 경우가 종종 있다.

이 경우 소송까지 간다면 결국 '원인무효' 판결을 받게 되며 계약자체가 무효가 된다. 따라서 이런 상황이 발생되지 않도록 소유주 A가 그의 아들인 B에게 위임했다는 증명서(인감증명서 1부, 인감도장이 날인된 위임장 1부, 대리인의 신분증)를 대리인으로부터 받은 후 계약을 진행해야 합법적인 계약이 성립될 수 있다.

다음은 부동산 거래가 한창 진행 중인 어느 중개업소의 모습이다.

최매도씨   제가 파는 사람의 가까운 친척입니다. 오늘 최매도씨가 바빠서
　　　　　못 나온다길래 제가 대신 나왔습니다. 저와 계약하시죠.

김매수씨   알겠습니다. 도장도 가져오셨고 친척이시라고 하니 그냥 여기서 계
　　　　　약서를 쓰죠.

그리고 며칠 뒤 다시 그 중개업소에서 사건이 벌어졌다.

최매도씨   나는 이 가격에 팔겠다고 한 적이 없습니다. 그 사람은 사정이 있어
　　　　　잠깐 도장만 맡겨둔 사람인데 어떻게 그 사람과 계약할 수가 있습니
　　　　　까? 파는 사람이 인정하지 않은 사람과 계약을 했으니 이 계약은 없
　　　　　었던 일로 하겠습니다.

김매수씨   아니, 매도자의 친척이라고 해서 계약했는데 왜 계약이 파기됩니까?
　　　　　전 대리인이라고 해서 계약을 했을 뿐이라구요!

이런 일을 미리 방지하려면 어떻게 해야 할까?

부동산 거래는 자산의 상당 부분이 오고 가는 일이기 때문에 사기 당하지 않
고 안전하게 이뤄지는 것이 가장 중요하다. 따라서 계약 시 본인 확인 여부가
매우 중요하다. 특히 부동산 계약서를 쓰러 갔을 때 당사자가 아닌 대리인이
거래에 나서는 경우가 간혹 있는데, 대리인이 당사자의 위임을 받은 것처럼
조작해 거래를 성사시키고 도주하는 일도 있어 대리인과의 계약은 매우 조심
해야 한다. 따라서 대리인과 계약할 경우에는 위임장과 인감증명으로 대리권

여부를 확인해야 한다.

위임장에는 부동산의 소재지, 계약의 목적, 본인이 계약에 대한 제반사항을 대리인에게 위임한다는 취지, 본인 인감날인, 수임인의 주소, 성명, 주민등록 번호, 연월일 등이 명시돼야 한다. 또 반드시 전화로 매매계약의 승인 여부를 본인에게 확인해야 한다. 마지막으로 계약을 할 때 현장답사와 등기부등본 확인은 아무리 강조해도 지나침이 없다. 안전한 부동산 거래를 위해 꼭 명심해야 할 사항들이다.

 .... 알쏭달쏭 TIPS

포괄양도양수계약이란?

포괄적 양도 · 양수란 사업장별로 사업용 자산을 비롯한 인적시설 및 권리 · 의무 등을 포괄적으로 승계하여 양도하는 것을 말한다. 그러나 사업의 포괄적 양도 · 양수가 되기 위해서는 다음과 같은 요건을 갖춰야 한다.

❶ 포괄 양도 · 양수 내용이 확인돼야 한다.
　　→ 사업양도 · 양수 계약서 등에 의거 사업의 포괄적 양도 사실이 확인돼야 한다.
❷ 양도자 및 양수자가 과세사업자여야 한다.
　　→ 사업양수 후 양수자가 면세사업으로 전용하는 경우에는 사업 양수도가 인정되지 않는다.
❸ 사업양도 신고서를 제출해야 한다.
　　→ 사업양도 후 「사업양도신고서」를 제출해야 한다.

사업을 양도하면 재화의 공급으로 보지 않기 때문에 부가가치세가 과세되지 않는다. 부가가치세를 과세하지 않는 이유는 양도자가 납부한 세금을 양수자가 환급받게 돼 아무런 세금징수 효과가 없음에도 불구하고 사업자에게 불필요하게 자금부담을 지우는 것을 피하기 위해서다. 사업양도에 해당하면 양도자는 부가가치세만큼 양도가액을 낮출 수 있으므로 거래를 원활히 성사시킬 수 있고, 양수자는 사업을 양수하는 데 따른 자금부담을 덜 수 있다.

매도자, 매수자 모두 일반과세자 사업자등록이 돼 있거나 사업자등록을 할 계획인 상태에서 상가나 수익성 부동산 매매계약서를 작성할 때 포괄양도양수계약서도 함께 작성하면 좋다.

양도소득세 **취득시점,**
언제부터일까?

양도소득세를 비과세 받으려면
지역 구분 없이 취득일부터 양도일까지 2년 이상 보유하면 된다.
매매의 경우 취득시점은 잔금일이며,
잔금일 전에 소유권 이전등기를 했다면 등기접수일이 된다.

그렇다면 상속, 증여 등 특수한 경우의 취득시점은 언제부터일까?

상속으로 취득한 주택을 양도하는 경우

피상속인의 사망일이 취득시점이다. 단, 동일 세대원이던 피상속인으로부터 상속받은 주택은 피상속인의 취득일부터 계산한다.

증여받은 주택을 양도하는 경우

증여를 받은 날, 즉 증여등기 접수일이 취득일이 된다.

이혼으로 이전받은 주택을 양도하는 경우

위자료를 대신해 소유권을 이전받았다면 이전받은 날이 취득일이 된다. 재산분할청구에 의해 소유권을 이전받았다면 이전한 이혼자의 당초 주택 취득일부터 계산한다.

배우자로부터 증여받은 주택을 양도하는 경우

증여자가 취득한 날을 취득시점으로 본다.

경매로 취득한 주택을 양도하는 경우

경락대금을 완납한 날을 취득시점으로 계산한다.

62 이래서 결혼은 하고 봐야 해
부부 공동명의로 절세하기

부부 공동명의의 장점은 단독명의로 할 때보다 양도세와 보유세인 종합부동산세를 줄일 수 있다는 점이다. 4억 원에 구입한 주택을 9년 뒤에 22억 원에 판다고 했을 경우 양도세 차이는 무려 9,020만 원이다.

구분	단독명의	공동명의	
		남편	아내
양도가액	22억 원	11억 원	11억 원
−취득가액 · 필요경비	−4억 원	−2억 원	−2억 원
양도차익	18억 원	9억 원	9억 원
−장기보유특별공제	12억 9,600만 원	6억 4,800만 원	6억 4,800만 원
양도차익	10억 6,363만 원	1억 6,363만 원	1억 6,363만 원
장기보유특별공제액	7억 6,581만 원	1억 1,781만 원	1억 1,781만 원
양도소득금액	2억 9,782만 원	4,582만 원	4,582만 원
−기본공제	250만 원	250만 원	250만 원
과세표준	2억 9,532만 원	4,332만 원	4,332만 원
×세율	38%	15%	15%
−누진공제	1,940만 원	108만 원	108만 원
산출세액	9,282만 원	541만 원	541만 원
+주민세	928만 원	54만 원	54만 원
합계	1억 210만 원	595만 원	595만 원

젊음을 즐기겠노라며 35살이 넘어 늦게 결혼한 K씨, 결혼이라는 것을 하니까 정말 좋다. 사랑하는 사람을 매일 보고 밥도 같이 먹고…. 이렇게 좋은 줄 알았으면 진작 할 걸!

게다가 세금도 아낄 수 있다니 이처럼 좋은 게 또 있을까 싶다. 특히 종부세는 과거 세대당에서 인당과세로 바뀌면서 혼자 사는 것보다 결혼해서 같이 사는 게 세금을 반으로 줄일 수 있는 방법이 됐다. 혼자 있으면 6억 원 이상이면 종합부동산세가 과세되지만 둘이 있으면 각각 6억 원씩이니까 두 배의 해택을 받을 수 있다.

> 종합부동산세는 세대별 합산에서 인별 합산으로 변경돼 단독명의보다는 공동명의가 절세에 큰 도움이 된다. 기준시가 10억 원인 주택을 단독명의로 보유하고 있다면 종부세 과세기준인 6억 원을 초과하기 때문에 종부세 과세 대상이 된다. 하지만 공동명의인 경우 5억 원으로 나뉘기 때문에 종부세 과세 대상에서 제외된다. 양도소득세에서도 마찬가지다.

양도소득세에서는 두 배로 아낄 수 있는 것은 아니지만 기본 공제를 한 번 더 받을 수 있는 것이니까 그만큼 세금을 아낄 수 있다. 양도소득세와 종합부동산세가 걱정되는 미혼이라면 빨리 결혼하는 것도 나름의 절세 방법이 될 수 있다.

아주 바꿔버려?
리모델링? 재건축?

휘리릭~
뽕!!

리모델링

재건축

리모델링? 기본 내력벽을 유지한 상태에서 구조변경을 하는 것!

재건축? 완전히 철거하여 다시 짓는 것!

재건축은 쉽게 말해 집을 헐고 새로 짓는 것이다. 반면 리모델링은 집을 헐지 않은 채 건물 안팎의 시설을 최신식으로 고치는 것이다. 재건축을 좀더 정확하게 이야기하면 낡은 연립주택이나 아파트 등을 허물고 새 아파트를 짓는 것이다. 재건축단지를 말할 때 흔히 고밀도지구나 저밀도지구란 표현을 쓴다. 여기서 저밀도 지구란 개포, 잠실, 반포 등 5층짜리 아파트를 말하고 고밀도 지구란 10~15층짜리 아파트를 말한다.

참고로 잠실, 반포 등에 있는 저층아파트들은 대부분 재건축을 마친 상태다. 대표적인 단지로 엘스(잠실주공 1단지), 리센츠(잠실주공 2단지), 트리지움(잠실주공 3단지), 레이크팰리스(잠실주공 4단지), 래미안퍼스티지(반포주공 2단지), 반포자이(반포주공 3단지) 등이 있다.

2008년 9월 세계적인 금융위기로 MB정부는 대부분의 재건축 규제를 풀었다. 사실 재건축 아파트는 정부의 강력한 규제 대상이었다. 이는 재건축 아파트가 집값 상승의 진앙지이기 때문이다. 재건축 아파트값이 오르면 강남의 집값이 오르고 또 이것이 수도권 전체 시장의 집값 불안으로 작용했기 때문이다.

현재 재건축 규제는 소형주책 의무비율을 제외한 임대주택 의무비율(2009년 4월), 후분양제(2008년 10월), 기반시설 부담금제(2008년 3월), 조합원지위양도금지(2009년 8월) 등 대부분의 규제는 폐지된 상태다.

한동안 재건축 규제가 강화로 리모델링이 재건축의 새로운 대안으로 떠오르기도 했다. 이는 상대적으로 투기수요가 적고 중대형 아파트를 공급할 수 있는 대안이 될 수 있기 때문이다. 이 때문에 15층 이상의 중층 재건축단지들이 리모델링 사업을 검토하기도 했으나 활성화되지는 않았다. 이는 리모델링 허용 범위가 기둥 등을 모두 그대로 둔 채 공사가 이뤄지므로 소비자들이 선호하는 신평면 적용에 무리가 있다. 여기에 기존 면적도 전용면적 기준 30%까지만 증축하도록 했고 세대간 벽 철거를 통한 세대 통합도 안 됐기 때문이다.

사업을 통해 발생하는 추가 비용을 모두 현 거주자(조합원)가 부담해야 하기 때문에 수익성에 대한 의문도 많았다.

하지만 2013년 말 수평증축이 아닌 수직증축리모델링이 허용, 2014년 4월부터 본격적인 리모델링 추진이 가능해졌다. 수직증축을 통해 가구수가 증가할 수 있고, 증가되는 가구는 일반분양을 해서 분양수익을 얻을 수 있어 기존 조합원들의 추가부담이 줄어드는 효과를 기대할 수 있게 됐다.

이로 인해 기존에 리모델링 사업 추진을 해왔던 분당 일부 아파트를 비롯해 입주 20년에 접어드는 1기 신도시 아파트들이 다시 주목받고 있다.

리노베이션과 리모델링의 차이점

부동산 용어 중 비슷하면서도 그 의미에 차이가 있는 용어 때문에 헷갈리는 경우가 종종 있다. 리노베이션과 리모델링이 대표적인 예. 정확한 차이점에 대해 알아보자.

리노베이션이란 건물의 본질적인 성격을 유지하여, 건축물을 헐지 않고 기존 기능을 더욱 향상시켜 수선하는 것을 말한다. 건물의 골조 뼈대만 남겨두고 전기 배관, 내부 장식 등을 고치는 것. 즉 증축, 개축, 재축, 용도변경까지 포함한 가장 넓은 의미의 용어다. 반면 리모델링은 오래된 건물의 골조는 그대로 두고 노후화된 건물의 본래 기능을 회복시키거나 개선시키는 건축수선을 말한다. 또한 새로운 기능을 추가해 건축물의 수명을 연장하고, 편리성과 기능성을 증대시킨 개보수 공사다.

즉 리노베이션은 건물의 본질적인 기능을 향상시켜 한 단계 더 높은 수선을 하는 것이며, 리모델링은 건물의 경제적 가치를 높여 부가가치를 창출할 수 있도록 탈바꿈하는 것을 말한다. 리모델링의 범위는 주거용, 상업용, 업무시설 등의 다양한 용도의 건물을 대상으로 범위가 다양하다. 최근에는 아파트에 대한 재건축 규제가 강화되면서 그 대안으로 리모델링이 부각되고 있다.

부동산 시장의 현재 상황은 어떤가요?

궁금해요!

정부의 9.1 대책 이후에 반짝하던 부동산 시장이 침체기에 접어들었다고들 하는데요. 이건 일시적인 조정기, 혹은 하락기라고 보면 되나요? 아무래도 이 정책은 정부가 월세 대책 방안으로, 그러니까 심각한 전세난을 매매로 유도하기 위한 방법 같은데요. 지금의 부동산 시장 상황에 대해서 의견 부탁드립니다.

Dr.아파트

박근혜 정부가 9월 1일자로 부동산 대책을 발표했습니다. 그 핵심은 복잡하거나 현 시장상황에 맞지 않는 규제를 폐지 또는 개선하여 주택시장을 회복시키고 서민의 주거안정을 강화한다는 것이지요. 결국 이러한 규제들을 풀어줌으로써 주택거래를 늘리겠다는 목적이라고 할 수 있습니다. 그리고 이때 등장한 대책들 중, 시장에서 가장 뜨거운 반응을 보인 것이 바로, 재정비 규제 합리화입니다. 즉, 이것의 주요 내용은 재건축 정비사업과 관련된 규제를 완화하는 것이지요.

그럼 재정비 규제 합리화에 대해 잠시 살펴볼까요? 내용은 이렇습니다. 먼저 재건축을 추진할 수 있는 대상을 연수로 제한했던 재건축연한을 최장 40년(서울 기준)에서 30년으로 완화하겠다는 것입니다. 그리고 수도권 과밀억제권역 내에서 재건축을 할 경우 전용면적 85㎡이하 건설의무 중 연면적 기준을 폐지하기로 했지요.

재건축 시장은 수도권 주택시장을 움직이는 큰 축이었습니다. 2000년대 초반에는 가격이 급등하며 과열양상을 보이기도 했지요. 그러자 참여정부시절에 재건축 관련 각종 규제가 쏟아져 침체가 길어졌었는데요. 이번 9.1대책을 통해 규제가 일부 또 풀리면서 재건축 시장이 활발한 움직임을 보였습니다. 실제로 재건축 연한 축소에 따른 최대 수혜 지역으로 꼽히는 양천구는 매물이 급히 회수되면서 가격이 올랐고, 노후단지가 많은 노원구 역시 매수 문의가 늘어나는 등 시장이 활기를 띄었지요.

하지만 9.1대책이 발표되자, 매도자들의 상당수는 매매가를 크게 올려버립니다. 그러면서 자연스럽게 매수자들이 다시 관망세로 돌아서는 현상이 확산되는 분위기가 되었지요. 이에 따라 가격은 올랐지만 그 오른 가격만큼의 추격매수가 적절하게 이뤄지지 못하면서 분위기가 다시 가라앉는 모습입니다.

매매 거래가 주춤해지면서 전셋값은 여전히 상승세를 이어가는 중이지요. 게다가 특히 가을 결혼, 이사철 등과 맞물리면서 전세난이 계속돼 정책의 실효성에 대한 문제제기가 되고 있습니다. 다만 전세난은 단순히 매매로 전환되는 수요 이외에 적절한 공급이 뒷받침 돼야 합니다. 따라서 당장 9.1대책의 실효성을 문제 삼기보다는 이를 통해 새로운 정책방향, 대안 등을 논의하는 자세가 중요하겠습니다.

전세 만료 2개월 전 이사해야 한다면 복비 부담은?

전세 세입자입니다. 전세 만료가 내년 2월 말입니다. 사정상 올해 12월 말 (만료 2개월 전) 나가야 한다면, 복비 부담은 누가 하게 되지요? 세입자가 하게 된다면, 내년 1월 중순 정도 (만료 1개월 전)라면 복비 부담이 없어질까요? 전세 계약기간 중 나갈 때 중개 수수료에 관한 기준이 어떻게 되는지요?

Dr. 아파트

이러한 경우에 법적으로는 임대인이 중개수수료를 부담해야 한다고 되어 있습니다(국토교통부 유권해석 근거). 또한 중개의뢰인을 중개대상물에 대한 매도 및 임대 등의 권한을 가진 매도의뢰인, 임대의뢰인 등으로 규정하고 있고요(공인중개사법 제25조 제2항). 따라서 임차인이 기간 만료 이전에 새로운 임대차계약에 대한 중개를 의뢰하는 경우일지라도 임차인은 중개대상물에 대한 권한이 없으므로 수수료를 부담하는 중개의뢰인에 해당하지 않습니다. 실무에서는 통상 전세 기한 만료 3개월 이하라면 임대인이 중개수수료를 지불하며 3개월이 넘게 되면 기존 임차인이 약속한 계약기간을 지키지 못한 것이므로 임차인이 부담하고 있습니다.

월세도 소득공제 받을 수 있다

근로소득자가 현금영수증 가맹점에 가입하지 않은 주택임대사업자에게 매월 지급하는 주택임차료(월세)에 대해 국세청홈페이지 또는 세무서에 2009년 2월 4일부터 신고하면 현금영수증이 발급돼 '신용카드 등 사용금액에 대한 소득공제' 혜택을 받는다.

신고방법

❶ 인터넷을 통한 방법
국세청 홈페이지(www.nts.go.kr) 〉 현금영수증 소비자/사업자 〉 발급거부신고 〉 주택임차료(월세)신고
※ 월세 소득공제 신청기간 최대 3년 (2014년 2월 월세분은 2017년 2월까지 신고하면 공제 받을 수 있음)

❷ 세무서에 우편 또는 직접 방문 신고하는 방법
세무관서에 '현금거래확인신청서'와 '임대차계약서'를 제출

직장 때문에 홀로 서울에서 월세를 살고 있는 나홀로씨. 어느 날 직장 동료들과 점심을 먹다가 현재 매달 지급하는 월세에 대해서도 현금영수증 소득공제를 받을 수 있다는 놀라운 사실을 알게 됐다. 잘 활용하면 연말정산 환급액이 커지는 '월세 소득공제', 몇 가지 궁금증에 대해 알아보자.

Q 신고 대상은?

주택임대인이 임대사업자가 아닌 경우에도 신고가 가능하다. 사업자등록 여부와 상관없이 신고가 가능하며 주택에 대한 월세가 소득공제 대상이 된다.

Q 소득세 과세 대상이 되는 임대인은?

임대인의 주택 임대소득에 대해 소득세가 과세되는데 주택을 임대하는 경우 보증금에 대해서는 비과세이며 월세에 대해서만 소득세가 과세된다. 또한 모든 주택이 아니라 기준시가가 9억 원을 초과(고가주택) 1주택 소유자와 2주택 이상을 소유한 자가 월세로 주택을 임대하는 경우에 소득세가 과세된다. 보유 주택 수는 본인과 배우자가 각각 주택을 보유하고 있는 경우 합산해 보유수를 산정한다.

Q 주의 사항은?

임대차계약을 체결한 후 주민등록상 주소지를 이전하지 않은 경우에도 소득공제를 받을 수 있지만 임대인과의 분쟁을 방지하기 위해 주소지를 이전하는 것이 좋다. 또한 월세 소득공제 신청은 최초 신고 후 계약기간 동안 자동갱신되므로 매월 신고할 필요가 없으나 임대기간이 연장되거나 변경 사항이 있으면 신고해야 한다.

65 지방청약열기 재당첨제한폐지로부터

최근 수도권 분양시장의 미지근한 반응과는 달리 지방 분양시장은 청약 1순위에서 마감되는 등 대박행진 중이다. 이처럼 수도권과 지방의 온도차가 큰 이유는 민영주택 재당첨제한폐지 및 전매제한 완화 등 규제완화에 힘입은 투자수요 활성화라고 볼 수 있다.

재당첨제한제도란,
아파트 당첨 이력이 있는 사람 및 그 세대에 속한 자는 일정기간
새 아파트 당첨을 받지 못하도록 하는 것을 말한다.
이때 면적과 지역에 따라 그 기간이 달라진다.

정부는 지난 2012년 9월 25일부터 투기과열지구를 제외한 지역의 민영주택 청약 시 재당첨제한을 폐지하여 주택시장의 활성화를 도모했다. 따라서 현재 투기과열지구로 지정된 곳이 없으므로 사실상 전국의 민영주택에 대한 재당 첨제한은 사라졌다고 볼 수 있다.

그러나 분양가상한제 적용 주택, 공공임대주택(10년 또는 5년), 토지임대주택 등에 당첨된 자 및 그 세대에 속한 자는 당첨일 이후 일정기간(1~5년) 전국의 다른 분양주택의 1 · 2 · 3순위 청약 및 당첨을 금지한다.

당첨지역별 재당첨 제한기간(주택공급규칙)

당첨된 지역	전용면적별	재당첨 제한기간
수도권 과밀억제권역 (서울, 인천, 경기 일부)	85㎡ 이하	당첨일로부터 **5년**
	85㎡ 초과	당첨일로부터 **3년**
그 외 지역	85㎡ 이하	당첨일로부터 **3년**
	85㎡ 초과	당첨일로부터 **1년**

주의!!

당첨됐던 청약통장을 재사용을 하는 것은 안 되며 당첨된 통장은 계약여부와 상관없이 재사용이 불가능하다. 새로운 청약통장 가입 후 서울 및 수도권은 2년, 지방 민영주택은 6개월이면 1순위 자격이 부여된다(다만 2014년 '9.1부동산대책'에 따라 서울 및 수도권 1순위 입주자저축 가입기간은 2년에서 1년으로 단축될 계획임).

한편 당첨자와는 별개로 다른 세대원의 청약통장은 사용이 가능하다.

66 상가겸용 주택 양도세 비과세 조건

상가와 주택이 결합해 복합용도로 사용되는 겸용주택은 주택면적 비율에 따라 양도세율 및 비과세 조건이 달라진다. 즉 전부 주택이 될 수도 있고 주택과 상가로 각각 구분될 수 있다. 상가겸용주택의 경우 어느 때 양도세가 과세되고, 또 비과세되는지 살펴보자.

구분	주택 여부	비과세 요건 충족할 경우
주택면적＞상가면적	전부 주택으로 간주	비과세
주택면적≤상가면적	각각 주택과 상가	주택은 비과세, 상가는 일반세율

주택면적이 클 경우

1주택자인 경우 주택면적이 클 경우 주택뿐 아니라 상가 모두를 포함해 1주택으로 가주한다. 즉 서울에 사는 A씨가 주택면적이 큰 겸용주택을 2년 이상 보유 했다면 겸용주택 전부네 대해 양도세 비과세를 받을 수 있다.

주택면적이 상가면적보다 작거나 같을 때

주택면적이 상가면적보다 작거나 같을 때에는 주택 외의 부분이 주택으로 간주되지 않는다. 즉 서울에 사는 B씨가 주택면적이 상가면적보다 작거나 같은 겸용주택을 2년 이상 보유 했다고 하더라도 전체 건물에 대해 비과세를 받을 수 없고 주택 부분만 가능하다.

하지만 상가와 주택면적이 비슷하다면 주택으로 바로 연결될 수 있는 계단, 그러니까 주거로 볼 수 있는 주택면적을 새로 만들어 상가면적보다 넓게 확보한다면 첫 번째 경우처럼 건물 전체에 대한 비과세를 받을 수 있다.

다주택자가 겸용주택을 양도할 경우 주택면적에 대해서는 중과세율이 적용되고 상가 부분은 일반세율이 적용된다.

67 아파트 동, 호수 선택 시 이것만은 주의하세요

근처에 넓은 도로나 철도가 있으면 6~8층은 피하는 게 좋다

저층의 경우 소음 기준이 있어 방음벽을 설치했지만 6층 이상은 시끄러워도 아파트 허가에 지장이 없기 때문에 방음벽 효과를 볼 수 없는 곳이 많다. 이는 예전 아파트가 주로 5층으로 구성돼 6층에 대한 개념이 별로 없던 것이 관례로 이어졌기 때문이다.

단 2008년 1월 이후 사업승인을 받은 아파트는 6층 이상도 소음기준이 있기 때문에 방음에 최대한 신경을 쓴다. 따라서 이 부분에 대해 큰 신경을 쓰지 않아도 된다.

※ 소음기준 : 외부 65데시벨 미만, 내부 45데시벨 미만

아파트 화장실에는 환기장치가 있다. 그러나 환기 능력은 층마다 다르다

저층은 옥상 굴뚝과의 기압 차이가 커 악취가 쉽게 잘 빠지며 고층은 환기구의 공기 흐름이 빨라진 덕분에 환기가 잘 된다. 하지만 중간층은 이도저도 아니라 환기가 다른 층에 비해 안 좋다고 한다.

판상형일 경우 가운데 라인이 좋다

양 끝 라인은 집안 벽이 바로 외부와 맞닿아 있기 때문에 외부 온도에 그대로 노출돼 있다. 따라서 평균적으로 냉난방비가 더 나온다.

옆에 소개한 그림의 의미를 아시겠는가? 이 삽화는 바로 아파트 라인에 따른 온도차를 비약해서 그린 것이다. 아파트를 살 때에는 동, 호수 선택도 잘 해야 한다. 막상 들어가 살다 보면 생각지도 못한 생활의 불편함이 따를 수 있기 때문이다. 아파트 동, 호수 어떻게 선택할까?

🅐 층수 선택

아파트 1, 2층처럼 저층은 소음이, 최상층은 냉난방에 불편함이 따를 수 있다. 저층은 밖을 지나는 차나 사람들의 소음, 나무로 인한 채광 문제, 벌레, 방범 등의 단점이 있을 수 있다. 하지만 아래층에 사람이 거주하지 않아 어린이를 둔 가정에는 오히려 적합하다는 장점이 있다. 반면 최상층은 옥상 바로 아래에 자리를 잡고 있어 겨울엔 다른 층보다 춥고 여름엔 더울 수 있다. 그러나 전망이나 채광, 쾌적성 면에서는 다른 층보다 우수하다. 최근 지어지는 아파트는 저층, 최상층의 단점을 해결하기 위해 1층에 필로티를 설계해 2층 이상부터 주택을 배치하고 옥상에 다락방을 설치하기도 한다.

🅑 라인 선택

1호부터 8호까지 여러 라인이 일렬로 배치된 판상형(ㅡ자) 아파트라면 어느 라인이 좋을까? 1호와 8호 라인처럼 가장자리에 위치한 집은 집안의 벽이 외부와 바로 맞닿아 있어(최상층의 천장과 마찬가지로) 외부 온도에 그대로 노출된다. 따라서 다른 집보다 냉난방비가 더 나올 수 있다. 결론적으로 판상형이라면 중간 라인을 선택하는 게 좋다.

잘고른 나홀로 아파트 대단지 안 부럽다

나홀로 아파트란?

일반 주택가에 혼자 우뚝 솟아 있거나 여러 규모가 있는 단지들 사이에 작은 규모의 단지로 통상 100가구 미만 1개동짜리 아파트를 말한다. 일반 주택가에 있는 아파트는 단지 진입로가 좁거나 편의시설이 부족하고 관리비가 비싸 수요자들로부터 주목을 받지 못했다.
하지만 이러한 고정관념을 깨면 좋은 나홀로 아파트를 찾을 수 있다.

❶ 분양가와 매매가가 **대규모 아파트에 비해 저렴**하다.
❷ 대규모 단지 옆에 있는 나홀로 아파트는 **편의시설, 학군 등을 똑같이 이용**할 수 있다.
　 단 대단지 인근이라고 해도 대단지와 대로를 사이에 두고 있다면 주목받기 어렵다.
❸ 몇몇 나홀로 아파트가 몰려 있는 경우 **나홀로 단지들이 연합으로 재건축을 하거나 인근 주택과 함께 재개발할 수 있어** 가치가 높아질 수 있다.
❹ 전철역 개통, 도로가 신설되는 지역에 위치한 나홀로 아파트는 **가격 경쟁력으로 인해 교통 여건 개선 직후 아파트값 상승세도** 높다.

일반적으로 나홀로 아파트는 대단지 아파트보다 관리비 부담이 크고 편의시설도 부족해 인기가 적었다. 그러나 최근 서울 지역에 자금 부담이 덜한 소형 타입, 소규모 단지에 매수자들의 관심이 모이면서 나홀로 아파트에 관심을 보이는 사람들이 늘었다. 나홀로 아파트는 주택구입 자금이 대단지 아파트에 비해 비교적 저렴하고 같은 조건의 교통 및 편의시설을 이용하면서 거주할 수 있어 내 집 마련 수요자에게 적절하다.

특히 강남권 같이 생활 편의시설 구축이 잘 돼 있는 곳의 나홀로 아파트라면 주목할 만하다. 강남권 나홀로 아파트는 강남권의 최대 장점인 좋은 학군과 학원가, 편리한 교통, 백화점, 각종 편의시설을 그대로 이용할 수 있다. 게다가 공급 물량이 점차 줄고 있는 분위기라 내 집 마련과 생활 편의시설, 두 마리 토끼를 잡을 수 있는 투자처다.

강남권으로 출퇴근하는 연령층이 젊은 세대가 많다는 점을 감안할 때 이들 나홀로 아파트의 경쟁력은 더욱 높아질 전망이다.

알쏭달쏭 TIPS

강남권의 나홀로 또는 2~3개동 소규모 아파트 단지
강남구 역삼동 세방하이빌, 이수브라운스톤 등
강동구 성내동 영풍마드레빌, 대림e-편한세상3차 등
서초구 서초동 동원베네스트, 잠원동 월드메르디앙 등
송파구 마천동 금호베스트빌, 방이동 올림픽카운티, 오금동 우방 등

69 자금출처를 밝히시오~!

지난 2013년 10월 서울의 한 84m²의 아파트를 4억 원에 구입한 A씨는 어느 날 갑자기 국세청으로부터 아파트 매입 자금에 대한 자금출처를 증빙하라는 안내문을 받았는데….

자금출처 조사는 언제 하는 걸까?

모든 부동산 거래에서 자금출처 조사를 진행하지는 않는다. 10년 이내의 재산 취득가액 또는 채무상환금액의 합계액이 아래의 기준 금액 미만인 경우에는 자금출처 조사를 하지 않는다.

만약 자금출처 조사 대상자로 선정되거나 세무서에서 자금원천을 소명하라는 안내문을 받은 경우 증빙서류를 제출해 취득자금의 출처를 밝혀야 증여세를 피해갈 수 있다.

이때 취득자금의 80% 이상을 소명하지 못하면(취득자금이 10억 원 이상인 경우, 취득자금에서 8억 원 이상을 소명하지 못한 경우) 취득자금에서 소명금액을 뺀 나머지를 증여받은 것으로 간주되기 때문에 주의가 요구된다.

자금출처 조사는 그러니까 국세청에서 의심스러운 사람들만 하는 것이 사실이다, '나이도 어린데다 세대주도 아닌 것이 돈이 어디서 나 이런 부동산을 샀지?' 아니면 '오호라 이거 투기하는 거 같은데…' 라는 의심을 받으면 대상자가 된다.

물론 대상자가 된다고 해서 다 세금을 추징당하는 것은 아니고 자금출처를 밝히면 된다. 예컨대 근로소득, 차입금, 전세금, 보유재산 처분액 등이 자금출처로 인정되는 대표적인 항목이며 이를 증빙하려면 각각 원천징수영수증, 부채증명서, 임대차계약서, 매매계약서를 제출하면 된다.

만약 총액한도를 소명하지 못한다면 이를 증여로 추정돼 증여세 과세가 이뤄진다. 증여가 아니고 유상거래임을 증명해야 증여세를 추징당하지 않는다. 일반적으로 개인 사이의 거래는 차용증, 계약서, 영수증 등만 가지고는 거래로 인정받기 어렵고 예금통장 사본, 무통장입금 확인증 등 객관적인 자료가 필요하다. 즉 어머니에게 집을 샀다고 해도 통장사본 등 자금이 오간 정황이 입증되면 증여가 아닌 매매로 인정받을 수 있다는 얘기다.

자금출처 조사 배제기준 금액

구분		취득재산		채무상환	총액한도
		주택	기타 재산		
세대주	30세 이상	2억 원	5,000만 원	5,000만 원	2억 5,000만 원
	40세 이상	4억 원	1억 원	5,000만 원	5억 원
비세대주	30세 이상	1억 원	5,000만 원	5,000만 원	1억 5,000만 원
	40세 이상	2억 원	1억 원	5,000만 원	3억 원
	30세 미만인 자	5,000만 원	3,000만 원	3,000만 원	8,000만 원

3억 원으로 강남에서 20년 동안 사는 법

시세의 30% 수준으로
내 집처럼 살 수 있는 곳이 있다고?

바로 장기전세주택 (시프트!!)

장기전세주택(시프트)이란 주변 전세 시세의 80%, 매매 시세의 30% 수준으로 최장 20년 동안 거주할 수 있는 임대주택이다. 장점은 후분양이 되었을 때 분양 후 4~5개월 뒤면 입주할 수 있다는 점이다. 또한 매월 내는 임대료를 전세보증금으로 환산해 월세를 낼 필요가 없다. 입주 후에도 청약통장을 자유롭게 쓸 수 있다.

청약자격

1. 전용면적 60㎡ 미만: 입주자모집공고일 현재 서울시에 거주하며 본인과 세대권 전원이 무주택인 세대주. 소득은 전년도 도시근로자 가구당 월평균소득의 100% 이하, 해당세대가 보유하고 있는 모든 부동산(토지 및 건축물) 가액 합산 기준 12,600만 원 이하인 청약저축가입자.

2. 전용면적 60㎡이상~85㎡ 이하: 입주자모집공고일 현재 서울시에 거주하며 본인과 세대권 전원이 무주택인 세대주. 소득은 전년도 도시근로자 가구당 월평균소득의 120% 이하, 해당세대가 보유하고 있는 모든 부동산(토지 및 건축물) 가액 합산 기준 21,550만 원 이하인 청약저축가입자.

3. 전용면적 85㎡ 초과: 입주자모집공고일 현재 서울시에 거주하는 만20세 이상인 자. 소득은 전년도 도시근로자 가구당 월평균소득의 150% 이하, 해당세대가 보유하고 있는 모든 부동산(토지 및 건축물) 가액 합산 기준 21,550만 원 이하인 자. 청약저축, 청약예금은 해당 주택형에 신청이 가능한 금액이 예치돼 있어야 함(전용면적 85㎡ 초과~101㎡ 이하는 600만 원, 전용면적 102㎡ 초과 135㎡ 이하는 1,000만 원).

장기전세주택(시프트) 청약 관련 궁금증 베스트 5!

1. 청약 후 주소 및 세대주 변경이 가능한가? 청약 후 주소 변경은 서울시 이외 지역으로도 가능하지만 세대주 자격은 꼭 유지해야 한다. 만약 공고일 이후 세대주가 변경되었다면 결격처리 및 당첨이 취소된다.

2. 신청 후 세대원 변동이 가능한가? 입주자 모집공고일 현재부터 당첨자 발표일까지 세대원 변동사항이 있으면 서류심사 과정에서 불이익을 당할 수 있으니 신청시 자격을 유지하는 게 좋다. 신청 이후 부득이한 사유로 세대원이 변동됐다면 변동 전 주민등록등본을 반드시 SH공사 해당 팀(장기전세팀)에 제출해야 한다.

3. 장기전세주택 청약신청방법 및 준비서류는? 방문신청 또는 인터넷신청이 가능하다. 필요한 서류는 가족관계증명서, 혼인관계증명서, 자녀의 기본증명서, (친양자)입양관계증명서(신혼부부 우선, 특별공급신청자만 해당), 국민주택공급신청서1통, 주택공급신청서1통, 신분증 및 도장, 장기전세주택 공급신청서 또는 특별공급신청서 등이다.

4. 신청을 마친 후 수정이 가능한가? 청약이 완료되면 신청한 내용에 대해서는 수정이 불가능하다. 다만 신청인들의 편의를 위해 본인의 청약순위 접수 기간 내에는 취소 및 재신청이 가능하며, 꼭 취소 후 그 기간 내에 재신청해야 한다. 취소하지 않고 재신청할 경우 중복신청 돼 전부 무효처리된다.

5. 세대원 중 소득기재 대상은? 60㎡ 미만 시프트의 경우, 세대원의 월평균소득은 신청자 본인(세대주)과 동일한 주민등록등본상에 등재된 배우자 및 직계존비속의 월평균 소득을 합산한 금액을 말한다.

 만기 전 월세입자 내보낼 때 대처할 사항

 궁금해요!

2년 계약으로 월세를 주었습니다. 아직 1년밖에 되지 않았지만 세입자자 아마 SH 임대주택에 당첨이 되고 계약을 한 모양입니다. 부동산에 현 월세 상태로 빼서 나가라 했지만 쉽게 계약이 되지 않고 집의 하자문제 등을 제기하는 식으로 힘들게 하고 있습니다. 그냥 내보내고 싶은 마음인데 여기서 질문드릴 사항은 부동산 수수료나 그 밖의 주의할 사항들에 대해서 알고 싶습니다. 부동산 중개업자의 말로는 빨리 집이 나가지 않을 경우에 대비해서 두 달 정도의 월세를 공제하고 보증금을 빼줘 내보내라고 하는데요. 이게 합법적인 방법인가요? 조언 부탁드립니다.

Dr.아파트

2년 계약기간 동안 세입자는 물론 집주인도 계약기간을 보장받을 권리가 있습니다. 1년밖에 안된 상황에서 개인사정으로 이사를 가게 됐다면 세입자는 중개수수료를 부담해야 합니다. 또 집주인이 계약해지에 동의하지 않을 경우 세입자는 만기까지 월세를 내야 할 의무가 있습니다.

중개업자가 '두 달분 월세 공제하고 내보내라'고 언급한 취지는 월세입자를 못 구해서 집이 오래 비게 될 경우 이에 따른 손해를 미리 현 세입자에게 부담시키라는 의미로 보입니다. 그리고 이 조건이 세입자 입장에서 보았을 때 만기까지 월세를 내는 것보다 훨씬 이익이기 때문에, 세입자 쪽에서 수용할 가능성도 있어 보이네요. 그리고 세입자를 빨리 구하시기 위해서는 가능하면 여러 곳의 부동산에 집을 내놓고 월세보증금을 조금 낮추는 식의 방법을 택하셔도 좋습니다.

 ## 월세 기간 연장과 묵시적 연장에 대해

 궁금해요!

서울시 서초구에 건물을 가지고 있습니다. 지금 월세를 받고 있는데 그중, 월세로 1년 계약 중인 세입자가 2년 반을 살았습니다. 재계약서는 쓰지 않았습니다. 월세 1년 계약자가 재계약 없이 2년 반 째 살고 있는데, 3년을 채우지 않고 나가고 싶다고 합니다. 이때 새로운 세입자를 바로 구할 수 있어서 나가게 한다면 부동산 소개비는 어느 쪽에서 부담하는 것인지요? 새로운 세입자가 구해지지 않는 경우에는 어느 시점에 보증금을 내주어야 하는지도 궁금합니다. 이때 부동산 소개비는 어떻게 되나요?

Dr.아파트

새로운 세입자가 구해진 경우 중개수수료 부담 주체는?

묵시적 갱신 상태에서 이사를 나가는 세입자는 중개수수료를 부담하는 주체가 아닙니다. 따라서 임대인이 중개수수료를 부담하셔야 하지요. 다음은 그 근거라고 할 수 있는 법조항입니다.

※ **주택임대차보호법 제6조 제2항**

묵시적 갱신으로 계약이 갱신된 경우 임차인은 언제든지 임대인에게 계약해지를 통지할 수 있으며 임대인이 그 통지를 받은 날로부터 3개월이 지나면 해지의 효력이 발생한다.

※ **국토교통부 유권해석(법제처 09-0384, 2009. 12.24. 국토교통부 부동산산업과)**

임차인이 임대차 계약기간이 만료되기 전에 중개업자에게 새로운 임대차계약에 대한 중개를 의뢰하는 경우, 그 임차인은 중개수수료를 부담하는 중개의뢰인에 해당하지 않는다. 이유는 임차인이 새로운 임대차계약에 대한 중개를 의뢰하는 경우라도 그 거래조건을 제시할 수 있는 권한이 없으므로 단순히 임대인을 대신해 새로운 임대차계약에 대한 중개의뢰 정보를 중개업자에게 알리는 행위이기 때문이다.

보증금을 내 주는 시점?

보증금은 임대인이 계약해지 통지를 받은 날로부터 3개월이 지난 날, 임대인 쪽에서 보증금을 반환해야 합니다(주택임대차보호법 제6조 제2항에 의거).

 ## 신혼부부 첫 아파트 구입

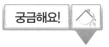

내년 3월 결혼을 위해 집을 알아보고 있는데요. 직장은 서울이고 고향은 춘천입니다. 부모님께 최대한 부담을 드리지 않고 저희가 해결하려고 하는데 생각할 것들이 많네요. 처음엔 서울, 경기도 쪽 전세를 알아보다 비싸서 걱정하고 있었는데요. 마침 고향에 계신 어머니께서 춘천 쪽이 아파트 가격이 많이 내려갔다고 약간의 대출을 받아 구입하는 것은 어떠냐고 하십니다. 오래 산다는 생각으로 30평대 아파트를 말이죠.

전 고향도 춘천이고 부모님도 춘천에 계시니 주거 목적이라 가격이 오르거나 내리거나 걱정하지 않습니다. 원하는 아파트를 구매하려면 7천만 원 정도의 디딤돌 대출을 해야 하는 상황이고요. 그렇게 되면 대략 3백만 원 정도의 월급으로 이자를 내고 원금을 분할 상환하다 3년 후에 전액 상환을 해야 하는데, 사람 일이라는 게 변수도 많고 아내 될 사람은 현재 잠시 일을 그만 둔 상태라 3년 후에 상환이 가능할지도 장담할 수가 없네요.

춘천 아파트 값이 하락했다는데요. 지금 대출을 받아서 원하는 아파트를 사는 것이 맞을지 아니면 가진 돈의 범위에서 전세를 얻고 나중에 사야할지 고민입니다. 그리고 만약 그렇게 되면 전세로 2년을 살고 나서 집을 사려고 할 때, 가격이 더 올라 있지는 않을지 우려도 되고요. 어떻게 하면 좋을까요?

Dr.아파트

미래를 예측하는 것은 정말 어려운 일이지요. 주택 구입 시 미래가치를 따져볼 때 고려할 것들이 몇 가지 있습니다. 매입하시는 물건의 내적인 요인과 외적인 요인들에 대한 것들인데요. 물건에 대한 내적인 요인은 아래와 같습니다.

❶ 가격 : 경쟁력 있는 가격이 매우 중요

❷ 입지 : 교통, 학군, 편의시설(상업시설, 병원, 관공서 등), 조망권 등 고려

❸ 규모 및 면적구성 : 규모가 크고 면적이 다양한 것이 조금 더 나음

❹ 브랜드 : 상대적으로 메이저 건설사의 인기 브랜드 아파트가 선호도가 높음

이어 외적인 요인들에 대한 것들은 아래와 같습니다.

❶ 교통여선 개선 : 지하철, 도로 등 교통편이 개선된다면 큰 장점
❷ 편의시설 개선 : 대형마트, 쇼핑몰 등 상업시설을 쉽게 이용할 수 있는가
❸ 학군 개선 : 수준 높은 환경을 갖춘 학교가 신설되는 경우, 학원가가 잘 갖춰
　질 수 있나
❹ 대규모 개발 : 재개발, 재건축 등 정비사업이나 신도시 조성 등 개발이 되는가

등으로 볼 수 있습니다. 춘천지역 아파트 매입을 고려하고 계십니다. 어느 지역의 부동산의 값어치가 오르기 위해서는 그만큼 외부에서 유입되는 수요가 많아져야 합니다. 그래야 경쟁이 되고 가격이 오르기 때문입니다. 춘천은 서울춘천간 고속도로 개통, 경춘선복선전철 등으로 수도권으로의 접근성이 크게 개선됐습니다. 또한 미군부대 이전부지의 개발, 레고랜드 등 크고 작은 개발사업이 추진되고 있습니다.

이외에 2018년 평창동계올림픽과 관련해 강원지역이 주목을 받고 있는 점에서 기대가 큰 편인데요. 가격이 하락해 있기 때문에 될 수 있으면 저렴한 물건으로 매입해 두실 경우 향후 3~4년 정도는 하락보다 상승할 가능성에 더 무게를 둘 수 있습니다.

춘천은 2004년 이후 10년간 연평균 1천5백여 가구의 아파트가 공급이 돼 왔습니다(공급이 전혀 되지 않았던 해도 있었고요). 만약 수요 유입이 미미하고 1년에 2천 가구 이상씩 공급이 몇 년간 지속되면 수급불균형으로 아파트 매매가 하락할 수도 있습니다. 수요가 유입돼 주면 하락 가능성은 낮겠지요.

금융비용 지출에 있어서 부담이 크지 않으시다면 매입하셔도 좋다고 판단됩니다. 평창 동계올림픽과 관련해 도로, 철도 등 강원지역 인프라가 점차 개선되고 있다는 점에서 현 수준보다 매매가 인상될 가능성이 높기 때문이지요.

71 상가 분양광고 100% 믿었다간 뒤통수 맞는다?

극장 입점확정
독점상가
수익 보장
뻥!

간혹 신문을 보면 '수익률 20%보장, ○○은행 입점 확정, 독점상가', '3,200만 원 투자 시 연 700만 원 수익보장' 등 소비자들을 유혹하는 문구들로 포장된 분양광고들을 많이 볼 수 있다. 하지만 이런 문구들만 믿고 임대 · 분양계약을 덜컥하는 우를 범한다면 쪽박을 차기 십상이다. 그렇다면 똑똑한 소비자들이 취해야 할 방법에 대해 알아보자.

광고 및 분양대행사 직원말만 듣고 바로 계약하는 행동은 NO!

부동산 광고 관련 소비자피해주의보를 유념하자.
– 확정수익 보장기간이 1~2년에 불과함에도 장기간인 것처럼 광고하는 경우
– 객관적인 근거없이 예상수익률을 부풀려서 제시하거나 독점상가인 것처럼 광고하는 경우
– 단순히 입점의향서만을 제출받은 상태임에도 대형 유명학원이나 유명 브랜드 입점이 확정된 것 처럼 광고하는 경우 등 허위 · 과장광고가 많기 때문에 임대 · 분양계약 시에는 이를 꼼꼼히 따져서 사실 여부를 직접 확인해야 한다.

공정위소비자홈페이지(www.consumer.go.kr)에서는 이와 같은 소비자피해를 예방하기 위해서 피해 사례가 빈번한 분야에 대한 정보를 상세히 소개하고 있다.

우리 모두 똑똑한 소비자가 되는 그날까지… **GO! GO!**

소비자가 허위, 과장 광고로 피해를 봤을 때 손해를 배상받거나 분양 계약 자체를 취소할 수 있다면 문제가 안 된다. 그러나 소비자는 손해배상을 받을 수도, 계약을 취소할 수도 없다는 대법원 판례가 있어 조심해야 한다.

> **사례** A씨는 첨단 오락타운을 조성, 분양계약자들에게 월 100만 원 이상의 수익을 보장한다는 B회사의 상가분양 광고를 믿고 계약을 체결했다. 하지만 상가 개장 시기도 지연되고 입주 후 임대운영을 해보니 수익도 당초 광고 내용과는 달랐다. A씨는 결국 B회사를 상대로 수익을 보장하고 나아가 분양계약 자체를 취소해 달라는 소송을 했다. 하지만 대법원은 "계약 체결시 수익 보장 등의 내용을 설명했더라도 분양계약서에는 이 내용이 기재되지 않았고, 이때의 설명은 청약을 유도하려는 유인에 불과할 뿐 상가분양 계약내용으로 됐다고 볼 수 없다"는 등의 이유로 B회사는 수익 보장할 의무를 부담하지 않는다고 판결했다.(대법원 2001. 5. 29. 선고 99다55601, 55618 판결)

또 하나, 사기성 인터넷 창업컨설팅 업체도 주의 대상이다. 이들은 유명 프랜차이즈의 창업컨설팅을 한다고 인터넷에 허위매물을 올린다. 이를 보고 문의하는 사람들에게 유명 브랜드로 창업할 수 있는 방법부터 점포를 알아보는 것까지 모두 컨설팅한다며 상담한다.

하지만 이 말을 무조건 믿다가는 낭패보기 쉽다. 걸어놓은 물건이 창업자를 끌어들이기 위한 유인매물일 가능성도 있기 때문. 정작 상가를 알아보던 사람이 인터넷에서 본 좋은 점포를 대상으로 상담에 나서면 "해당 점포가 거래돼 버렸다", "건물주나 전 임차인이 보증금이나 권리금 조건이 바뀌었다"고 둘러댄 후 "대신 다른 우량매물이 있다"며 미끼성 매물로 거래를 유인한다. 또 해당 브랜드가 아닌 유사 브랜드로 창업을 권유하는 사례도 있으니 조심하자.

부동산 구입할 때 내는 세금은?

부동산을 구입할 때 단순히 '아파트 값' 만 계산하고 끝나는 것이 아니다.
여기에는 당연히 세금이 따라붙는데,
부동산 구입 시 납부할 세금은 주택의 면적에 따라 달라진다.

구분		취득세	농특세	지방교육세	합계
과표	전용면적				
6억 원 이하	85㎡ 이하	1%	비과세	0.1%	1.1%
	85㎡ 초과	1%	0.2%	0.1%	1.3%
6억 원 초과 9억 원 이하	85㎡ 이하	2%	비과세	0.2%	2.2%
	85㎡ 초과	2%	0.2%	0.2%	2.4%
9억 원 초과	85㎡ 이하	3%	비과세	0.3%	3.3%
	85㎡ 초과	3%	0.2%	0.3%	3.5%

부동산을 구입할 때 납부하는 세금으로 대표적인 것이 '취득세'다(과거의 등록세는 취득세로 통합됐다). 취득세는 취득일(계약상의 잔금지급일)로부터 60일 이내(상속은 6개월)에 신고한 가액을 기준으로 납부한다.

취득세는 계약서상의 잔금지급일을 기준으로 하며 잔금지급일보다 먼저 등기가 완료된 경우에는 등기일이 취득시기가 된다.

2013년 8.28부동산대책에 따라 취득세 영구인하가 포함됐고, 11월 확정되면서 8월 28일 이후부터 주택을 취득한 이들은 인하된 취득세가 부과됐다.

참고로 2015년 12월 31일까지 취득가액이 1억 원 미만이고 전용면적 40㎡ 이하인 서민주택을 취득 시 취득세가 면제된다.

시장 상황에 따라 한시적으로 운영되는 취득세 감면, 면제 등을 꼼꼼하게 체크해 두면 세테크 효과를 볼 수 있다는 점을 명심해야 한다.

지방 땅, 투자하려면?

신설예정

7km

A씨가 산 땅

초보투자자 엉성해씨
1년 전 좋은 투자정보가 있다는 전화를 받고 땅을 구입했다. 땅 옆으로 왕복 4차선 도로가 난다고 해 급하게 구입을 결정, 계약금을 납부한 상황이다. 계약 하고 난 1년 뒤 자신이 구입한 토지가 얼마나 올랐나 궁금해 현지 중개업소에 전화를 건다.

엉성해	'XX리' 쪽에 왕복 4차선 도로가 난다고 하던데요. 요즘 땅값 좀 올랐습니까?
중개업자	네. 도로 난다고 해서 작년 말부터 가격이 많이 올랐습니다. 땅 사시게요?
엉성해	아뇨. 실은 그쪽에 땅을 가지고 있는데 땅값이 변화 좀 있나 해서요.
중개업자	'XX리' 라고 해도 도로하고 가까운 곳과 먼 곳의 가격차가 큽니다. 지번이 어떻게 되시죠..?
엉성해	111번지 쪽인데요.
중개업자	가만 있어보자…. 111번지라…. 어? 거기는 도로 나는 곳하고 거리가 있는데… 그리고 111번지 쪽이면 작년에 기획부동산에서 장난친 덴데요.
엉성해	네? 장난을 친 곳이라고요? 도로와 거리가 있다고요?
중개업자	네. 도로 나는 곳하고 7km 정도 떨어져 있네요. 처음엔 그쪽으로 도로가 예정 돼 있다가 계획이 변경 돼 다른 곳에 도로가 나게 됐습니다. 작년에 사셨으면 지금은 그 가격에 팔고 싶어도 못 파세요.
엉성해	에고 나 어떻게, 나몰러 망했다!

옆에서 소개한 것처럼 닥터아파트에는 초보투자자 엉성해씨와 같은 분들의 질문이 많이 들어온다. 이런 일들이 생각보다 비일비재하다는 방증이다.

어느 날 지방의 어떤 부동산에서 전화가 걸려와서는 '좋은 땅 있다. 좋은 투자가 될 수 있으니 주저 말고 구입해두면 분명 좋은 일이 있을 것' 이라고 땅 투자를 권한다. 권유자들은 주로 새로운 도로가 뚫릴 예정이라든가, 개발호재가 많아 앞으로 발전 가능성이 크다고들 말한다. 그런 말에 현혹되어 덜컥 땅을 구입한다면 득보다 실이 더 많을 가능성이 크다.

엉성해씨는 땅을 구입한 뒤 현장에 있는 몇몇 중개업소에 전화하여 사실을 확인했다. 그리고 자신이 사들인 땅과 정말로 도로가 뚫리는 곳과는 큰 거리 차가 있다는 사실을 알게 되었다.
하지만 어쩌겠는가. 이미 구입한 땅을 없었던 일로 무를 수도 없는 일이고….
처음에는 엉성해씨의 땅 쪽으로도 도로가 예정되어 있었지만 계획이 변경되었던 것이다. 계획이 변경된 것도 모르고 엉성해씨는 크게 손해보고 말았다.

임대주택을 고를 때 주의할 점

임대수요가 많아야 한다 임대수요가 사업을 결정짓는 요소로 차별화되고 경쟁력 있는 입지여야만 임대수요자의 호응을 얻을 수 있다. 따라서 배후 지역에 공단이나 대학교, 종합병원, 관공서, 업무밀집 지역 등이 집중돼 있는 곳이 기본이다.

전세비율이 높은 곳을 잡아라 전세가율이 높은 지역은 임대수요가 많다는 것을 뜻하므로 매매가 대비 전세가를 고려해 비교적 높은 지역이 그렇지 않은 지역에 비해 임대도 잘 맞춰지고, 수익도 높다.

대중교통이 좋을 곳을 골라라 교통이 좋아야 임대수요가 넘쳐나기 때문에 지하철역이 인근에 있는 것이 좋다.

도로 여건도 고려하라 요즘은 자가용으로 출퇴근 하는 경우가 많으므로 주변 지역의 접근성도 따져봐야 한다. 강변북로, 올림픽대로, 동부·서부 간선도로 등 여러 도로의 진출입이 편리한 곳이 성장 가능성이 높다.

임대주택을 사는 목적은 당연히 안정적인 임대수익을 얻는 데 있다. 정년퇴임 후 노후생활을 준비 중이거나 금리 이상의 안정적인 수익을 얻고자 하는 분들이 주된 수요층이다.

임대주택으로 적합하기 위해서는 우선 임대수익률이 높아야 한다. 따라서 되도록 공실률이 낮아야 하고 공실이 발생해도 1주일 이내에 재임대가 가능한 곳이 좋다. 대중교통 접근성이 좋은 역세권이거나 도로 여건이 양호해 차량 접근성이 우수한 곳이라면 임대주택 사업지로 제격이다.

일단 강남을 배후로 끼고 있는 관악구나 동작구 등이 인기를 얻고 있으며 도심 인근 마포 등도 각광받고 있다. 또 안정적인 수요층을 확보하고 있는 대학가 인근도 인기 지역이다. 수익률을 높이기 위해서는 상황에 따라 차이가 나타날 수 있지만 일반적으로 투룸을 하나 가지고 있는 것보다 원룸으로 쪼개는 것이 낫다. 투룸이라고 해서 원룸의 두 배 임대료를 받을 수 있는 건 아니기 때문이다.

 ·· 알쏭달쏭 TIPS

주택임대사업자 등록 요건 및 세제혜택

❶ 주택임대사업자는 공동주택 1세대 또는 단독주택 1호 이상 임대해야 한다.

❷ 임대주택 규모는 6억 원 이하(지방 3억 원 이하), 전용면적은 149㎡ 이하이며, 임대개시일로부터 5년 이상 주택임대사업에 사용해야 한다.

❸ 임대목적으로 주택을 취득하여 임대하면 취득세, 재산세 감면, 종합부동산세 합산요건 배제 등 절세 효과가 있다.

집에서도 청약할 수 있다

모델하우스에 직접 가지 않고 집이나 사무실에서도 인터넷으로
분양 받으려는 사람들이 늘고 있다.
아파트 정보도 확인할 수 있다.
경쟁률, 당첨자 확인까지 모두 가능하다.

실제로 인터넷으로 민간 건설업체는 무주택, 1, 2순위를 국민은행(www.kbstar.com)과
금융결제원(www.apt2you.com)을 통해 청약을 받으며 3순위는 자율적으로 진행된다.

대한주택공사나 지방공사의 경우 자체 홈페이지를 방문하면 청약할 수 있다.

집에서도 청약을 할 수 있다니 얼마나 좋은 세상에 살고 있는가?

2003년 4월부터는 주택공사 홈페이지를 통해 인터넷 청약이 가능해졌다. 물론 요새는 국민은행 홈페이지를 통해 거의 모든 단지들이 인터넷으로 청약을 받는다.

컴맹이라고 당황할 필요는 없다. 컴퓨터의 컴자도 모르는 S씨는 남동생에게 부탁해 인터넷을 청약을 했고, 당첨된 지금 입주를 앞두고 현재 30%가 넘는 수익을 봤다고 즐거워하고 있다.

인터넷 청약이 없었던 시절에는 아파트를 분양받기 위해 며칠 전부터 모델하우스 앞에 줄을 서서 교대로 밤을 꼬박새우는 진풍경이 연출되기도 했다. 그러나 클릭 몇 번이면 굳이 모델하우스에 가지 않고도 안방에서 청약이 가능하다. 대단한 문명의 혜택을 받고 있는 셈이다.

 .... 알쏭달쏭 TIPS

인터넷 청약을 하려면?

❶ 청약통장이 있어야 하며 인터넷뱅킹 가입 및 개인용 공인인증서를 발급받아야 한다.

❷ 자신의 청약자격을 확인해야 한다. 입주자모집공고문을 통해 해당되는 청약자격과 순위, 거주 지역별·순위별 청약일 및 청약 입력시간 등을 확인할 수 있다.

❸ 거주 지역(입주자모집공고일 현재 주민등록등본상 거주 지역)을 선택 후 아파트·주택형을 선택한다.

❹ 2008년 9월 1일부터 추가된 부분으로 주택 소유 여부를 입력해야 한다. 청약가점제 시행으로 무주택, 유주택 여부를 가려야 하기 때문이다. 세대주 및 세대원뿐 아니라 만 60세 이상 직계존속(배우자의 직계존속)의 주택 소유 여부도 입력해야 한다.

❺ 청약가점제 가점 항목별 내용을 입력해주면 인터넷 청약이 완료된다.

단순하긴 하지만 정확성을 요하는 작업이기 때문에 모의 청약을 통해 연습해보는 것도 필요하다. 모의 인터넷 청약은 국민은행과 금융결제원에서 시행하고 있다.

창업의 걸림돌 권리금 알아보기

경기가 나빠져 청년 실업이 늘면서 창업을 꿈꾸는 젊은이들이 부쩍 많아졌다.
이렇듯 창업을 꿈꾸거나 상가투자에 관심 있는 사람들이 점포를 얻을 때 반드시 부딪히는 문제가
바로 권리금이다. 사실 웬만한 상가는 물론 교회에도 권리금이라는 것이 붙어 있다. 권리금은 세입
자들끼리 상가를 매매할 때 주고받는 돈으로, 매매가에는 반영되지 않는다. 권리금은 점포 운영을
포기함으로써 발생하는 기회비용을 말하는 것인데, 점포의 숨어 있는 가치를 반영한 돈이라고 볼
수 있다.

권리금은 지역권, 영업권, 시설권 등으로 구성된다. 일반적으로 계약서에 명시하지
않아 상가임대차보호법의 보호를 받지 못하기 때문에 절대 소홀하지 말아야 할 내용
중 하나다. 본문을 통해 구체적으로 알아보자.

영업권리금

해당 점포의 영업을 통해 발생하는 매출 정도에 따라 형성되는 권리금으로 매도 시점부터 6~12개월 동안 발생하는 평균 매출수익이 기준이 된다. 예를 들어 한 달 순수입이 2,000만 원이면 2억 4,000만 원(2,000만 원×12개월) 정도의 권리금이 형성되는 것이다. 주의할 점은 영업권리금을 책정할 때에는 매도자가 일방적으로 산출한 매출액을 그대로 믿기보다는 매출 장부를 확인 후 결정해야 한다.

시설권리금

기존 임차인이 상가 오픈할 때 투자했던 시설비용을 말하며 인테리어, 간판, 기자재 등이 포함된다. 이때 주의할 점은 시설에 대한 감가상각을 반드시 고려해야 한다는 점이다. 정확한 감가상각을 계산하려면 기존 점포의 사업자등록증을 통해 최초 개업일을 확인해야 한다.

시설에 대한 권리금은 1년 단위로 30%씩 비용을 삭감하는 것이 관례이며 3년이 지난 시설물이나 집기에는 권리금을 적용하지 않는다.

바닥권리금

점포가 위치한 특성에 따라 형성되는 프리미엄으로 쉽게 말하면 '자릿세'다. 영업권리금이 현재 매출과 순수익에 기초해 형성된다면 바닥권리금은 창업할 때 일정 수준의 매출이 발생할 것이라는 전제 아래 받게 되는 것으로 가끔 신규 점포에서도 요구하기도 한다. 주의할 점은 건물주가 요구할 때에만 계약서에 명시해야 하고, 부동산 중개업자나 분양업자가 요구할 때에는 지불할 필요가 없다.

박근혜정부 시대
투자 유망종목은?

이번 임기 동안
부동산시장을
살리…

1998~2001	**국민의정부, 부동산규제 완화** 인기종목 : 아파트 〉 오피스빌딩
2002~2003	**국민의정부, 부동산규제 완화** 인기종목 : 재건축아파트
2003~2005	**참여정부, 부동산규제 강화** 인기종목 : 토지 〉 아파트
2006~2007	**참여정부, 부동산규제 강화** 인기종목 : 연립·다세대 〉 아파트
2008~2012	**MB정부, 부동산규제 완화** 인기종목 : 토지, 오피스텔 〉 아파트
2013~현재	**박근혜정부, 부동산규제 완화** 다음 인기종목은?

대한민국의 투자 인기상품은 계속적으로 변해왔다. 1998~2002년 국민의 정부 시절에는 아파트와 오피스빌딩, 재건축아파트가 인기를 끌었고 2003~2007년 참여정부 시절에는 재건축아파트와 재개발 지분이 크게 인기를 끌었다.

하지만 이명박정부 시절 초기에는 재건축, 재개발 지분값이 크게 하락했고 오히려 강북권이나 경기 북부 지역의 소형아파트 가격이 많이 오르기도 했다. 2008년 리먼브러더스 사태로 불거진 글로벌 금융위기로 국내외 경기는 급속도로 냉각되기 시작해 임기 말까지 부동산시장은 장기침체에 빠졌다.
서울은 한강변 재건축, 뉴타운, 재개발 사업 등의 개발사업들이 재검토, 축소, 폐지되는 데다 대규모 경제자유구역 개발사업은 국외 경기침체와 맞물려 사업추진이 부진했다.

결국 박근혜정부는 부동산시장을 살려 건설 등 경기부양에 집중하는 방향으로 2013년을 시작하게 됐다. 박근혜정부는 거래활성화를 통해 전세시장 안정, 매매시장 활성화에 중점을 둔 부동산대책들을 2013년 두 차례(4.1대책, 8.28대책 등) 내놓았고 2014년 들어서 일부 지역들을 중심으로 거래량이 증가하고 주택가격이 상승하는 등 부동산 시장 분위기가 나아지고 있다.
박근혜정부는 과거 참여정부 시절부터 시작됐던 재건축 규제, 양도세 중과 등을 폐지, 완화하는 등 부동산 규제 완화에 중점을 두고 있다. 따라서 재건축 시장이 다시 살아날 가능성이 높다. 또한 뉴타운 재개발의 경우 사업이 미진한 구역들은 구역지정이 해제돼 사업이 추진되는 구역들을 중심으로는 수요가 증가할 가능성이 높다.

이명박정부 시절 공급이 급증했던 오피스텔, 도시형생활주택은 공급과잉으로 인해 공실이 증가할 것으로 예상돼 꼼꼼하게 따져보고 투자하는 선별투자가 필요하겠다.

분양시장은 수도권 위례신도시, 지방 지역은 세종시·혁신도시·도청 이전 신도시 등을 중심으로 좋은 분위기가 이어질 전망이며 서울의 경우 재건축 일반분양이 소비자들로부터 높은 관심을 끌 전망이다.

9.1 대책 이후 기존 아파트에는 어떤 영향이 있을까요?

 궁금해요!

9.1 대책 발표 이후 저가 매물 위주로 거래가 되는 등 발표 직후부터 거래가 늘어났고 매도자우위 시장으로 바뀌었다고 합니다. 하지만 제가 보기에는 현재는 재건축아파트와 신규 분양아파트에만 온기가 도는 등 기존 아파트에는 아직 영향이 없는지 매도호가만 수천씩 오른 것 같은데요.

강남서초 및 위례 등 유망 지역 신규 분양에 수요가 몰리다보니 기존 아파트에 수요가 없는 건지, 매도호가에 매수세가 있어야 시세로 형성되는데 지금 상황에서 매도시기로 적정한 시기는 언제일까요. 그리고 향후의 부동산 흐름이 궁금합니다.

Dr. 아파트

11월 주택 매매시장은 관망세가 확산되며 다소 주춤한 모습이나 저가매물 등을 중심으로 실수요자들의 거래는 이어지고 있습니다. 전셋값과 매매가의 차이가 줄어들면서 세입자중 주택을 매입하는 이들도 나오고 있고요.

박근혜정부가 들어선 후 부동산관련 규제완화가 계속되면서 주택시장이 저점을 찍었다는 인식도 많아 졌습니다. 거래시장에서 매수자들로 하여금 자극을 줄 수 있는 요인들이 있어야 하는데 규제완화는 가장 기본적인 요인으로 볼 수 있습니다. 다만 한두 차례 발표를 통해 당장 시장이 회복될 것이라 낙관하는 것은 금물입니다. 과거에도 그랬지만 수도권에서는 재건축 시장이 움직여줘야 합니다. 그래야 매수자들이 재건축 이외에 기존 아파트도 매입하기 때문인데요.

문제는 재건축 규제 가운데 재건축 초과이익환수 폐지 법안이 통과되지 못하고 있는 점입니다. 가장 중요한 내용이지만 국회에서 수개월째 계류 중이기 때문에 통과가 늦어질수록 매매시장 회복은 더딜 가능성이 높습니다. 매도자 입장에선 아직 크게 급할 것은 없지만 현 시점에서 호가를 지나치게 높이는 것은 좋지 않습니다. 매수자들의 심리를 더욱 위축시키는 결과를 초래하기 때문입니다.

급한 사정의 매도자라면 호가를 지나치게 높이지 않는 선에서 매수자들 찾는 것은 어렵지 않겠습니다. 매도자들은 급하지 않다면 연내보다는 내년 초를 우선 1차 매도 시기로 보시고 당분간 더 보유하시는 것이 좋겠습니다. 반대로 매수자는 연내 매입하는 것이 좋겠습니다. 정책 기조상 규제완화 흐름은 거를 수 없는 대세입니다. 내년은 올해보다 가격이 더 올라 있을 가능성이 높은 만큼 매수자들은 서둘러 매입하는 것이 좋겠습니다.

 ## 아파트 윗집 누수가 있는데 수리를 안 해요

 궁금해요!

안녕하세요. 아파트 윗집에 누수(난방배관)가 있어 저희 집 애기 방 천장과 벽면에 곰팡이까지 폈습니다. 관리소에서 윗집에 수리 요청을 했는데요. 자기는 집을 팔아서 2달 후에 이사 갈 거고 다음 주인한테 수리 요청하라고 하네요.

답답한 마음에 우리 집 주인 쪽에 이야기를 했더니 윗집 연락처를 알려달라고 하더라고요. 그래서 연락처를 받으려고 올라갔더니 자기는 연락처도 알려줄 수 없고, 그 집으로 이사를 갈 다음 집주인의 연락처도 알려주지 않겠다고 합니다. 심지어 이제는 집에 사람이 있어도 문을 안 열어주는 상태이고요. 애기가 자꾸 기침도 하고 걱정이 되는데 어떻게 해결해야 할까요?

Dr. 아파트

원칙적으로 집주인은 임차를 놓을 때 그 집을 주거목적으로 사용함에 불편이 없는 상태로 세를 놓아야 합니다. 세입자는 그 집을 사용함에 있어서 선량한 관리자로서 주의를 기울이며 사용해야 하고요. 질문하신 분의 상황을 보았을 때, 아기가 기침을 할 정도로 심각한 상황이니 윗집의 누수는 중대한 하자로 볼 수 있습니다. 따라서 이로 인한 피해는 집주인이 적극적으로 나서서 해결해야 합니다.

※ 민법 제623조
임대인은 목적물을 임차인에게 인도하고 계약존속 중 그 사용, 수익에 필요한 상태를 유지하게 할 의무를 부담한다.

위의 조항에 따라 집주인에게는 누수를 해결해야 할 의무가 있습니다. 혹시라도 적극적으로 문제해결에 나서지 않을 경우에는, 이를 이유로 세입자가 임대차계약의 해지를 요구할 수도 있고요. 그리고 이때 계약을 해지하고 이사할 경우 발생하는 이사비용, 중개수수료 등은 모두 집주인이 부담해야 합니다.

용적률? 건폐율?

용적률

대지면적에 대한 건축물의 연면적 비율을 말한다.
여기서 건축물의 연면적이란 건축물 각 층의 바닥면적의 합계다.

건폐율

대지면적에 대한 건축면적 1층 바닥면적 합계의 비율을 말한다.

그럼 용적률과 건폐율의 차이를 살펴보자.

❶ 용적률

$$용적률 = \frac{건축물의 \ 연면적}{대지면적} \times 100$$

⑨ 100평의 대지에 여기에 바닥면적이 70평인 건물을 3층으로 지었을 때 이 건축물의 각 층 바닥면적 합계는 210평이 된다. 따라서 용적률은 210%가 된다.

$$210 = \frac{210}{100} \times 100$$

용적률이 클수록 대지면적보다 건축물 연면적의 비율이 높다는 뜻, 그만큼 건물을 높게 지을 수 있다.

❷ 건폐율

$$건폐율 = \frac{건축면적}{대지면적} \times 100$$

⑨ 100평의 대지에 70평짜리 단층 건물을 지었다면 이 경우 건폐율은 70%가 된다.

$$70 = \frac{70}{100} \times 100$$

건폐율이 클수록 대지면적보다 건축면적의 비율이 높다는 뜻. 이는 건물을 넓게 지을 수 있다는 의미다.

'잠실 주공5단지, 50층 이상 재건축 추진!'

2009년 5월 중순 한 경제지 헤드라인을 채운 제목이다. 내용을 잠깐 살펴보면 이렇다. 주공5단지 재건축 추진위원회는 용적률 300%를 적용해 50~70층 아파트 9,800가구를 짓겠다는 것이다.

추진위원회측에서는 높게 많이 짓는 것을 희망하겠지만 확실하게 결정된 것은 아무것도 없다. 법 적용 과정에서 문제가 발생하면 계획 수정이 불가피하다. 확정된 것이 없음에도 이 기사가 경제지를 통해 나간 후 3~4일 동안 주공 5단지 매물 10건이 팔려나갔다고 현장 중개업소 관계자는 전했다. 호가도 3,000만~4,000만 원 올랐다고 한다. 초고층 재건축 허용이 미지수임에도 왜 이렇게 팔려나가는 것일까? 막연한 기대감, 바닥심리 등 여러 이유가 있지만 무엇보다 용적률 증가에 따라 사업성이 개선된 것이 가장 큰 이유로 보인다.

당초 잠실주공5단지 용적률은 138%다. 그런데 용적률을 230%로 적용할 때 약 6,200여 가구까지 지을 수 있다. 하지만 300%를 적용해 재건축할 경우 9,800여 가구까지 지을 수 있고 일반분양은 5,000여 가구에 이르러 사실상 조합원들이 내야 할 부담금이 1억 원 안팎으로 줄어든다는 게 조합측의 설명이다. 결국 지금 구입하는 매수자들은 재건축을 할 때 자신의 돈은 적게 내면서 (사업성이 좋아진다) 좋은 아파트를 구입할 수 있다 보니 선투자로 구입했다고 보면 옳다.

그렇다면 최종 투자를 결정짓게 하는 용적률. 많이 들어봤음직한 용어임에도 머릿속으로 쉽게 정리되지 않는 단어 중 하나다. 그래도 다시 한번 정리하면 아파트가 들어서 있는 총 땅면적 가운데 아파트가 올라가 있는 총 면적이 얼마인지를 백분율로 계산한 것이다.

다시 말해 건물의 총 면적이 1,232,435㎡이고 땅의 면적이 303,484㎡이라면 이때 용적률은 400%다. 결국 같은 땅에 용적률을 높일수록 건물을 더 높고 크게 올릴 수 있고, 조합원들이 내야 하는 금액이 적어져 수익성은 더 좋아지는 것이다. 그래서 용적률은 사업이익과 관련이 높다. 다만 건물의 지하층 면적은 용적률 계산에 포함되지 않는다.

비슷한 용어로 건폐율이 있다. 건폐율도 쉽게 말해 땅 면적 가운데 1층 총 면적 비율을 말한다. 같은 예를 들어 303,484㎡의 땅이 있을 때 건폐율이 50%라면 1층의 바닥면적을 151,742㎡ 지을 수 있다는 소리다. 다시 말해 건폐율은 건물을 신축할 때 바닥면적을 얼마로 할 것이냐에 대한 의사결정을 하는 데 중요한 역할을 한다. 그래도 잘 모르겠다고? 걱정하지 마시라. 건축물대장이라는 것을 떼어보면 쉽게 확인이 가능하다.

79 공시지가, 기준시가 정확히 알고 계세요?

이놈이 기준이여~

만원

2만원   3만원

"개별 공시지가가 발표됐습니다."
"표준지 공시지가 10년 만에 하락"
"부동산 '꽁꽁' …상가 기준시가 하락"

부동산 관련 뉴스나 정책변화를 살펴볼 때 가장 많이 나오는 단어.. 공시지가, 기준시가…
공시지가와 기준시가의 정확한 뜻과 차이점은 뭘까?

**공시지가는 건축물을 제외한 순수한 땅값만을 의미하는 것으로 표준지 공시지가와 개별 공시지
가로 나뉜다.**

전국의 모든 땅에 대해 가격을 매길 수 없어 표준지를 선정해 이 지역의 땅값을 매긴 것이 표준지
공시지가이고, 나머지 각 지자체에서 감정평가사를 통해 매긴 땅값이 개별 공시지가다.

개별 공시지가는 증여세, 상속세 등 국세와 등록세, 취득세 등 지방세, 기타 개발 부담금 등 각종
부담금의 부과 기준으로 쓰인다. 기준시가는 땅값만을 정의하는 공시지가와는 달리 땅과 그 위에
지어진 건물까지 포함한 전체 재산에 대한 감정가액이라고 할 수 있다.

아파트 등 공동주택의 기준시가는 국세청이 매년 4월 주택경기 및 경제정책을 반영해 발표하며 연
립, 다세대 등 일반 주택은 일정한 계산방법으로 1년에 한 차례씩 국세청이 고시한다.

부동산 세금을 부과하는 금액은 두 가지로 구분된다. 시세를 반영하는 시가(세)와 중앙정부나 지방자치단체에서 시가 대용으로 사용하기 위해 마련한 기준시가다.

> 시가(세) 말 그대로 불특정다수와 거래되는 가격으로 이때 가격은 수요공급의 법칙에 따라 결정된다. 즉 수요에 비해 공급이 많으면 시가가 떨어질 테고 수요에 비해 공급이 적으면 시가는 올라갈 것이다.
>
> 기준시가 정부가 일정 시점을 기준으로 고시하는 가격이다. 통상 시가의 50~70%를 반영한다. 실제 서울 서초구 반포동 R아파트 113㎡의 경우 2014년 10월 시가는 13억 5,000만~14억 8,000만 원이지만 2014년 1월 1일 기준시가(109동 1001호)는 10억 원으로 큰 차이가 있다.

기준시가와 시가(세)와의 차이는 하한가 기준 74%, 상한가 기준 60% 수준에서 결정된 것임을 알 수 있다. 기준시가는 공동주택, 단독주택, 토지 등 세 가지로 구분돼 매겨진다. 특히 아파트, 연립, 다세대 등의 공동주택은 2006년 이후 국토해양부장관이 평가하며 공동주택가격 열람을 통해 알아볼 수 있다. 반면 단독주택과 토지는 표준과 개별로 구분된다. 그래서 토지는 표지(지)공시지가와 개별공시지가로 구분하여 단독주택 역시 표준단독주택가격과 개별단독주택가격으로 나뉜다. 현재 토지의 표준(지)공시지가는 전국 50만 필지를 기본으로 하여 표준단독주택도 전국 20만 가구를 대상으로 가격을 매긴다. 열람은 공동주택공시가격(http://aao.kab.co.kr/aaofx), 표준단독주택공시가격(http://www.kreic.org/realtyprice/hpstandard/search.htm), 표준지공시지가(http://www.kreic.org/realtyprice/gsstandard/search.htm)에서 확인할 수 있다.

발코니? 베란다?

발코니? 베란다?
똑같은 말 아니야??

발코니와 베란다는 엄밀히 다른 말이다.
실제 거주면적에 포함되지 않는 덤으로 주어지는 것은 똑같지만…

발코니는 가구별 면적이 1층부터 꼭대기 층까지 똑같은 직육면체형의 공간으로 생기는 것으로 대표적인 게 아파트다. 각 집마다 동일하게 만들어져 있는 것으로 거실의 연장이기도 하며, 아파트 건축에서는 바깥 공기와 접하는 유일한 장소이기도 하다.

베란다는 건축물의 일부로서 위층이 아래층보다 좁아서 생겨난 공간을 말한다. 테라스라고 불리는 곳이 바로 이곳이다. 보통 면적 차이 때문에 생긴 바닥 중 일부로 지붕과 난간이 붙은 바닥 부분을 활용한 경우가 많다. 다세대, 다가구주택, 단독주택 등의 옥상에서 흔히 볼 수 있는 형태.

발코니와 베란다를 구분해야 할 또 하나의 중요한 이유가 있다. 발코니를 확장하는 것은 합법이지만 베란다를 확장하는 것은 불법이기 때문이다. 실제 사례를 보자.

2007년 7월, Y씨는 공동주택 베란다에 패널 지붕과 알루미늄 섀시를 설치했다가 130만 원가량의 이행강제금을 물게 되자 영등포구청장을 상대로 소송을 냈으나 원고 패소했다. 2005년 12월 개정된 건축법 시행령으로 안전 요건을 갖춘 발코니는 주거공간으로 쓸 수 있게 됐으나, 베란다의 확장은 건물의 안전성을 침해할 수 있다는 이유로 허용되지 않기 때문이다.

이날 법원은 베란다와 발코니가 엄연히 구분되는 건축구조인 만큼 정부조치를 확대해석해서 개조하면 안 된다는 점을 분명히 밝혔다.

만약 내가 살고 있는 집이 베란다가 달린 단독주택인데 발코니로 혼동해 확장했다면 나도 모르는 사이 내 집이 불법개조 건축물로 변신해 있을 지도 모를 일이다.

참고로 불후의 명작 〈로미오와 줄리엣〉에서 줄리엣이 캐플릿가의 가면무도회에서 빠져나온 로미오와 사랑의 맹세를 나눈 곳은 '베란다'이다.

중개수수료 현금영수증 꼭! 챙기세요!

2007년 7월부터 부동산중개업계도 현금영수증 가맹점 의무가입 대상이 됐고 2013년 10월 1일부터는 현금영수증 의무발급 하도록 했다.

다만 2014년 1월 1일부터는 30만 원 이상의 중개수수료에 대해, 2014년 7월 1일 부터는 10만 원 이상의 중개보수에 대해 발급을 의무화했다.
만약 중개업자가 현금영수증 발급을 거부한다면 소비자가 신고할 경우 미발급금액의 20%에 해당하는 포상금이 지원된다.
중개업자는 현금영수증 미발급액의 50%에 해당하는 과태료가 부과된다.
만약 전자 거래명세서가 아닌 일반 영수증으로 받았을 경우 거래일로부터 15일 이내에 거래내용을 증명할 수 있는 매매·전세계약서 등을 국세청이나 세무서에 보내면 소득공제로 처리된다.

중개업소를 통해 집을 매매하거나 전세를 구해본 경험이 있다면 한 번쯤 중개수수료가 비싸다는 느낌을 받았을 것이다.

예를 들어 5억 원짜리 아파트를 샀다면 중개수수료가 200만 원이다. 비싸다. 그러나 6억 원 이상 고가 주택을 산다면 수수료는 0.9%로 훌쩍 뛴다. 즉 거래가액이 10억 원이라면 최고 900만 원까지 수수료로 내야 할 수도 있다(중개수수료율은 '중개수수료 얼마면 돼? 얼마면 되겠니?' 편, 146쪽 참조).

예전에는 이처럼 큰 금액의 수수료일지라도 소득공제 영수증 처리를 받지 못했다. 하지만 2007년 7월부터는 사정이 달라졌다. 부동산중개업계도 현금영수증 가맹점 의무가입 대상이 됐고 2013년 10월부터는 현금영수증을 의무발급하도록 했기 때문이다. 만약 중개업자가 이를 어기고 의무가입을 하지 않거나 현금영수증 발행을 거부하면 가산세 등의 벌금을 내야 한다.

그러나 의무가입 대상이 지난해 총 수입금액 2,400만 원 이상의 중개업소이기 때문에 편법으로 피하는 중개업소가 있을 수 있다. 만약 이런 경우 전자 거래명세서가 아닌 일반 영수증으로 받았다면 거래일로부터 15일 이내에 거래 내용을 증명할 수 있는 매매·전세계약서 등을 국세청이나 세무서에 보내면 소득공제 처리를 할 수 있다. 매매가격에 비하면 수수료쯤 얼마 안 된다고 생각하고 귀찮을지도 모르겠지만 잊지 말고 반드시 챙겨서 소득공제혜택도 누려보자.

82 나는임대아파트로 간다!~

국민임대, 공공임대, 장기전세주택이 인기란다.
임대아파트가 이토록 인기가 있는 이유는 무엇일까?

목돈 걱정? NO~!

장기전세주택의 경우 주변 전세가의 80% 수준, 보증부 월세는 판교신도시처럼 특별한 경우를
제외하고는 보증금이 5,000만원을 넘지 않아 목돈 부담이 없다. 내 집 마련하려고 차곡차곡
모아놨던 돈의 일부면 OK~!

불황 걱정? NO~!

집값이 떨어지든 오르든 상관없다. 그래도 내 보증금은 안전하니까!

이사 걱정? NO~!

최소한 10년 이상(공공임대 10년, 국민임대 30년, 장기전세주택 20년) 쭈욱~ 버틸 수 있다.
거주하는 동안 월세, 전세 인상에 대비하여 조금씩 실탄을 준비만 하면 된다.

청약 걱정? NO~!

임대아파트 당첨돼도 내 집을 소유하는 것이 아니기 때문에 청약자격 없어지지 않는다(단, 공
공임대는 제외). 임대아파트에 살며 열심히 저축해서 적당한 시점에 기존 청약통장을 활용하면
된다.

나는 임대아파트로 간다~~~!

서울에 사는 M씨는 결혼한 지 10년이 넘었지만 아직 집을 마련하지 못했다. 외벌이로 아이 둘 가르치면서 열심히 저축한다고 하지만 시시각각 오르는 집 값을 따라잡기가 너무 벅차다. 올해는 작은놈까지 초등학교에 입학해 이사 가 는 일도 큰 부담이다. M씨는 어떻게 해야 할까? 좋은 방법이 없을까?

이런 사람들 때문에 장기전세주택이 생겼다. 장기전세주택이란 2007년 초 서 울시가 새롭게 도입한 신개념 임대주택으로 주로 중형 임대주택(59㎡, 85㎡, 115 ㎡)을 무주택자에게 장기 임대하는 형식이다. 임대료 납부방법은 보증부 월세 가 아닌 전세 방식이다. M씨가 장기전세주택에 들어간다면 동일한 크기의 전 세에 들어간다고 해도 주변 전세가의 80%면 입주할 수 있다. 예컨대 주변 전 세가 2억 원이라고 할 때 장기전세주택은 1억 6,000만 원이라는 소리다. 물 론 2년마다 재계약을 해야 하고 전세보증금이 5%씩 올라가지만 인근 전세 가 격은 그보다 더 많이 올라갈 수밖에 없는 현실을 생각해보면 인상률이 상대적 으로 낮다고 볼 수 있다. 무엇보다 20년 장기로 거주할 수 있는 장점도 눈여겨 볼 만하다.

 또한 가지고 있는 청약통장을 그대로 활용할 수 있기 때문에 내 집을 마련하 고 싶다면 언제든지 순위 내 청약이 가능하다.

미등기 주택도 전세금 안전한가?

보증금

잔금

세입자

집주인

건설회사

Q 곧 결혼합니다. 대단지 새 아파트로 전셋집을 찾았는데… 아직 등기가 나지 않았답니다. 등기가 나지 않았는데도 전세계약을 할 수 있나요? 전세금은 안전할까요?

A 네 안전합니다.
등기 전이라도 주택인 이상 주택임대차 보호법 적용을 받기 때문입니다. 따라서 입주와 동시에 전입신고를 하고 임대차계약서에 확정일자를 받아 두면 경매가 진행되더라도 우선해서 임대보증금을 받을 수 있습니다.
단 이때 유의할 것이 전세계약을 체결하기 전에 집주인이 실제 소유자인지 꼭 확인해야 합니다. 신규 입주 아파트들의 경우 전세를 놓고 전세보증금으로 잔금을 치르는 것이 일반적입니다.

임차한 주택이 새 아파트와 같이 잔금을 치르지 않아 미등기 상태인 주택일지라도 입주한 후에 전입신고를 마쳤다면 주택임대차보호법의 적용을 받는다.

이때 전입신고는 전입한 날로부터 14일 이내에 신고를 마쳐야 한다. 전입신고가 늦어지면 제3자에 대한 대항력이 생기는 시기가 그만큼 늦어지기 때문에 전셋집에 입주하는 날까지는 전입신고를 마치는 것이 좋다. 물론 미등기 주택에 대해서도 사용승인 또는 준공검사를 마쳤다면 당연히 전입신고를 할 수 있다.

또한 전입신고와 함께 확정일자까지 받아두면 임차한 주택이 향후 주택의 보존등기가 완료되고, 저당권이 설정돼 경매에 넘어간다 해도 우선변제권이 있다. 또한 소유자가 바뀌어도 새로운 소유자에게 임차권을 주장할 수 있어 계약기간이 끝날 때까지 계속 거주할 수 있다. 계약이 끝난 이후라면 임차보증금을 되돌려받기 전까지는 주택에서 나갈 필요가 없다.

알쏭달쏭 TIPS

우선변제권이란?

임차인이 확정일자를 받은 경우 임차주택이 경매, 공매에 붙여졌을 때 그 경락대금에서 다른 후순위권리자보다 먼저 배당받을 수 있는 권리다. 따라서 우선변제권은 주택이 경매나 공매에 붙여져 넘어갈 때 적용되고 일반 매매나 상속, 증여 등의 경우에는 적용될 여지가 없다.

84

상가건물임대차보호법도 있어요

상가임대차보호법이란?

주택임대차보호법을 준용해 영세임차인들의 권리를 보호하고 과도한 임대료 인상을 막기 위해 2001년 제정된 법이다. 최우선변제권이 적용돼 경매나 공매로 건물이 넘어갈 때 건물 경매가액 중 일부를 변제받을 수 있고, 건물주가 과도하게 임대료를 올리는 것을 막을 수 있다.

그런데 상가임대차보호법을 적용받기 위해서는 다음 네 가지 조건을 갖춰야 한다.

첫째, 사업자등록대상이 되는 건물
둘째, 상가건물임대차보호법이 정하는 환산보증금 이내

  환산보증금은

  1. 서울특별시 : 4억 원

  2. 「수도권정비계획법」에 따른 수도권 중 과밀억제권역(서울특별시 제외한다) : 3억 원

  3. 광역시(군지역과 인천광역시 지역을 제외한다) : 2억 4,000만 원

  ※ 환산보증금 산정방식=(월 임대료×100)+임대보증금

셋째, 사업자등록을 할 것
넷째, 건물을 인도받을 것(점유할 것)

한 가지 덧붙이면 '환산보증금 이내'라는 조건에서 부가가치세 포함 여부가 문제다. 상가임대차보호법 시행 이후 환산보증금과 부가세를 둘러싼 논란은 끊임없이 제기되어 왔는데, 2008년 5월 10일 이러한 논란에 종지부를 찍을 법원의 판결이 나왔다. 그 내용을 아래에 소개하니 참고하기 바란다.

> **사례**　2005년 5월, A씨는 경기도 안산시에 있는 건물 1층 상가를 보증금 5,000만 원, 월세 90만 원 조건에 빌렸다. 그런데 건물주가 바뀌면서 주인으로부터 상가를 비워달라는 통보를 받았고, A씨는 상가건물임대차보호법에 따라 임대 후 5년 동안 상가를 빌려 쓸 수 있다고 주장했다. 하지만 건물주는 환산보증금(1억 4,900만 원(=보증금 5,000만 원+((월세 90만 원+부가세 9만 원)×100)))이 1억 4,000만 원 이하(2005년 계약

당시 안산시 기준)를 넘어섰기 때문에 이 법의 보호를 받지 못한다고 반박했다. 반면 A씨는 부가세를 빼고 계산하면 보호대상이 된다며 반발했고 결국 건물주가 소송을 낸 것. 1심 재판부는 건물주 손을 들어줬지만 2심 재판부는 달랐다. 수원지방법원은 임대차계약 당사자들이 차임(월세)을 정하면서 '부가세별도' 라는 약정을 했다면 특별한 사정이 없는 한 상가건물임대차보호법상에서 정한 차임에 포함되지 않는다고 판결했다.

☞ 2014년 제32차 경제관계장관회의를 통해 「상가 임차권 및 권리금 보호방안」이 논의됐다.

첫째, 건물주가 변경되더라도 모든 임차인들이 기존 계약을 5년 동안 유지할 수 있도록 한다.

- 개선 전 : 환상보증금(서울, 4억 원) 이하만 보장
- 개선 후 : 모든 임차인으로 확대

둘째, 임차인의 권리금 회수 기회 확대를 위해 임차인이 주선한 신규 임차인과 임대차계약을 체결하도록 임대인에게 협력의무를 부과한다. 임대인이 이를 위반할 경우 임차인에게 손해배상 청구권을 부여하도록 할 계획이다.

··· 알쏭달쏭 TIPS

참고로 권리금은 세입자끼리 주고받는 것이기 때문에 건물 소유주와는 무관하므로 상가임대차보호법에서도 보호대상이 될 수 없다. 보증금이 없는 경우도 보호대상에서 제외된다.

IN ──── 닥터아파트의 **특급처방** |
BOOK

 과천의 전세를 알아보는 신혼부부입니다

궁금해요!

아들이 11월 결혼 예정인데요. 과천에 전세를 알아보고 있습니다. 다른 지역에 비해 전세 가격이 저렴한 편인 것 같아서요. 아들은 경기 화성이 직장이고 며느리는 서울 강남 쪽이 직장이라 아이들은 과천을 생각하고 있습니다.

그런데 과천 아파트들이 재건축을 진행 중인 것 같은데 올해 전세로 입주해도 괜찮은지 걱정이네요. 재건축이 단기간에 끝나는 건 아니지만 2년 후 이사를 할 때 전세를 쉽게 뺄 수 있을지 또는 재건축이 빨리 진행되어 2년 내에 이사를 할지도 모르고요. 또 11월 결혼인데 언제부터 전세를 알아봐야 하는지도 궁금하네요.

Dr.아파트

과천 지역 아파트는 저층, 고층 다양하고 이에 따라 10평대 소형도 많이 분포하고 있습니다. 재건축을 통해 입주한 래미안슈르(원문동), 래미안에코팰리스(중앙동) 등을 제외하고는 80년대 초반에 지어진 아파트들입니다.

한창 재건축이 활발하게 진행됐다가 용적률 제한 등으로 사업 추진이 중단 됐었으나 시공사 선정 등 다시 재건축 사업이 추진되고 있습니다. 현재 가장 빠른 속도를 보이는 곳이 주공7-2단지로 삼성물산이 시공사로 이르면 2015년 중으로 이주를 계획 중입니다. 이외 주공1단지는 포스코건설, 6단지는 GS건설, 2단지는 SK건설과 롯데건설 컨소시엄 등 재건축 추진 중이고요.

재건축 사업이라는 것이 추진 과정에서 지연 될 수도 있고 그렇지 않고 예상보다 빨리 진행될 수 있기 때문에 비단 어느 단지를 선택해서 입주하시라는 말씀을 드리기가 어렵습니다. 또한 과천이 아닌 인근 안양, 평촌이나 의왕 등 지역도 강남, 화성 등으로 이동이 나쁘지 않습니다.

1개 단지라도 재건축 이주가 진행되면 전셋값 추가 상승이 불가피하고 혹 거주하던 단지의 사업이 빨라 이주해야 할 시기가 빨라질 수 있는 등 안정적인 거주가 어려울 수 있습니다. 안양은 과천과 가까운 쪽으로 인덕원역 인근과 그곳을 조금 지나면 의왕시 등과 맞닿아 있습니다. 일단 4호선을 이용할 수 있는 곳이기도 하고, 차량은 외곽순환로 등 진입하기 쉬운 환경이어서 전세거주하시기에 괜찮은 곳이고요. 수요층이 더 두터운 평촌 쪽 보다는 좀 더 저렴하기 때문에 해당 지역도 둘러보실 것을 권해 드립니다.

지은 지 23년인 소형아파트 구입해야 할까요?

궁금해요!

분당 서현동 시범A아파트 17평(23년) 올수리된 집 5층 중 3층 올수리 집 나왔는데 3억입니다. 이 정도 가격이면 적당한 선인지요. 요새 소형 아파트가 인기가 있다고도 해서요. 지금 구입하는 게 좋을까요? 아니면 더 좋은 대안이 혹시 있을까요?

Dr.아파트

노후한 아파트의 경우 수리 상태에 따라 가격차가 발생합니다. 주택을 구입하시려는 이유가 실거주 목적이시라면 수리가 된 물건을 구입해 입주하는 것이 덜 번거로운 것은 사실입니다.

하지만 투자측면에서 볼 때 수리된 상태의 물건을 매도하는 매도자의 경우 자신이 들였던 수리비용을 최대한 받기 위해 가격을 높이는 경우가 많아 매수자의 경우 자칫 상투에 매입하는 결과가 발생할 수 있습니다. 투자측면의 매수자는 노후한 물건을 수리비용을 최소화해 가장 그럴 듯한 물건으로 만드는 것이 중요합니다. 그렇게 해서 수리비 이상의 값어치로 팔 때 웃을 수 있는 것이지요.

2014년 11월 현재 기준으로 시범A아파트 57㎡(17평) 매매가가 3억 원이면 가격이 다소 높은 편입니다. 현 시장 상황이 중대형 보다는 중소형의 선호도가 높긴 합니다만 말씀하신 물건의 가격은 수리상태가 좋다고 가정해도 당분간 가격 상승이 어려운 수준으로 판단됩니다.

17평이 3억 원이면 현 시장에서 가장 최고가이며 소형면적에서 오를 수 있는 가격 한계는 빠르게 오기 때문에 해당 물건은 투자측면이 아닌 실수요측면에서 접근할 만한 물건으로 보셔야 합니다.

앗! 청약통장도 이사 가야 하나요?

왕초보씨   나 여기 청약하고 싶어요!

돈불어은행   그러나 이 통장으로는 안 되십니다!

왕초보씨   왜요?

돈불어은행   혹시 서울에서 이사 오셨나요?

왕초보씨   네! 어떻게 아셨어요?

돈불어은행   청약통장의 주소를 변경 안 하셨죠?

왕초보씨   헉! 그런 것도 있나요? 자동으로 바뀌는 거 아녔어요?

돈불어은행   아닙니다. 예를 들면 서울에서 경기 지역으로 이사 가셨을 경우 '시'가 바뀌기 때문에 무조건 은행에 방문하셔서 청약통장의 주소를 변경해주셔야 합니다. 그래야 경기 분양 단지에 청약하실 때 문제가 발생하지 않아요. 물론 청약예금의 경우 예치금액이 높은 곳에서 낮은 곳으로 이사하실 경우 금액 변경을 안 하셔도 되지만 경기에서 서울로 오신 경우 금액이 높아지기 때문에 금액을 더 불입 후 청약이 가능합니다.

왕초보씨   아해! 그렇군요. 이번에는 눈물을 머금고 포기해야겠네요! 다음에는 꼭! 성공하겠어요!

가장 중요한 것은 입주자 모집 공고일이다.

즉 서울에서 경기도로 거주지를 이전하는 경우처럼 예치금액이 높은 지역에서 낮은 지역으로 변경하는 때에는 입주자 모집공고일 전까지 주소를 변경하면 된다. 이 경우엔 별도로 예치금액을 변경하지 않아도 된다. 반면 평형이 작은 평형에서 큰 평형으로 증액하는 경우라면 증액 후 3개월이 지나야 해당평형에 청약이 가능하다는 사실을 참고로 알아두기 바란다.

청약통장 변경 가능 여부

보유통장	변경통장	변경가능 여부	비고
청약저축 →	청약부금	X	변경할 수 없음
	청약예금	O	납입인정 범위 내 금액만큼 예금통장으로 변경 후 바로 청약자격 발생(입주자모집공고일 전까지 변경해야 이용할 수 있음)
청약부금 →	청약저축	X	변경할 수 없음
	청약예금	O	납입인정금액이 지역별 85㎡이하 청약예금 예치금액 이상 납입한 경우 변경
청약예금 →	청약저축	X	변경할 수 없음
	청약부금	X	변경할 수 없음
	청약예금	O	큰 공급면적으로 변경 시 변경일로부터 3개월간 청약제한(이 기간 동안 변경 전 공급면적으로 청약신청 가능) 변경 후 2년 경과 시마다 다른 공급면적 신청 가능

1. 청약저축을 청약예금으로 전환하면, 이를 또다시 청약저축으로 전환할 수 없다.
2. 더 큰 주택으로의 청약을 위해 청약예금통장 예치금을 증액한 경우 1년 뒤 증액한 금액에 해당하는 주택 1순위로 청약할 수 있다.

86 만능청약통장을 아시나요?

만능청약통장으로 불리는 주택청약종합저축이 나왔다!

주택청약종합저축은 기존 청약통장은 그대로 유지되면서 그들(청약부금, 청약예금, 청약저축)의 기능을 모두 합친 것이 특징이다!

주택청약종합저축의 특징

- 공공주택, 민간주택 원하는 대로 신청 가능
- 주택 크기는 예치금에 맞춰 가능
- 무주택, 주택보유 상관없이 가입 가능
- 미성년자도 가입 가능
- 저축방식은 적립식과 예치식 가능
- 저축금액은 월 2만~50만 원
- 가입 2년 이상 되면 1순위 자격 확보
- 기존 통장 가입자는 청약 계획에 따라 갈아타기 고려(통장 바꾸면 기존 가입기간과 저축액 없어지기 때문)

만능청약통장으로 불리는 주택청약종합저축이 2009년 5월 6일 출시됐다. 주택청약종합저축은 우리가 잘 알고 있는 청약부금, 청약예금, 청약저축의 기능을 모두 합친 것이다.

주택청약종합저축의 특징을 살펴보면 왜 만능청약통장이라고 부르는지 알 수 있다. 공공주택을 신청할 수 있는 청약저축, 민간주택을 청약할 수 있는 청약부금·예금 기능이 들어 있고 주택의 크기에 따라 예치금이 다른 것도 청약예금과 성격이 같다.

무주택자가 가입할 수 있다는 것은 청약저축에서 가져온 성격이고 주택 보유에 상관없이 가입 가능한 것은 청약예금과 부금에서 따왔다. 저축방식은 적립식과 예치식이 가능한 것은 청약저축, 예·부금과 똑같다.

그렇다면 어떤 사람이 가입하면 좋을까? 꼭 만들어야 하는 사람은 사회 초년생이나 신혼부부, 미성년자, 세대원 등이다. 또 기존에 청약예금, 부금 통장 가입자 중 가입 기간이 2년 미만이라 1순위가 되지 못한 사람은 청약 통장을 새로 만드는 것이 낫다. 나이가 어린 자녀를 위해서도 미리 이 통장을 만들어 놓는 것이 좋다. 다만 2년의 기간만 간주되기 때문에 만18세부터 불입하는 것이 좋겠다. 기존 통장 가입자가 이미 1순위자격을 유지하고 있다면 따로 가입할 필요가 없다. 청약종합저축통장을 만든다고 해서 순위가 그대로 유지되는 것이 아니라 3순위부터 다시 시작해야 하기 때문이다.

구분		주택청약종합저축	청약저축	청약예금	청약부금
통장 가입 방법	대상 지역	▷전국		▷시군지역	
	가입 대상	▷연령, 자격제한 없음	▷무주택세대주	▷만19세 이상 개인 (유주택자도 가능)	
	저축 방식	▷매월 일정액 적립식 및 예치식병행	▷매월 일정액 불입	▷일시불 예치	▷매월 일정액 불입
	저축 금액	▷월 2만~ 50만 원 원칙	▷월 2만~10만 원 이내 5천 원 단위로 자유 납입	▷200만~1,500만 원 (규모, 지역별 차등)	▷월 5만~50만 원
	이율 적용	▷기간별 금리 적용 −1개월 이내 : 무이자 −1년 미만 : 연 2.0% −1년 이상~2년 미만 : 연 2.5% −2년 이상 : 연 3.3%		▷가입 당시 이율	
	취급 기관	▷국민주택기금 수탁은행 (우리, 기업, 농협, 신한, 하나, KB국민)	▷전국 16개 은행		
청약 방법	대상 주택	▷모든 주택	▷전용면적 85㎡이하 공공기관건설주택 등	▷모든 민영주택 (85㎡ 초과 공공주택도 가능)	▷전용 85㎡ 이하 민영주택
			민간건설중형국민주택(60~85㎡)		
	1순위	▷가입 후 2년이 경과된 자 (매월 약정일에 24회 이상 납입) −민영주택청약 시 지역별 예치금 예치	▷가입 후 2년 경과, 24회 이상 납입	▷가입 후 2년 경과 (지역별 예치금 예치)	▷가입 후 2년 경과 (매월 약정일 납입해 지역별 예치금액 도달)
	주택규모 선택	▷최초 청약시점에 결정	▷통장가입 시 결정		

※ 정부는 2014년 9월 1일 '9.1부동산대책'을 통해 복잡한 청약관련 제도를 단순화시킬 예정이다.

먼저 현재 1순위 자격기간, 예치금액별 신청가능 주택 변경 등 복잡한 부분이 단순화된다.

1순위 자격은 가입한 지 1년 이상(지방 6개월)이면 1순위 자격을 갖추며 국민주택 청약자격도 무주택세대주가 아닌 1가구 1주택자도 청약할 수 있다.

청약예금 가입자는 기존 예치금액에서 예치금을 더 늘리려 큰 주택형에 청약이 가능해진다. 종전에는 예치금 증액 후 3개월이 지나야 했다. 또한 예치금이 많은 경우 해당 예치금 이하의 모든 주택규모에 청약이 가능하다.

이외에 현재 4가지 종류의 청약통장은 주택청약종합저축으로 일원화 돼 관련 법안이 통과되면 청약저축, 청약예부금의 신규가입은 중지된다. 단, 기존 가입자들은 종전대로 규정이 적용된다. 이들 내용은 이르면 2015년 초 시행될 전망이다.

민간 임대아파트도 비과세가 된다?

2번 아니죠, 3번 맞습니다

1번: 임대기간에 상관없이 입주후 2년 있으면 비과세 된다
2번: 임대지만 실거주를 하면 2년 후면 비과세 된다
3번: 분양전환 후 2년을 더 보유해야 한다

올해 4월에 5년 분양전환 민간임대에 입주했습니다.
그렇다면 양도세 비과세 시점은 언제?

❶번 임대기간에 상관없이 입주 후 2년 있으면 비과세된다
❷번 임대기간 5년 중 2년 6개월 거주 뒤 분양전환 직후 팔면 비과세된다
❸번 임대기간 5년 중 2년 6개월 거주 뒤 분양전환 후 2년을 더 보유해야 한다

정답은 ❸번!

양도세 비과세 시점은 일반 주택과 동일한 요건이 적용된다고 이해하면 쉽다. 올해 4월 용인 임대아파트 입주해 살다가 2016년 10월에 분양전환이 된다면 분양전환 된 시점부터 2년 보유를 채운 2018년 10월 이후 양도해야 양도세 비과세를 받을 수 있다.

그 외에 임차일부터 양도일까지 거주기간이 5년 이상이어도 1가구 1주택 양도소득세 비과세를 적용받을 수 있다. 따라서 임대아파트 입주시부터 5년 동안 거주하든지(물론 중간에 한 번이라도 주소 이전이 없어야 함), 분양전환 후 2년을 보유하든가 하면 두 가지 요건 중에 유리한 것을 선택하여 양도세 비과세혜택을 받을 수 있다.

하지만 이와 같은 경우도 1가구 1주택 비과세 요건이 당초 3년에서 2년으로 줄어들면서 상황이 달라졌다.

5년 임대아파트 입주 후 2년 5개월~6개월이 지나 분양전환을 통해 분양을 받은 경우 분양전환 후 2년 보유하면 최초 입주일로부터 4년 5개월~6개월만 보유하고 매도해도 양도세가 비과세 되는 셈이다.

88 천덕꾸러기 아파트1층의 대반격

아파트 1층은 바깥의 소음, 일조권 문제,
전망·조망권의 부재 등으로 로열층에 비해 선호도가 낮고
아파트 분양 시 미분양 발생의 일등공신이다.

그러나 이런 아파트 1층도 주목할 필요가 있다. 저층은 대부분 분양 마지막까지 미분양으로
남아 있기 때문에 **분양가 할인, 중도금 전액 무이자 등 다양한 특혜**를 노려볼 만하다.

2013년 7월 경북 칠곡에서 분양한 H아파트는 1층 세대에 지하 다락방으로 활용할 수 있는 멀티룸을 제공해 100% 계약을 마쳤다. 같은 해 위례신도시에 분양한 H아파트, E아파트 등은 중대형 면적임에도 불구하고 저층 가구의 분양가를 저렴하게 제공, 분양판매가 잘 이뤄졌다.

최근까지 이처럼 1층의 설계를 특화하거나 저렴한 분양가로 소비자들의 관심을 끄는 곳들이 꾸준하게 증가하고 있다. 천덕꾸러기 신세였던 1층은 어린이집을 운영하려는 수요자는 물론 어린 아이가 있어 층간소음을 우려하는 수요, 연로하신 부모님을 모시는 수요 등 1층을 선호하는 이들로부터 분양이 원활하게 이뤄지고 있다.

실제로 2009년 경기도 파주시는 1층에 어린이집을 꾸미려는 수요가 늘자 아파트 단지 200가구당 한 곳으로 놀이방 개수를 제한했을 정도로 1층에 대한 소비자들의 인식이 점차 바뀌고 있다. 다만 1층은 외부 소음, 방범, 동배치에 따라 일조량이 적을 수 있다는 점은 미리 알아두자.

알쏭달쏭 TIPS

아파트 1층의 특장점
- 저렴한 분양가
- 분양가 할인, 중도금 전액 무이자 등 쏠쏠한 혜택
- 노부모님의 거동이 수월함
- 자라나는 아이들이 마음대로 뛰어놀 수 있음
- 엘리베이터 타지 않아도 되는 점
- 놀이방, 공부방, 피아노교습소 등 운영 시 이점
  → 놀이방 시설로 운영하거나, 임대 놓았을 때 부수입
  → 놀이방 운영 시 가정보육시설로 구청에 등록 돼 5년 이상 되면 종합부동산세 합산 과세 대상 제외

89

인터넷 등기 하면 보너스가 생긴다고?

인터넷등기란?

등기신청인이 전자시스템을 통해 등기신청정보를 작성한 후 인증서로 안전하게 전자서명하여 등기소 방문 없이도 등기를 신청할 수 있는 방법이다.

대법원에서 추진하는 제도로 2006년 시범 서비스가 시작되어 2008년까지 총 4단계에 걸쳐 대상지역과 범위가 점차 확대됐다. 2013년 12월에는 홈페이지 개편을 통해 이용자의 편의를 높였다.

인터넷등기를 이용하면 어떤 점이 좋을까?

하나 비용이 저렴하다

대법원의 인터넷등기 장려책에 따라 2만~35만 원의 인지세 면제 및 등기부등본 열람수수료가 면제된다. 또한 오프라인 등기에 비해 대략 6가지의 등기절차가 생략됨으로써 법무사 인건비 등 원가를 많게는 현재의 50%까지 절감할 수 있다.

둘 편리하다

첨부서류(인감증명서, 주민등록등본, 토지대장, 건축물대장 등) 제출과정이 정부 행정전산망을 통해 온라인상에서 처리하므로 별도의 준비서류가 생략된다. 또한 인터넷등기는 전국 어디서나 이용이 가능하다.

셋 신속하다

등기 의뢰부터 접수까지 하루 이상 걸리던 것이 인터넷을 이용하면 단 30분이내로 단축됨에 따라 권리관계의 우선순위가 중요한 등기업무를 수행함에 있어 이용자들의 권리가 우선적으로 보호될 수 있게 되었다. 아울러 실시간으로 등기처리 및 진행과정에 대한 확인이 가능해 이용자들이 느끼는 신뢰감 역시 높다.

부동산 열공하는 법!!

1 부동산 중개업자와 친구가 되라!.

2 부동산 전문포털 사이트를 방문해라!

3 신문의 부동산면을 챙겨라!

4 많은 현장을 다녀라!

가장 어려우면서도 쉬운 일이 중개업자와 친구가 되는 일이다.

이들과 친해지면 부동산 정보를 신문이나 매스컴보다 빨리 알 수 있다. 물론 중개업자도 중개업자 나름. 어디서 굴러 먹다온 뜨네기는 안 된다. 한곳에서 오랫동안 중개업을 한 토박이 중개업자가 중요하다. 그런 사람들은 적어도 자기 지역에 대해서 빠삭하다. 얼마면 급매물이고 나중에 얼마나 오를지 한눈에 안다. 이런 사람들과 친해지면 반드시 도움이 된다.

여기 성공적인 사례 하나를 소개한다.

강남에 살고 있는 D씨는 자기 집을 거래해준 중개업자와 끊임없이 연락하며 지냈다. 그 전집도 팔아주고, 전세도 놔주고 하면서 친분이 꽤 두터워져서 언니 동생으로 지낸지 어언 5년….

그러던 어느 날 중개업자로부터 급하게 전화가 왔단다. 용산에 오래된 빌라인데 급매물이라고 여윳돈 있으면 빨리 가져오란다. 그때만 해도 용산이 이렇게 발전하고 비싸질 줄은 아무도 몰랐다.

D씨는 속는 셈 치고 마침 가지고 있던 돈으로 계약하고 빌라를 담보로 대출을 약간 받아 결국 빌라를 매입했다. 그게 3년 전인데 지금은 빌라가 두 배 이상 올라 D씨 부동산투자 사상 가장 높은 수익을 가져다 줬다고 한다. D씨는 아무것도 한 일이 없다. 강남의 중개업자와 친하게 지내며 자주 연락한 것 말고는 말이다.

신도시 헤쳐모여!

신도시란? 대도시의 근교에 계획적으로 개발한 새 주택지. 도시계획사업의 일환으로 인구 과밀, 교통 체증, 주택난을 해소하기 위하여 이루어진 도시.

1기 신도시 | 1995~1996년 사업 완료
① 분당 신도시 : 경기도 성남시 일원
② 일산 신도시 : 경기도 고양시 일원
③ 평촌 신도시 : 경기도 안양시 일원
④ 산본 신도시 : 경기도 군포시 산본동, 금정동, 당동 및 안양시 안양동 일원
⑤ 중동 신도시 : 경기도 부천시 일원

2기 신도시 | 사업 진행 중(일부 신도시 입주 완료)
① 판교 신도시 : 경기도 성남시 판교동 일원
② 동탄 신도시 : 경기도 화성시 동탄면 일원
③ 광교 신도시 : 경기도 수원시 이의동, 용신시 상현동 일원
④ 운정 신도시 : 경기도 파주시 교하읍 일원
⑤ 김포한강 신도시 : 김포시 장기동 양촌면 일원
⑥ 동탄2 신도시 : 경기도 화성시 석우동, 반송동, 동탄면 일원
⑦ 위례 신도시 : 서울시 송파구 거여동, 장지동, 성남시 창곡동, 하남시 학암동 일원
⑧ 양주 신도시 : 경기도 영주시 옥정동 외 8개동
⑨ 검단 신도시 1지구 : 인천시 서구 불로동, 원당동, 마전동, 당하동 일원
⑩ 고덕국제화 신도시 : 경기도 평택시 서정동 고덕면 일원
⑪ 오산세교3 신도시 : 경기도 오산시 금암동, 궐동, 가장동, 서동, 가수동, 벌음동 일원

※ **지방2기 신도시** 1. 대전도안 신도시 : 대전 서구 및 유성구 일원
　　　　　　　　　　2. 아산 신도시 : 아산시 배방, 탕정, 음봉면 및 천안 불당, 백석동 일원

* 신도시 구분 출처 : 국토해양부

수도권에는 신도시가 몇 개나 있을까? 분당, 일산 등등 일반인이 아는 정도
는 그 정도 수준이겠지만 국토해양부가 밝히는 수도권 신도시는 총 16개다.
신도시에 대해 자세히 알아보자.

> 수도권에서 신도시는 통상 1기와 2기로 구분된다. 이 중 1기 신도시는 우리가 잘 아
> 는 분당, 일산, 평촌, 산본, 중동 등 5곳이다. 반면 2기 신도시는 동탄1, 동탄2, 판교,
> 광교, 검단 등 모두 11곳이다. 이 중 입주가 완료된 곳은 1기 신도시와 2기 신도시 가
> 운데 동탄1, 판교 신도시 등이며 광교, 운정, 김포 한강신도시 등은 입주 중이다.

신도시의 역사는 노태우정부 때로 거슬러 올라간다. 서울올림픽이 열리던
1988년, 전세 가격이 급등하면서 이를 마련하지 못한 세입자들이 자살하는
사건이 발생하는 등 부동산문제가 커다란 사회문제로 대두됐다. 그래서
1988년 8월, 200만 가구 주택건설을 위한 계획이 나왔다. 이것이 바로 1기
신도시 건설계획이다. 200만 가구 중 90만 가구는 수도권에 짓고 이 중 30만
가구가 5개 신도시에 지어졌다. 신도시별로 공급 규모가 달랐는데 분당(9만
7,500가구)이 가장 많고 이어 일산(6만 9,000가구)이다. 중동, 평촌, 산본은 모두
4만 5,000가구씩 공급됐다.
본격적인 분양은 1989년 시작됐고 입주는 1994년부터 이루어졌다. 그리고
이제는 지어진 지 20여년 정도 되다 보니 분당과 중동, 일산 신도시 일부 아
파트를 중심으로 리모델링 움직임이 일고 있다.

2기 신도시는 2004년 동탄을 시작으로 2006년 판교, 운정신도시 등에서 본격적으로 분양되었다. 특히 2006년 판교 신도시 분양으로 1기 신도시인 분당, 평촌, 산본 등에서 아파트 가격이 폭등하는 일도 있었다. 다음 해인 2007년 6월 광교 신도시를 시작으로 위례(송파), 운정(파주), 동탄2, 검단 등 모두 5개의 신도시 계발계획이 나왔다. 특히 광교는 신도시 틈바구니에서 살아남기 위해 명품 신도시라는 슬로건을 내걸고 2008년~2010년까지 울트라참누리, 이던하우스, 광교자연&힐스테이트 등 1만 가구 이상이 공급됐다. 비슷한 시기에 김포 한강신도시, 파주 운정신도시 등에 아파트 공급이 이뤄졌고 2012년~2014년 사이에는 동탄2신도시 등 2기 신도시 분양이 이어지고 있다.

☞ 2014년 9월 1일 '9.1부동산대책'에 따라 2017년까지 LH의 대규모 공공택지 지정이 중단된다. 따라서 신규 신도시 조성 또한 2017년까지 중단될 예정이다.

BOOK IN BOOK ── | 닥터아파트의 **특급처방** |

경기도 30평대 중형급 이상
아파트 매매가가 회복되지 않는 이유?

궁금해요!

경기도 성남이나 분당, 용인수지, 죽전 방면으로 아파트를 살펴보는 중인데요. 25평 전후 중소형 평수는 가격 웬만큼 회복이 된 걸로 알고 있습니다. 33평 등 중형 평수 이상 급에서는 여전히 가격 회복이 이뤄지지 않았다고 들었습니다. 지금은 왜 중소형 평수처럼 회복을 못하는지 궁금합니다.

과거에 끼어 있던 거품이 다 빠지고 이제 본래 가격을 찾아가는 건가요? 아니면 원래 중대형 평수는 회복이 더뎌서 지금부터 회복기로 접어드는 건가요?

Dr.아파트

성남, 용인 등 경기 남부 지역뿐만 아니라 수도권 대부분 지역의 아파트 값은 2007년~2008년에 정점을 찍었습니다. 2008년 리먼브라더스 사태 이후 주택 가격이 하락하면서 중대형을 중심으로 특히 하락폭이 컸습니다.

특히 용인의 경우 버블세븐에 포함될 만큼 가격이 급등하면서 호황을 누렸는데요. 당시에는 용인 중대형으로 분당지역 노후 아파트에서 새 아파트를 찾아 갈아타는 수요도 많았습니다. 덕분에 가격 상승이 두드러졌었습니다.

하지만 경기가 침체되면서 대형으로 이동하는 수요가 눈에 띄게 줄기 시작했습니다. 가격 부담이 큰 데다 집값 하락 전망이 우세하면서 매수세가 눈에 띄게 줄어들게 된 것이지요. 면적을 넓혀 가려는 수요보다 현재의 면적을 유지하거나 금융비용 부담으로 면적을 줄여가는 수요가 많아지면서 중대형 아파트 값은 수직 하락했습니다.

박근혜정부가 들어서고 규제 완화가 이어지면서 중대형도 점차 거래가 되고 가격이 상승하고 는 있습니다. 하지만 여전히 상대적으로 중소형 수요가 두텁기 때문에 중대형은 중소형 상승세를 따라 잡지 못하고 있는데요. 경기가 회복될 경우 사실 가격이 더 크게 오를 것은 중대형입니다. 중소형은 가격이 아무리 올라도 중대형을 역전하기가 어려운 반면 중대형은 제한선이 중소형보다 없기 때문에 가격이 더 치고 오를 수 있는 여건이 좋은 편입니다. 물론 그렇게 되려면 부동산 경기뿐만 아니라 다른 경제 환경도 지금보다는 나아져야 할 것입니다.

중대형 가격은 어느 정도 빠졌다는 판단입니다. 전세난이 계속되고 전셋값이 계속 오르고 있기 때문에 전세 부담으로 인한 매매전환 수요는 점차 증가할 것으로 예상됩니다. 때문에 중소형 매매가 늘고, 중소형 가격 상승이 중대형으로 확산될 가능성도 높습니다. 주택면적을 넓혀 가고자 하는 수요자라면 현재 분포하는 매물들 가운데 저렴한 물건을 선점해 놓는 것이 좋습니다. 가격이 더 내려갈 것으로 보이지 않기 때문입니다.

서울이나 신도시 중에서 앞으로 미래가치가 가장 큰 곳은?

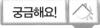

청약저축 1천만 원 정도 들어가고 있는 신혼부부인데요. 향후 서울에서나 신도시

에서 미래가치 있는 아파트를 분양받고 싶은데요. 유망한 지역 아파트를 추천한다면 어디 어떤 아파트를 생각할 수 있을까요? 서울 경기권은 아무래도 위례 신도시나 세곡, 내곡지구 등이 유망하다고는 하는데, 조금 기다리더라도 투자가치가 있고 교통(전철) 역세권으로 분양을 받았으면 합니다.

Dr.아파트

청약저축은 통상 공공이 공급하는 주택을 분양받을 때 사용합니다. 이때 납입금액이 1천만 원 정도면 적지 않은 금액인 것이 맞습니다. 하지만 최근 분양시장을 보면 신도시 등 인기 지역의 경우 청약저축가입자들의 경쟁이 치열하고 예치금액 1천만 원으로도 당첨이 쉽지 않은 경우가 많이 발생합니다.

일단 신혼부부라면 신혼부부특별 공급분을 주목할 만합니다. 신혼부부특별 공급분은 전용면적 85㎡ 이하의 분양주택의 일정 비율이 적용 돼 공급되는 물량인데요. 공공건설 국민주택의 경우 공급물량의 15%, 민영주택은 10% 등입니다. 더불어 소득, 재산 등의 기준이 정해져 있어 해당 기준을 초과하면 신혼부부특별공급 분양 대상이 아닌 일반분양으로 청약을 하셔야 합니다.

구체적으로 말씀드리면 내곡지구, 세곡지구 등은 대부분 분양이 마무리 되는 상황이어서 공급 돼 나올 물량이 많지 않습니다. 위례신도시의 경우 2014년 말까지 좋은 입지를 가진 곳들 대부분 분양이 완료된 상황이며 위례신도시 내에서도 외곽 쪽에 위치한 택지들을 중심으로 2015년부터 공급이 될 전망입니다. 물론 위례신도시 외곽 쪽이라고 해도 입지가 아주 나쁜 것은 아니고요. 위례신도시와 같은 지역 자체로 인기가 많아 추후 신도시 외곽지역이라도 공급될 물량들을 기다렸다가 청약을 해보시는 것이 좋다고 판단됩니다.

통상 공공물량의 공급 시기는 당해년도 2~3월경에 그 해에 공급될 물량들의 시기가 구체화 되기 때문에 2월말~3월 사이 LH공사, SH공사, 경기도시공사 등 공공기관 사이트를 통해 분양물량들을 체크하는 것이 좋습니다.

다만 상반기에 일정이 잡힌 경우는 일정변경 가능성이 적으나 하반기로 계획된 경우 일정이 바뀔 수 있다는 점은 유의하시기 바랍니다. 이를 토대로 청약계획을 세우시는 것이 좋겠습니다.

 ## 월세, 관리비를 연체하는 세입자

 궁금해요!

저는 집주인(임대인)입니다. 제가 월세 1백만 원(보증금 1천만 원)에 월세를 주고 있는데요. 세입자가 월세와 관리비를 3개월 이상 연체하고 있습니다. 그래서 8월 말까지 월세와 관리비를 해결해달라고 요구했고요. 만일 해결되지 못하면 9월 말까지 퇴거할 것을 내용증명 보낸 상태입니다.

참고로 계약 만료일은 2015년 1월 4일이며 2014년 8월 현재 월세 5백만 원, 관리비 1백만 원(4개월분)미결입니다. 세입자가 9월 말에 퇴거하면 해결되나 혹시 퇴거하지 않고 미적미적하면 어떻게 처리해야 되는지 궁금하네요.

Dr.아파트

월세를 3개월 이상 연체한 세입자에 대해 집주인(임대인)은 계약을 해지할 권리가 있습니다. 그에 대한 법적 근거는 다음과 같습니다.

※ **민법 제640조**

건물 기타 공작물의 임대차에는 임차인의 차임 연체액이 2기의 차임액에 달하는 때에는 임대인은 계약을 해지할 수 있다.

위의 법에 따르면, 세입자가 퇴거하지 않을 경우에는 차임 연체를 이유로 합의하에 계약을 해지하거나 명도소송을 제기할 수 있습니다. 하지만 실제로 명도소송까지 가면 시간과 비용이 들기 때문에 실익이 없게 되지요. 따라서 이럴 경우에는 보증금에서 밀린 월세와 관리비를 공제한 후 세입자를 내보내시는 것이 가장 좋습니다. 또한 세입자가 관리비를 연체한 경우 집주인이 관리비 전체를 대납해야 할 책임이 있다는 판례도 있습니다(주택법 45조 근거). 그러니까 연체된 관리비에 대한 계산도 명확해야 하겠지요.

※ **주택법 제45조 제1항**

공동주택의 입주자 및 사용자는 당해 공동주택의 유지관리를 위하여 필요한 관리비를 관리주체에게 납부하여야 한다.

 ## 전세 재계약하기로 약속해 놓고 변심한 주인

힘없는 세입자입니다. 2월 말일자로 전세만기 예정인 23평 아파트에 살고 있고요. 그런데 집 주인이 만기를 한 달 반 남겨놓고 전세금을 올려달라고 전화가 왔습니다. 그래서 1천5백만 원을 올려주기로 구두약속을 하고, 2월 말일에 부동산에서 만나 계약하기로 합의했습니다. 사실 당시 저는 집을 구입할까 전세 연장을 할까 무척 망설이고 있었지만, 그냥 전세금을 조금 올리고 더 살기로 마음먹었고요.

그런데 집주인이 엊그제 갑자기 전화를 걸어, 집을 팔아야 할 사정이 생겼다고 하더라고요. 재계약을 불과 19일 남겨놓은 상태인데 말이죠. 그래서 저는 그로부터 이틀 후인 오늘 주인에게 전화해서 매매 의사가 있다고 알렸습니다. 그랬더니 집주인이 또 말을 바꾸더군요. 이러저러 핑계를 대더니 전세금을 너무 조금 올린 것 같다며 더 올려줬으면 좋겠다고 합니다. 그럴 것 같으면 저도 한 달 전에 차라리 다른 괜찮은 매매를 하든 다른 전세를 구했을 텐데요. 한 달 정도 사이에 매매와 전세 가격이 다 오르는 바람에 손해가 이만저만이 아닙니다. 이럴 땐 어떻게 해야 하나요? 방법이 없을까요?

Dr.아파트

매매와 전세의 가격이 오르면서 집주인의 마음이 흔들려서 말을 자꾸 바꾸는 듯하네요. 이럴 경우에는 집주인이 전세계약 기간 만료 시기로부터 한 달 반 전에 전세금을 높여서 계약할 것을 요청한 데다가, 질문하신 임차인이 구두로 이를 수락했기 때문에 당시 협의를 했던 대로 1천5백만 원을 증액해서 새롭게 전세 계약이 가능한 것은 맞습니다(주택임대차보호법 제6조에 의거).

하지만 문제는 이것이 구두계약이라 애매한 부분이 생기는데요. 물론 구두계약도 계약에 속하기 때문에 효력발생을 주장할 수는 있지만, 이것은 실제로 서명 날인한 계약서와 달리 사실 관계를 입증하기 어려운 특성이 있지요. 따라서 집주인이 발뺌을 할 경우에는 소용이 없게 됩니다.

그러나 질문하신 것처럼 계약 만료로부터 '1개월 미만' 남은 상태에서의 변심은 이전 합의한 계약을 변경할 수 없습니다. 오히려 '묵시적 갱신'이라는 임대인에게 더 불리한 상황으로 작용할 수도 있고요. 따라서 이런 부분을 들어서, 서로에게 가장 나은 방법인 '처음에 구두로 약속한 증액 계약을 하는 쪽으로 방향을 잡는 것이 최선책이라고 할 수 있습니다.

※ **주택임대차보호법 제6조 제1항**

임대인이 임대차기간이 끝나기 6개월 전부터 1개월 전까지의 기간에 임차인에게 갱신 거절의 통지를 하지 아니하거나 계약조건을 변경하지 아니하면 갱신하지 아니한다는 뜻의 통지를 하지 아니한 경우에는 그 기간이 끝난 때에 전 임대차와 동일한 조건으로 다시 임대차한 것으로 본다. 임차인이 임대차기간이 끝나기 1개월 전까지 통지하지 아니한 경우에도 또한 같다.

분양권전매 그게 뭔데?

분양권의 정의는 소득세법에 의하면 '주택을 취득할 수 있는 권리'다. 즉 분양권전매는 이러한 권리를 사고파는 것이다. 분양권전매는 일반주택을 매입할 때와 같이 목돈이 들어가지 않고 분양계약금 + 중도금(이미 납부한 중도금이 있는 경우) + 프리미엄만 있으면 되기 때문에 적은 초기자금으로 내 집 마련을 할 수 있는 셈이다.

분양권 전매 절차

분양권 전매 절차
- 아파트 분양 당첨 후 건설사와 분양계약이 체결돼야 분양권전매가 가능해짐

▼

매매계약
- 매도자와 매수자가 지역 중개업소 또는 직거래로 계약함

▼

매매계약서 검인
(매도자 또는 매수자)
- 매도자 또는 매수자 한 명만 방문(장소: 시·군·구청 지적과)

▼

실거래가신고
- 중개업자가 부동산거래계약신고서를 작성, 신고함

▼

은행대출 승계
(매도자와 매수자)
- 매도자와 매수자가 함께 대출받은 금융기관을 방문해 중도금대출의 채무를 승계함(은행대출채무승계동의서 작성)
- 매도자는 신분증, 분양계약서, 검인계약서, 인감도장, 대출통장을 준비하고 매수자는 신분증, 인감도장을 준비함

▼

명의변경
(매도자와 매수자)
- 매도자는 인감증명서, 주민등록등본, 인감도장, 신분증, 분양계약서, 분양대금납부영수증, 은행대출채무승계동의서를 준비하며 매수자는 인감증명서, 인감도장, 신분증, 검인계약서를 준비해 건설사의 분양사무소(조합아파트는 건설사분양사무소와 조합사무실을 방문해야 함)를 방문해 분양계약서 뒷면에 매수자의 명의를 변경함

부동산에 부자도 모르던 J씨.

분양권 전매로 돈을 벌었다는 사촌의 소식을 듣고 배가 아프기 시작했다. 대체 분양권은 뭐고 어떻게 해야 전매를 해서 돈 벌 수 있을지 고민에 빠졌다.

누구나 알고 있겠지만 분양권이란 집을 살 수 있는 권리다. 그래서 집값보다 싸다. 집이 아니라 집을 살 수 있는 권리니까. 그런데 집도 아닌 것이 어떻게 시장에서 거래되고 왜 이렇게 비싸냐고? 그건 좋은 입지에 누구나 갖고 싶어하는 집을 살 수 있는 권리이기 때문이겠지.

분양권전매는 일반 분양을 받아 전매하는 방법과 분양권을 사서 다시 전매하는 두 가지 방법이 있다. 물론 최초 분양가에 분양받아 프리미엄을 붙여 매도하는 것이 가장 좋은 방법이겠지만 프리미엄이 높게 형성되는 곳은 그만큼 경쟁률이 높다는 게 문제다. 그렇지 않으면 프리미엄이 붙은 것을 샀다가 다시 프리미엄을 붙여 파는 방법인데 수익이 전자에 비해 적다.

J씨의 사촌은 최초 분양을 받았을 확률이 높다. 배 아프다면 지금부터라도 청약통장을 활용할 생각을 하자. 일단 청약을 해야 당첨이 되고 당첨이 돼야 전매도 가능하니까.

부동산서류 6인조

- **등기부등본** 부동산의 표기와 소유자의 인적사항, 권리관계 등이 기재
- **건축물관리대장** 건축물의 신축, 증축, 용도 변경, 멸실 등의 변동사항을 정리
- **토지(임야)대장** 토지의 소유자와 토지의 표시에 관한 사항이 등록
- **지적(임야)도** 토지의 경계 등 사실관계를 공시
- **토지이용계획확인원** 토지의 도시계획, 국토이용계획에 의한 제한사항 등을 확인
- **개별공시지가확인서** 해당 토지의 ㎡당 공시가격을 확인

부동산 거래시 꼭 확인해야 할 서류다. 요즘에는 인터넷으로도 확인이 가능해 매우 편리해졌다.

1. 등기부등본 : 부동산의 표기와 소유자의 인적사항, 권리관계 등이 기재된 부동산의 가장 기본적인 서류다. 매매계약은 물론 전세계약시 꼭 챙겨야 한다.

2. 건축물관리대장 : 건축물의 신축, 증축, 용도변경, 멸실 등의 변동사항을 정리해놓은 공적장부. 건축물의 용적률과 건폐율, 준공년도 등을 확인할 수 있다.

3. 토지(임야)대장 : 토지의 소유자와 토지의 표시에 관한 사항이 등록된 서류로 토지나 임야의 소재, 지번, 지목, 면적 등을 알 수 있다.

4. 지적(임야)도 : 토지의 경계 등 사실 관계를 공시하는 서류다. 지적도의 축척은 500분의 1, 600분의 1, 1,000분의 1, 1,200분의 1, 2,400분의 1로 할 수 있으며 토지 매수시 가장 중요한 서류다.

5. 토지이용계획확인원 : 토지의 도시계획, 국토이용계획에 의한 제한사항 등을 확인할 수 있는 서류로 각종 규제사항을 확인할 수 있다.

6. 개별공시지가확인서 : 해당 토지의 ㎡당 공시가격을 확인할 수 있는 서류로 차후 보상이나 감정평가에 중요하게 사용된다.

자린고비씨가 고민에 빠진날

건강검진을 받는 강남 부동산 부자 자린고비씨.
어느 날 건강검진을 받고 몸에 이상이 있다는 것을 알게 됐는데….
가지고 있는 부동산을 어떻게 해야 아내와 자식들에게 적절하게 줄 수 있을까?
심각한 고민에 빠진 자린고비씨.

상속이 나을까? 죽기 전에 물려줘야 할까?

당연히 상속을 선택해야 한다.

상속세와 증여세는 부동산을 공짜로 취득할 때 부담해야 하는 세금으로 동일한 국세지만 살아서 주는 것과 죽어서 주는 것에 엄격히 차이를 두고 있다. 아무래도 죽어서 누군가에게 재산을 줄 수밖에 없는 상황이라면 세금이 적어질 수밖에 없기 때문이다.

그래서 공제액이라든지 공제받을 수 있는 사람도 상속세일 경우가 훨씬 넓게 적용된다. 그만큼 증여는 상속보다 무겁게 세금을 물린다고 보면 된다. 절세를 위해 머리를 쓰는 중이라면 자린고비씨는 미리 줄 필요는 없다. 누구에게 얼마씩 줄 것인지 생각해두었다 유언으로 남기면 된다.

그러나 이것도 남긴 부동산이 적어도 6억 원 이상은 돼 고민할 가치가 있다. 증여세는 배우자 공제의 경우 6억 원, 상속세는 최고 30억 원까지 되기 때문이다. 즉 물려줄 대상에 따라 공제액 규모가 다르므로 재산가액에 견주어 상속 내지 증여 여부를 유효적절하게 선택하는 것이 필요해보인다.

 ·· 알쏭달쏭 TIPS

자녀의 증여세를 대신 납부하면 또 증여세가 과세된다

자녀에게 부동산이나 주식 등을 증여하는 경우 증여세는 증여를 받은 자녀가 납부해야 되는데 자녀가 소득이 없으면 세금을 납부할 능력도 없다. 현금으로 증여를 받으면 증여받은 현금으로 세금을 납부하면 되지만 부동산이나 주식을 증여받으면 이를 처분하지 않는 한 세금을 납부할 방법이 없다. 그렇다고 세금을 안 낼 수도 없으므로 결국 부모가 대신 납부하게 된다.

이와 같이 자녀를 대신하여 납부한 증여세는 부모가 또다시 증여한 것으로 보므로 당초 증여한 재산가액에 대신 납부한 증여세를 합산하여 추가로 과세한다. 이를 모르고 자녀에게 증여를 한 후 증여세 신고를 하고 세금까지 납부하여 증여세 문제가 깨끗이 종결되었다고 잊고 있다가 나중에 세무서로부터 증여세를 더 내야한다는 고지서를 받는 경우가 있다. 이런 경우는 바로 부모가 자녀를 대신하여 증여세를 납부했기 때문이다. 그러므로 자녀가 증여세를 납부할 수 있는 정도의 소득이 있는 경우에는 당초 의도대로 증여를 하되, 자녀가 소득이 없는 경우에는 증여세 상당액만큼의 현금을 더하여 증여하면 한 번의 신고·납부로 증여세 문제를 깨끗이 해결할 수 있다. 나중에 증여세를 추징당하게 되면 그에 상당하는 가산세까지 물어야 하므로 부담만 더 늘게 된다.

95

전세보증금이 올랐어요, 어떻게 해야하죠?

결론적으로 말해 기존 계약서에 보증금 표시 부분만 변경할 경우 추후 문제가 될 수 있으므로 증액분을 새로 작성하는 것이 좋다.

이때 전세보증금 9,000만 원에 대한 계약서 전체를 새로 쓰지 말고 증액분 1,000만 원에 대한 계약서를 따로 작성한다. 또 기존 계약서는 없애지 말고 반드시 함께 보관해야 한다.

만약 기존 계약서를 없애고 새로 9,000만 원짜리 계약서를 쓰게 되면 9,000만 원 전체가 추가근저당 3순위에도 밀리는 4순위가 되는 낭패를 볼 수 있기 때문이다. 따라서 기존 계약서를 보유하고, 새로 늘어난 1,000만 원만 계약서로 작성하면 기존 보증금 부분에 대한 확정일자(2006.10.15)는 그대로 2순위를 유지하고, 증액한 부분에 대한 확정일자(2008.10.15)는 4순위를 받는다.

간혹 확정일자를 증액하면서 주고받은 영수증에 받아 두는 경우가 종종 있는데, 이럴 때 주택임대차보호법의 보호를 받을 수 없으므로 반드시 계약서에 확정일자를 다시 받아야 한다.

알쏭달쏭 TIPS

역전세난(難)이란?

간혹 신문지상에서 오르내리는 단어 중 '역전세난'이란 말이 있다. 전세 세입자를 찾지 못해 발을 동동 구르는 집주인의 기사나, 세입자가 이사 가려 해도 보증금을 줄 수 없어 보증금을 깎아주거나 그에 상승하는 이자를 세입자에게 주고 있다는 기사의 내용이다. 그렇다면 역전세난(難)이란 무엇을 말하는 걸까?

역전세난의 사전적 의미는 전셋집 물량이 늘었지만 수요가 줄어 전세계약이 잘 이뤄지지 않아 겪는 어려움을 뜻한다. 반대의 개념은 전세난(難)으로 전세 수요는 많은데 물량이 적어 전셋값이 고공행진하는 현상이다. 역전세난은 2002년과 2003년에 발생한 적이 있다. 이는 IMF 외환위기 이후 급감했던 공급물량이 일시에 증가하면서 새 아파트의 전세 공급물량은 급증했지만 수요가 따라주지 못했기 때문이었다.

다가구주택

주택으로 사용되는 층수가 3층 이하이고, 주택으로 쓰이는 바닥면적의 합계가 660㎡ 이하이며, 19가구 이하가 거주할 수 있는 주택. 건축법상 단독주택으로서 가구별 구분등기가 불가능하다.

다세대주택

주택으로 사용되는 바닥면적의 합계가 660㎡ 이하이고 4층 이하의 주택. 다가구주택과 달리 각 세대의 소유권이 구분등기 되며 동, 호수가 부여된다.

연립주택

주택으로 쓰이는 바닥면적의 합계가 660㎡를 초과하는 4층 이하의 주택이다.

생긴 것도 비슷비슷, 용어도 비슷비슷. 도대체 다가구·다세대·연립주택은
어떻게 다를까?

다가구주택

주택으로 쓰는 층수(지하층 제외)가 3개층 이하, 1개 동의 주택으로 쓰는 바닥면
적(지하주차장 면적 제외)의 합계가 660㎡ 이하, 거주하는 가구 수가 19가구를 넘
지 말아야 한다. 이때 1층 바닥면적의 2분의 1 이상을 필로티 구조로 만들어
주차장으로 사용하고 나머지 부분을 주택 외의 용도로 사용하는 경우에는 해
당 층을 주택 층수에서 제외한다.

다세대주택

주택으로 사용되는 1개동의 바닥면적 합계가 660㎡ 이하인 4개층 이하의 공
동주택. 다가구주택과 달리 소유자가 여러 명이며 세대별 방, 부엌, 화장실,
현관 등을 구비해야 한다.

연립주택

4개 층 이하이며 주택으로 쓰는 1개동의 바닥면적 합계가 660㎡를 초과한 주
택. 층수 계산은 상가가 있는 건물 층은 빼고 주택으로만 사용하는 것만을 따
진다.

예를 들어 6층이라도 3층까지 상가로 사용된다면 다세대나 연립으로 보지 않
고, 단독주택(다가구주택) 등으로 구분한다.

직사각형의 우월한 비밀을 아시나요?

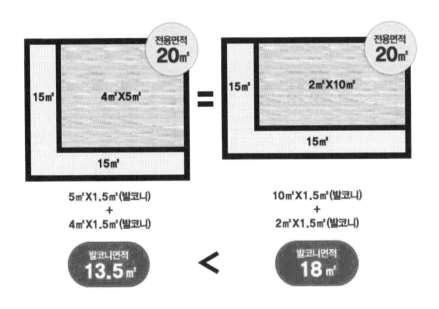

전용면적 20㎡

15㎡ 4㎡X5㎡

15㎡

=

전용면적 20㎡

15㎡ 2㎡X10㎡

15㎡

5㎡X1.5㎡(발코니)
+
4㎡X1.5㎡(발코니)

발코니면적 13.5㎡

<

10㎡X1.5㎡(발코니)
+
2㎡X1.5㎡(발코니)

발코니면적 18㎡

...

외부로 개방된 면이 많을수록 서비스 면적이 크다

...

같은 전용면적이라도 직사각형인 경우 발코니 면적이 크다

지난 2009년 주택형 표기 개정으로 신규 분양아파트 주택형 표기는 전용면적을 기준으로 한다. 전용률의 차이로 같은 주택형임에도 전용면적에 차이가 있는 문제가 사라지게 된 것이다.

그러나 이후에도 동일 주택형에서도 실사용 면적은 현저한 차이가 나는 경우가 종종 발생했다. 이유는 바로 발코니의 배치 때문이다. 지난 2006년 발코니의 폭을 1.5m로 제한한 이후, 같은 주택형이라면 실사용 면적이 모두 동일할 것이라 생각하기 쉽지만 이는 착각이다.

우선 외부로 개방된 면이 많을수록 서비스 면적이 크다. 3면에 발코니가 설치된 주택과 2면에 발코니가 설치된 주택의 차이는 특별한 이유가 없는 한 3면에 발코니가 설치된 개방형의 서비스 면적이 크다.

두 번째는 주택 구조가 직사각형인지 정사각형인지의 이유로 면적에 차이가 생긴다. 이때 같은 전용면적이라도 직사각형인 경우 발코니 면적이 더 크다.

전세과세의 기준, 간주임대료 계산법

별에서 온 3주택 임대인

'주택임대차시장 선진화 방안'이라는 2.26대책에 따라 전세금 과세가 강화됐다. 부부합산 2주택자로 전세금 합계가 3억 원을 초과할 경우 2017년부터 전세 과세가 된다.

전세금 과세는 간주임대료 소득이 2천만 원 이하는 분리과세 14%, 2천만 원 초과는 종합과세 6~38%의 세율이 적용된다.

현재는 부부합산 3주택 이상을 소유하고 있으면서 임대한 주택의 전세금 합계가 3억 원을 넘는 경우에만 과세대상이다. 단 전용면적 85㎡ 이하로 기준시가 3억 원 이하인 소형주택은 2016년 12월 31일까지 주택 수 산정에서 제외된다. 이때 전세금 임대소득에 대한 과세의 기준이 되는 것이 바로 간주임대료다.

간주임대료란 전세금을 은행 등 금융기관에 예치할 경우 이자수익이 발생하는 것으로 간주하고 이자상당액을 임대료로 보고 과세하는 것을 말한다. 간주임대료는 월세 과세와 형평성에 따른 것이다. 주거용의 경우 간주임대료 소득은 전세금 3억 원 초과금액의 60%에 대해 부과된다. 계산법은 다음과 같다.

간주임대료=(3억 원 초과 전세금×60%)×정기예금이자율(2.9%)
납부세액=(간주임대료−필요경비 60%)×14%

2주택자가 전세금 합이 5억 원으로 1년간 임대했다고 가정했을 경우 간주임대료 소득은 (5억 원−3억 원)×60%)×2.9%=3,480,000원이 된다.
또한 간주임대료에서 필요경비 60%인 2,088,000원을 빼면 1,392,000원이 되고 여기에 세율 14%를 곱한 194,880원이 납부세금이 된다. 만약 2주택자가 전세금 외에 다른 소득이 없는 경우 400만 원을 기본공제를 해줘 세금을 내지 않는다.

전세 과세 시 주택 수 기준은 본인과 배우자 보유주택을 합산해 판정한다. 남편과 부인이 집을 한 채씩 보유하고 있다면 2주택자로 인정된다.

부동산 중개수수료 부가세
줘, 말아?

최근 다세대주택을 매도한 L과장.
계약 후 중개업자에게 중개수수료 외에 부가가치세를 별도로 내야 한다는 말을 들었다. 법정 요율표상 금액만 받아야 하는 것 아니냐고 말하니 중개업자 왈, "부가가치세를 받고 현금영수증을 발행해 주겠다"고 한다.

그러나 살 집을 구하던 중 부가가치세를 받기는커녕 수수료까지 깎아 주겠단 중개업자도 본 L과장. 기분이 상당히 찜찜하다.

중개 수수료 부가가치세, 왜 받는 것이며 기준이 뭘까?

하나 부가가치세를 받는 것은 적법하다!

부가가치세법 제11조에 따르면 부동산 중개수수료는 중개서비스에 대한 대가이므로 중개업자는 부가가치세를 소비자로부터 받아 정부에 신고 및 납부를 하도록 되어 있다.

따라서 부동산 중개수수료와 별도로 부가가치세를 부담하는 것은 적법하다.

둘 부가가치세를 받을 수 없는 사업자 있다?

연매출이 4천8백만 원 이상인 일반과세자는 거래가액의 10%를 상대방으로부터 거래 징수해야 하나 연소득 4천8백만 원 미만인 간이과세자는 거래가액에 부가가치세가 포함되어 있으므로 추가로 부가가치세를 받을 수 없다.

따라서 부동산 계약 전 반드시 사업자 종류와 중개수수료 금액을 확인해야 하며, 일반 혹은 간이과세자 여부는 중개업소에 비치된 사업자등록증으로 식별 가능하다.

셋 중개업자의 현금영수증 발급의무

2013년 10월부터 부동산중개업은 현금영수증 의무발행점으로 추가됐다. 중개업자는 사업자등록일로부터 3개월 내 현금영수증가맹점으로 가입하고 건당 10만 원 이상 현금 거래 시 소비자의 요청 없이도 현금영수증을 발급해야 한다.

깡통주택 소개한 중개업자의 책임

싼데…

대출은 많은데 괜찮으시다면…

대출70%
₩500

대출10%
₩1000

세입자

중개업자

A씨는 시세보다 저렴하게 나온 집을 보증금 6천만 원에 전세 계약했다. 집값 대비 부채비율이 60%가 넘었지만 방도 넓고 집주인이 다른 부동산도 많이 소유한 자산가라는 중개업자의 말에 위험을 감수했던 것.

얼마 지나지 않아 집주인의 부도로 A씨가 살고 있던 주택도 경매에 넘어가고 졸지에 A씨는 전세보증금 한 푼도 못 건지고 내쫓기게 됐다.

A씨는 이런 주택을 소개한 중개업자에게 손해배상을 청구할 수 있을까?

중개업자가 소개한 부채비율이 높은 깡통주택을 계약해서 세입자가 전세보증금을 잃었더라도 중개업자에게 책임을 물을 수 없다는 판례가 나왔다(2014가합9170).

중개업자가 부동산 임대차계약을 부추겼더라도 세입자도 당시 선순위 근저당권이나 다른 임차권 등의 존재를 알고 계약 종료 시에 보증금을 반환받을 수 있을지 여부가 불확실하다는 점을 알고 있었으므로 최종 판단 책임은 세입자가 부담해야 한다.

또 중개업자가 임대차계약을 부추긴 사실만으로는 부동산중개업법에서 정하는 확인·설명의 의무를 다하지 않았다고 단정할 수 없다고 판례는 설명하고 있다.

임대차계약에 있어서 중개업자의 손해배상책임을 인정한 판례는?

1. 중개업자가 경매가 진행되고 있는 주택의 임대차계약을 중개하며 중개대상물확인설명서는 가압류, 근저당권설정 및 경매개시결정 등기사항을 적어 교부했으나 이를 구두로 설명하지 않은 경우(춘천지방법원 2001나3393)

2. 대리인이 진정한 대리권을 수여받았는지 사실을 확인하지 않은 경우 (천안지방법원 2004가단11786)

3. 중개업자의 책임 하에 임대인이 근저당권을 말소하기로 약정했으나 말소 이행 여부를 확인하지 않아 임차인에게 손해를 입힌 경우(서울북부지방법원 2004나4162)

부동산포털 NO.1
닥터@아파트

지식 富동산 사전

알아두면 좋은 생활 속 부동산 상식

부록 1

한눈에 보는
알쏭달쏭 세금 정리!

취 · 등록세 / 보유세 / 양도소득세

국세 vs 지방세

세금에는 두 가지가 있다. 중앙정부 행정관서인 국세청(세무서)에서 부과·징수하는 세금인 국세가 있고, 지방자치단체에서 부과·징수하는 세금인 지방세가 있다. 세금을 내는 입장에서 국세인지 지방세인지 구분할 필요는 없지만 부동산 세금 상식 정도로 알아두는 것도 나쁘진 않다. 최소한 세금에 불만이 있을 때 어디로 가서 따져야 할지는 알고 있어야 할테니 말이다(사실 세금통지서에 문의전화가 나오기 때문에 그곳에 전화하면 된다).

구분	국세	지방세제	
		지방세	관련부가세
취득 시	인지세(계약서 작성 시)	취득세	농어촌특별세 (국세) 지방교육세
보유 시	종합부동산세(농어촌특별세)	재산세 주민세	지방교육세 공동시설세
처분 시	양도소득세	취득세	도시계획세
무상거래 시	상속세(상속받은 경우) 증여세(증여받은 경우)	취득세	해당없음 농어촌특별세 (국세) 지방교육세

거래세 편

1. 취득세

주택이나 상가, 토지 등과 같은 부동산을 구입하게 되면 반드시 따라오는 것이 취득세다. 취득세는 매매, 신축, 교환, 상속, 증여 등의 방법에 의하여 대가를 지급하거나 대가없이 부동산을 보유하는 등 일체의 취득을 말하고 취득한 날로부터 30일 이내 신고, 납부해야 한다.

2. 취득시기

구분	원칙	예외
유상승계취득 (매매, 교환, 현물출자)	계약서상 잔금지급일	계약서에 잔금지급일이 명시가 안 된 경우 → 계약일로부터 30일이 경과되는 날 계약서상 잔금지급일 전에 등기한 경우 → 등기접수일 국가 · 지방자치단체로부터의 취득, 공매 · 수입에 의한 취득, 법인장부, 판결문에 의한 취득 → 사실상 잔금지급일(등기 · 등록일이 앞선 때는 등기 · 등록일)
무상승계취득 (증여, 기부, 상속, 유증)	계약일 상속은 상속개시일	
건축에 의한 취득 (신 · 증 · 개축, 대수선 등)	사용승인서 교부일	사용승인서 교부일 전 사용 → 실제 사용일, 임시사용승인일 무허가 건축물 → 사실상의 사용일

3. 취득세율

취득세율은 과표 즉, 취득가액에 따라 세율이 달리 적용된다.

구분		취득세	농어촌특별세	지방교육세	세율합계
6억 이하 주택	85㎡ 이하	1%	비과세	0.1%	1.1%
	85㎡ 초과	1%	0.2%	0.1%	1.3%
6억 초과 9억 이하 주택	85㎡ 이하	2%	비과세	0.2%	2.2%
	85㎡ 초과	2%	0.2%	0.2%	2.4%
9억 초과 주택	85㎡ 이하	3%	비과세	0.3%	3.3%
	85㎡ 초과	3%	0.2%	0.3%	3.5%
주택 이외 매매(토지,건물 등)		4%	0.2%	0.4%	4.6%
원시취득, 상속(농지 외)		2.8%	0.2%	0.16%	3.16%
무상취득(증여)		3.5%	0.2%	0.3%	4%
농지	매매 신규	3%	0.2%	0.2%	3.4%
	매매 2년 이상 자경	1.5%	비과세	0.1%	1.6%
	상속	2.3%	0.2%	0.06%	2.56%

※ 2013년 8월 28일 이후로 최초 취득하는 분부터 적용(2013년 12월 26일 지방세법 개정)

4. 주택에 대한 취득세 감면

1세대를 구성하는 가족이 여러 주택을 보유한 경우라고 세대 구성원 중 신규로 주택을 취득하는 자가 취득일 현재 무주택인 경우 취득세가 감면된다.

* 일시적 2주택 감면

이사, 근무지 이동, 취학, 질병요양, 그 밖의 사유로 인해 다른 주택을 취득했으나 종전 주택을 처분하지 못한 일시적 2주택인 경우 신규 주택 취득일로부터 2년 내에 1주택으로 되지 않을 경우 경감된 취득세가 추진된다.

5. 취득세 비과세

부동산을 구입하면 세금을 내야하는 것이 원칙이다. 하지만 아래와 같은 특별한 경우에는 세금을 과세하지 않는다.

1) 국가, 지방자치단체 또는 지방자치단체조합, 외국정부 및 주한국제기구의 취득
2) 국가, 지방자치단체 또는 지방자치단체조합에 귀속 또는 기부채납을 조건으로 취득
3) 신탁으로 인한 신탁재산의 취득
4) 징발재산정리에 관한 특별조치법 또는 국가보위에 관한특별조치법 폐지법률에 따른 동원대상지역 내의 토지의 수용, 사용에 관한 완매권의 행사로 매수하는 부동산의 취득
5) 임시흥행장, 공사현장사무소 등 임시건축물의 취득(단 존속기간이 1년을 초과하는 경우 부과)
6) 주택법 제2조제2호에 따른 공동주택의 개수로 인한 취득 중 대통령령으로 정하는 가액 이하의 주택과 관련된 개수로 인한 취득

6. 취득가액 산정

취득세 과표는 취득자가 신고한 가액으로 하며 신고를 하지 않았거나 신고한 금액이

시가표준액에 미달 또는 신고가액의 표시가 없는 경우에는 시가표준액으로 한다.
다만, 국가 또는 법인 등 사실상 취득가격이 입증되는 거래인 경우에는 취득가격에
의해 계산한다.

시가표준액

구분		산정방법
건물	주택	개별(공동)주택 공시가격
	주택 이외	지방자치단체장이 결정한 가액
토지		개별공시지가

7. 자금출처조사

직업·연령·소득 및 재산상태 등으로 보아 당해 부동산을 자신의 능력으로 취득하
였다고 인정하기 어려운 경우에는 취득자금의 출처를 조사받는다. 조사결과 취득자
금의 출처를 제시하지 못한 금액에 대하여는 증여세를 물어야 되므로 연소자, 부녀자
등의 명의로 소유권 이전등기를 하는 경우에는 증여세 문제를 생각해보아야 한다.

자금출처 조사 기준 : 부동산을 취득한 사람의 당해 연도와 직전 5년간의 소득상황
과 자산의 양도·취득 상황 등을 전산분석한 후 자금출처 부족혐의자를 전산출력하
여 취득능력 여부를 사전 검토한다. 사전 검토 결과 증여혐의가 있는 자에 대하여는
조사대상자로 선정하여 조사를 실시한다.

[취득자금 소명]

- 취득자금이 10억 원 미만인 경우
  →자금의 출처가 80% 이상 확인되면 나머지 부분은 소명하지 않아도 된다.
- 취득자금이 10억 원 이상인 경우
  →자금의 출처를 제시하지 못한 금액이 2억 원 미만인 경우에만 취득자금 전체
    가 소명된 것으로 본다.

8. 자금출처조사를 받지 않는 경우

재산취득일전 또는 채무상환일 전 10년 이내에 주택과 기타재산의 취득가액 및 채무상환금액이 각각 아래 기준에 미달하고 주택취득자금, 기타재산 취득자금 및 채무상환자금의 합계액이 총액한도 기준에 미달하는 경우에는 자금출처조사를 하지 않는다.

구분	취득재산		채무상환	총액한도
	주택	기타자산		
1. 세대주인 경우				
가. 30세 이상인 자	2억 원	5천만 원	5천만 원	2억 5천만 원
나. 40세 이상인 자	4억 원	1억 원		5억 원
2. 세대주가 아닌 경우				
가. 30세 이상인 자	1억 원	5천만 원	5천만 원	1억 5천만 원
나. 40세 이상인 자	2억 원	1억 원		3억 원
3. 30세 미만인 자	5천만 원	5천만 원	5천만 원	1억 원

보유세 편

1. 재산세

재산세는 매년 6월 1일 현재 토지, 건축물, 주택, 선박, 항공기를 소유하는 자에 대하여 물건별로 과세된다.

2. 재산세 과세표준

구분	시가표준액	시가표준액	재산세과표
주택분	주택과 부속토지	개별(공동)주택가격	시가표준액×공정시장가액비율(60%)
건물분	일반건물	지방자치단체장이 결정한 가액	시가표준액×공정시장가액비율(70%)
토지분	나대지 등 사업용토지 일반건물의 부속토지	개별공시지가	시가표준액×공정시장가액비율(70%)

3. 공정시장가액비율이란?

공정시장가액제도는 지역에 따라 주택가격 하락에도 불구하고 과표적용비율은 매년 5%p씩 인상되는 불합리한 점을 개선하기 위해 재산세 과표제도 개선 차원에서 도입했다. 지방세법이 정하는 일정 범위 내에서 부동산시장의 동향과 지방재정 여건 등을 종합적으로 고려하여 시행령에서 탄력적으로 규정한다. 2014년 공정시장가액비율은 주택 60%, 토지 및 건축물 70%다.

4. 재산세 세율

구분	과세대상		과세표준	세율
건물	주택		6천만 원 이하	0.1%
			1억 5천만 원 이하	6만 원+6천만 원 초과금액의 0.15%
			3억 원 이하	19만 5천 원+1억 5천만 원 초과금액의 0.25%
			3억 원 초과	57만 원+3억 원 초과금액의 0.4%
	골프장, 고급오락장 등 중과대상			4%
	공장용건축물			0.5%
	기타건축물			0.25%
토지	종합합산(나대지등)		5천만 원 이하	0.2%
			1억 원 이하	10만 원+5천만 원 초과금액의 0.3%
			1억 원 초과	25만 원+1억 원 초과금액의 0.5%
	별도합산(사업용토지)		2억 원 이하	0.2%
			10억 원 이하	40만 원+2억 원 초과금액의 0.3%
			10억 원 초과	280만 원+10억 원 초과금액의 0.4%
	분리과세(기타토지)		전답, 과수원, 목장, 임야	0.07%
			골프장, 고급오락장 토지	4%
			기타 토지	0.2%

5. 종합부동산세

2005년부터 일정금액 이상의 부동산 보유자에 대해 재산세를 부과한 후 국세인 종합부동산세를 추가로 과세하고 있다. 종합부동산세는 2008년 세대별 합산이 위헌 판결을 받은 후 2009년부터는 인별 합산으로 기준이 바뀌어 부과되고 있다.

※헌법재산소 종합부동산세 위헌결정(2008년 11월 13일 선고)

　주택 및 종합합산대상 토지에 대한 '세대별 합산과세'는 혼인과 가족생활 보장을 규정한 헌법에 위반됨. 2009년부터는 세대별 합산과세 할 수 없음.

개편 전	개편 후
□ 주택분 종부세 과세기준금액 인상 　○ 세대별 6억 원→세대별 9억 원	□ 주택분 종부세 과세기준금액 조정 　- 인별 6억 원 　- 1세대 1주택자(단독명의)에 대해 기초공제 3억 원 인정

※ '1세대 1주택자'란 세대원 중 1명만이 주택분 재산세 과세대상인 1주택을 소유한 경우 그 주택을 소유한 거주자를 말함. 다만, 2012년부터는 주택임대 활성화를 위해 1주택 이외에 임대주택을 보유한 경우로 임대주택 외의 1주택에 주민등록이 돼 있고 실제 거주하는 경우에는 1세대 1주택으로 봄.

※ 혼인 및 노부모(60세 이상) 봉양을 위해 세대를 합가하는 경우, 혼인(합가)한 날로부터 5년 동안은 각각 1세대로 봄.

6. 종합부동산세 과세대상 및 과세표준

종합부동산세는 주택, 종합합산토지(비사업용 토지), 별도합산토지(사업용토지인 빌딩·상가·사무실의 부속토지)로 구분해 일정한 기준금액을 초과하는 경우 과세대상이 된다. 과세기준금액은 주택은 6억 원, 종합합산토지는 5억 원, 별도합산토지는 80억원으로 기준금액을 초과하는 경우에만 납세의무가 있다.

[종합부동산세 과세대상과 과세표준]

과세대상		과세표준	공시가격 기준
주택	개인	주택공시가격을 인별로 전국 합산한 가액−6억 원	개별(공동)주택가격
	기타	주택공시가격을 인별로 전국 합산한 가액−6억 원	
나대지 등 (종합합산토지)	개인	토지공시가격을 인별로 전국 합산한 가액−5억 원	개별공시지가
	기타	토지공시가격을 인별로 전국 합산한 가액−5억 원	
사업용 토지(별도합산토지)		토지공시가격을 인별로 전국 합산한 가액−80억 원	개별공시지가

7. 종합부동산세 세율

과세대상	과세표준	세율	누진공제액
주택	6억 원 이하	0.5%	–
	6억 원 초과 12억 원 이하	0.75%	150만 원
	12억 원 초과 50억 원 이하	1%	450만 원
	50억 원 초과 94억 원 이하	1.5%	2,950만 원
	94억 원 초과	2%	7,650만 원
나대지 등 (종합합산토지)	15억 원 이하	0.75%	–
	15억 원 초과 97억 원 이하	1.5%	2,950만 원
사업용토지 (별도합산토지)	45억 원 초과	2%	3,375만 원
	200억 원 이하	0.5%	–
	200억 원 초과 400억 원 이하	1%	6,400만 원
	960억 원 초과	1.6%	6억 4,000만 원

양도소득세 편

1. 1세대 1주택에 대한 비과세

1세대가 양도일 현재 국내에 양도하는 주택 하나만을 보유하고 있는 경우 다음의 비과세 요건에 충족한 주택이다.

2. 거주, 보유요건을 충족하지 못해도 양도소득세 비과세 받는 경우

① 취학, 근무상의 형편, 1년 이상 질병의 치료 및 요양 등 부득이한 사유일 경우. 단 1년 이상 거주해야 함.

※ 근무상의 형편: 현주소지에서 통상 출퇴근이 불가능하여 출퇴근이 가능한 다른 시·군으로 세대 전원이 주거를 이전하게 되는 경우를 말하는 것

② 해외이주법에 의한 해외이주(출국일로부터 2년 이내 양도해야 함)

→ 외교통상부장관이 교부하는 '해외이주신고서확인서'에 의하여 요건을 확인함

③ 1년 이상 계속하여 국외거주를 필요로 하는 취학 또는 근무상의 형편으로 세대 전원이 출국하는 경우(출국일로부터 2년 이내 양도해야 함)

④ 재개발 · 재건축사업에 참여한 조합원이 사업시행 기간 중에 일시 취득하여 1년 이상 살던 집을 재개발 · 재건축된 주택으로 세대 전원이 이사(완공 후 1년 이내)하게 되어 팔게 될 때. 다만, 이 경우에는 재개발, 재건축 주택의 완공 전 또는 완공 후 2년 이내에 양도하고 완공된 주택에서 1년 이상 거주하여야 한다.

3. 1가구 2주택이지만 1주택으로 보아 비과세 되는 경우

① **종전주택을 팔지 못한 채 신규 주택을 매입해 두 채의 집을 갖게 될 때**

1주택 보유자가 그 주택을 양도하기 전에 다른 주택을 취득함으로써 일시적으로 2주택이 된 경우 다른 주택을 취득한 날로부터 2년 이내에 종전 주택(비과세 요건을 갖춘 경우에 한함)을 양도하는 경우 1가구 1주택으로 보아 양도소득세 비과세를 적용받을 수 있다(2008년 11월 28일, 1년에서 2년으로 개정).

② **상속을 받아 두 채의 집을 갖게 될 때**

1주택 보유자가 1주택을 상속받아 1세대 2주택이 된 경우로써 일반주택을 먼저 팔 때에는 상속주택에 관계없이 국내에 1개의 주택을 소유한 것으로 비과세 여부를 판단한다. 그러나 상속주택을 먼저 팔 때는 양도소득세가 과세된다.

③ **직계존속을 모시기 위하여 세대를 합쳐 두 채의 집을 갖게 될 때**

1주택을 소유하고 있는 1세대가 1주택을 소유하고 있는 60세(여자 55세)이상의 직계존속(배우자의 직계존속 포함)을 모시기 위해 세대를 합친 경우에는 합친 날로부터 2년 이내에 먼저 양도하는 주택(비과세 요건을 갖춘 경우에 한함)은 양도소득세가 과세되지 않는다.

④ **결혼으로 두 채의 집을 갖게 될 때**

각각 1주택을 소유한 남녀가 결혼하여 1세대 2주택이 된 경우에는 혼인한 날로부터 2년 이내에 먼저 양도하는 주택(비과세 요건을 갖춘 경우에 한함)은 양도소득세가 과세되지 않는다.

⑤ **취학, 근무상의 형편, 질병의 요양, 그밖에 부득이한 사유로 수도권 밖의 주택과 일반주택 두 채를 갖게 될 때**

세대 전원이 취학, 직장의 변경이나 전근 등 근무상의 형편, 1년 이상의 치료나 요양을 필요로 하는 질병의 치료 또는 요양을 위해 다른 시, 군으로 주거를 이전하는 경우 일반주택을 매도하면 양도소득세가 과세되지 않는다.

4. 양도소득세 세율

굽누		보유기간	세율			비고
1세대 3주택 미만		1년 이상 보유	6~38%			(경합 없음)
			과세표준	세율	누진공제액	
			1,200만 원 이하	6%	–	
			4,600만 원 이하	15%	108만 원	
			8,800만 원 이하	24%	522만 원	
			1.5억 원 이하	35%	1,490만 원	
			1.5억 원 초과	38%	1,940만 원	
		2년 미만 보유	40%			
1세대 3주택	지정지역	1년 미만 보유	40%			둘중 큰 것
			누진세율 + 10%p			
		2년 미만 보유	누진세율 + 10%p			
	지정지역 외	1년 미만 보유	40%			(경합 없음)
		2년 미만 보유	누진세율(소득세법 제55조 1항)			

5. 양도소득세 계산

양도가액	
− 취득가액	
− 기타 필요경비(자본적 지출액, 양도비용)	
양도차익	고가주택은 별도의 식으로 계산(아래6번 참조)
− 장기특별공제	3년 24%, 10년 이상 80%(보유기간 1년마다 8%p 증가)
양도소득금액	
− 양도소득기본공제(연 250만원)	
과세표준	세율을 곱한 뒤 누진공제액을 차감
× 세율	
산출세액	2011년 이후 양도분부터 전면 폐지
− 예정신고 세액공제(산출세액의 10%)	
결정세액	
+ 주민세(결정세액의 10%)	
양도소득세 납입금액	

6. 고가주택을 매도할 경우 양도차익 및 장기보유특별공제 계산

하나의 아파트만을 10년 보유하고 거주해 양도소득세 비과세 요건을 충족하고 있어 세금을 내지 않고 매도가 가능하나 9억 원이 넘는 고가주택은 1가구 1주택 양도소득세 비과세 요건을 충족하더라도 양도소득세를 내야 한다. 다만, 9억 원을 초과하는 부분에 대해서만 납부하면 된다.

※ 비과세 요건을 갖춘 고가주택에 대한 양도소득세 계산
① 고가주택에 해당하는 자산에 적용할 양도차익
  (양도가액−취득가액)×(양도가액−9억 원) / 양도가액
② 고가주택에 해당하는 자산에 적용할 장기보유특별공제액
  장기보유특별공제액×(양도가액−9억 원) / 양도가액

7. 다주택자 중과세 한시적 면제

2007년부터 1가구 2주택 이상에게 적용하던 중과세율을 2009년부터 2010년 12월 31일가지 일반세율로 적용하는 한시적 면제가 있었으나 2014년 1월 1일 완전 폐지됐다.

1) 2007년 1월1일~2007년 12월31일 기간 중 양도한 경우엔 50%로 중과세율 적용, 해당 기간 이외의 거래에 대해 누진세율이 적용

2) 이와 함께 2012년 1월 1일 이후 양도되는 2주택 이상 중과세율 적용 대상이라도 장기보유특별공제(10~30%)를 적용

또한 2004년부터 적용하던 3주택 이상 중과세율 또한 2014년 1월 1일 완전 폐지 및 완화됐다. 세부 내용은 다음과 같다.

1) 2004년 1월 1일~2008년 12월 31일 기간 중 양도한 경우에만 60% 중과세율 적용

2) 단, 2009년 3월 16일 이후 양도분 가운데 투기지역으로 지정된 지역에 소재하는 주택거래에 대해서는 누진세율 10% 가산.(2014년 현재 투기지역은 모두 해제 됨)

3) 1년 미만 단기 양도의 경우 2014년 1월 1일 이후 양도분부터 40%의 비례세율이 적용

8. 미분양 주택 취득시 양도세 5년간 감면

(1) 2009~2010년 과세특례

① 2009년 2월 12일부터 2010년 2월 11일까지 1년간 취득하는 신축주택

- 2009년 2월 12일부터 2010년 2월 11일까지 최초로 매매계약을 체결하고 계약금을 지급한 신축주택(기존 미분양주택 포함)

- 과밀억제권역의 경우 전용면적 149㎡(45평) 이내, 신축주택 수에는 제한 없음

- 2009년 2월 12일 현재 건설업체와 최초로 매매계약을 체결하고 취득한 주택

- 2009년 2월 12일 이후 분양하는 신축주택으로 2010년 2월 11일까지 건설업체와

　　　　최초로 매매계약을 체결하는 신축주택

　② 양도세 면제방법 및 적용지역

　　　- 5년간 양도세 전액 면제 ⇒ 과밀억제권역을 제외한 모든 지역(용인, 평택은 양

　　　　도세 전액 면제 지역)

　　　- 5년간 양도세 60% 감면 ⇒ 과밀억제권역 중 서울을 제외한 지역

　③ 5년 이후 발생한 양도차익 과세방법

　　　- 5년 이후 발생한 양도차익은 일반세율(6~33%) 및 장기보유특별공제 적용 과세

　④ 신축주택 외의 '일반주택' 양도시 신축주택은 주택 수에서 제외

　⑤ 감면대상 미분양주택에 해당되지 않는 경우

　　　- 2009년 2월 11일 이전에 계약한 주택

　　　- 제3자가 2009년 2월 12일 이전에 분양계약을 체결하고 2009년 06월 30일 계약을

　　　　해지함으로써 건설업체가 보유 중인 주택을 취득하는 경우

　　　- 2009년 2월 12일부터 2010년 2월 11일까지 분양권을 취득한 경우(분양권 전매

　　　　를 하는 경우, 건설업체와 최초로 매매계약을 체결하고 취득한 주택에 대해서

　　　　만 감면)

　　　- 2009년 2월 12일부터 2010년 2월 11일까지 매매계약하고 취득한 미분양주택을

　　　　준공되기 전(분양권 상태)에 양도하는 경우

　　　- 임대 후 분양전환되는 임대 후 분양아파트

　⑥ 농특세(20%)는 납입해야 함

(2) 2012년 과세특례

　① 2012년 9월 24일 현재 미분양주택으로 취득가액이 9억원 이하인 주택을 2012년 9

　　　월 24일~2012년 12월 31일까지 최초로 매매계약을 체결한 경우 취득일로부터 5

　　　년 이내 발생하는 양도소득은 전액 면제

　② 해당 미분양 주택은 거주자의 소유주택으로 보지 않음.

부록 2

용어만 알아도
부동산 박사!

부동산 용어 420선 수록

- **가건물**

  정규건물로서의 구조나 형태 및 용도를 구비하지 못한 임시적 구조물로, 임시 용도로 그 해체가 용이하도록 간단하게 세운 건물을 말한다. 이에 대한 대법원의 판례 87누2424에서는 토지에 정착하고 있는 것으로, 천막으로 된 지붕과 앵글조립식으로 된 4개의 기둥 및 비닐로 된 4면의 벽을 두루 갖춘 시설물은 건축법 소정의 가설건축물인 가건물에 해당한다고 판시하고 있다.

- **가구(BLOCK)**

  도심지에서 사방이 도로로 둘러싸인 1구획지를 말한다. 최근에는 도시 내부의 재개발사업이나 도시주변부의 개발 사업 실시 때에 수개의 가구를 뭉쳐서 대규모 가구를 단위로 하는 계획이 진행되고 있다.

- **가구원**

  법률상의 의미로 주거 및 생계를 현실적으로 같이 하는 집단의 일원을 말한다. 흔히 일정한 친족이나 남이 들어 있는 경우도 있다. 주민등록법에 의한 주민등록신고의 단위이며, 주민등록표의 작성의 단위.

- **가등기**

  부동산물권인 소유권 지상권 지역권 전세권 저당권과 권리질권 및 임차권의 권리에 변동을 일으킬 수 있는 청구권이 있는 사람의 보호를 위한 일시적이고 예비적인 보전수단으로 하는 등기.

- **가등기담보**

  개인과 개인 사이에 돈을 빌리려 하면, 보통 채권자는 채권 확보를 위하여 채무자의 물적담보를 요구하는데, 그 담보방법의 하나로서 채무자의 부동산에 대해 〈소유권이전 등기에 관한 청구권보존〉을 위한 가등기를 하고, 때로는 그 위에다 〈제소전 화해〉까지 마쳐 채무자가 빚을 갚지 못할 경우 소송을 거치지 않고도 그대로 채권자 소유로 이전등기가 가능하도록 하는 담보 방법.

- **가수용**

  재개발구역안의 거주자 중 재개발사업의 시행으로 주택이 철거되면서 세입자들을 기간 내 이주시키는 것.

- **가압류**

  금전 또는 금전으로 환산할 수 있는 청구권을 그대로 두면 장래 강제집행이 불가능해지거나 곤란해질 경우에 미리 일반 담보가 되는 채무자의 재산을 압류하여 현상(現狀)을 보전하고,

그 변경을 금지하여 장래의 강제집행을 보전하는 절차.

● **가옥대장**
가옥의 소재, 번호, 종류, 구조, 건평, 소유자의 주소, 성명 등을 등록하여 가옥상황을 명확하게 하는 장부.

● **가처분**
법률에서, 금전채권(金錢債權) 외의 받을 권리가 있는 특정물이 계쟁(係爭) 중에 있을 때, 장차의 강제 집행을 보전하기 위하여 법원의 결정에 따라 그 동산 부동산을 상대편이 처분하지 못하도록 금지하는 잠정적 처분.

● **가처분등기**
부동산 거래시 매수인의 권리를 보장하기 위해 매도인이 다른 사람에게 부동산을 처분하지 못하도록 등기부에 금지사항을 써넣을 수 있도록 한 제도.

● **감정평가**
동산, 부동산의 소유권의 경제가치 또는 소유권 이외의 권리, 임료 등의 경제가치를 통화단위로 표시하는 것.

● **강제경매**
법원에서 채무자의 부동산을 압류 매각하여 그 대금으로 채권자의 금전채권의 만족에 충당시키는 절차.

● **강제집행**
사법상(私法上) 또는 행정법상의 의무를 이행하지 않는 자에 대하여, 국가의 강제권력에 의하여 그 의무이행을 실현하는 작용 또는 그 절차.

● **개발부담금**
개발부담금이 부과되는 지역은 전국이며, 개발이익 중 개발이익환수에 관한 법률에 의하여 국가가 부과 징수하는 금액.

● **개발신탁**
부동산신탁의 한 종류로서 소유자로부터 신탁받은 토지를 개발하여 분양 또는 임대 후 발생한 수익을 소유자에게 지급하는 것.

● **개발이익환수제**
개발사업의 시행 또는 토지이용계획의 변경, 기타 사회 경제적 요인에 의하여 정상지가

(正常地價) 상승분을 초과하여 사업시행자 또는 토지소유자에게 귀속되는 토지가액(土地價額)의 증가분을 국가가 환수하여 사회에 환원하는 것.

● 개별공시지가
시장, 군수, 구청장이 지가공시 및 토지 등의 평가에 관한 법률 제10조의 규정에 의하여 평가 공시한 공시지가를 기준으로 산정한 개별 필지에 대한 평방미터당 지가. 공시지가는 표준지에 대한 지가로써 건설부장관이 결정고시한 지가이고, 개별공시지가는 이 표준 지가를 기준으로 하여 시장, 군수, 구청장이 개별 필지의 지가를 산정한 가격을 말한다.

● 개축
기존 건축물의 전부 또는 일부를 철거하고 그 대지 안에 종전과 동일한 규모의 범위 안에서 건축물을 다시 짓는 것.

● 갱지
건축물을 건축하도록 용도가 정해져 있는 지역에서 건축물 등 지상 정착물이 없고, 또한 당해 토지의 사용, 수익을 제약하는 사법상의 권리가 설정되어 있지 않은 토지.

● 거래비용
구매와 판매투자에 관련된 비용. 부동산 거래비용의 예로는 공증비용, 중개수수료, 법적 수수료, 담보할인비용, 담보설정비용, 등기비용, 조사비용, 주간 이전비용 등이 있다.

● 거래사례비교법
부동산감정평가에서의 비교방식으로 가격을 구하는 방법이다. 다수의 거래 사례를 수집하여 적절한 사례를 선택하고 이에 사정보정과 시점수정을 하며, 지역요인과 개별요인의 비교를 한 뒤에 얻어진 가격을 비교하여 대상부동산의 시산가격을 구하는 방식이다(감정평가에관한 규칙 제4조 참조).

● 거미집이론
가격변동에 대해 수요와 공급이 시간차를 가지고 대응하는 과정을 구명한 이론.

● 건물등기부
건물의 등기를 위한 공적 장부를 말한다.

● 건부지
건물 등의 용도에 쓰이는 부지로 건물 및 그 부지가 동일 소유자에 의하여 사용되며, 그 부지의 사용, 수익을 제한하는 다른 권리가 부착되지 않은 택지.

● **건축면적**

건축물의 외벽(外壁) 또는 이에 대신하는 기둥의 중심선으로 둘러싸인 부분의 수평투영면적을 말한다. 일반적으로는 1층의 바닥면적이 건축면적이 된다. 다만, 처마나 차양 등이 수평거리로 1m 이상 돌출되어 있으면 그 끝에서 1m 후퇴한 선까지를 건축면적으로 산정한다. 2층 이상의 외벽이 1층의 외벽보다 밖으로 나와 있을 때에는 그 층의 수평투영면적에 의하여 그 부분의 면적을 가산한다.

● **건축물대장**

건물의 소재 번호 종류 구조 건평, 소유자의 주소 성명 등을 등록하여 건물의 상황을 명확하게 하는 장부다. 과세의 기본이 되며, 구청과 시 군에 비치되어 있다. 토지대장 및 임야대장에 관하여는 지적법에 그 규정이 있으나, 건축물대장에 관하여는 아직 그 근거가 되는 법률이 제정되어 있지 않다. 건축물대장은 등기소에 비치되어 가옥에 관한 권리관계를 공시(公示)하는 건물등기부와 구별된다.

● **건평**

건물의 1층 바닥면적을 의미한다. 일반적으로 1층만의 면적을 가리키며, 2층 이상의 면적은 포함하지 않는다.

● **건폐율**

건축면적의 대지면적에 대한 비율을 말한다. 건축밀도를 나타내는 지표로 용도지역별로 정해져 있다. 시가지의 토지이용 효과, 토지에 대한 시설량 인구량을 판정하며, 도시계획적인 측면에서 건축을 규제하는 지표이기도 하다.

● **검인계약서**

양도자 및 양수자, 거래금액이 표시된 부동산등기법상의 기준양식에 부동산 소재지를 관할하는 시장 구청장 군수 등의 검인이 찍힌 부동산매매계약서를 말한다.

● **경관녹지**

자연환경을 보전하고 개선하여 도시경관을 향상시키기 위하여 설치한 녹지를 말한다.

● **경매**

매도인이 다수의 매수인에게 구두로 매수신청을 최고(催告)하고, 매수신청인 가운데 최고액의 신청인에게 승낙하여 매매하는 것.

● **경정등기**

등기의 일부에 착오(錯誤) 또는 유루(遺漏)가 있을 때 그것을 시정하기 위하여 하는 등기를 말한다.

● **계약면적**
전용면적+주거공용면적+기타공용면적의 합.

● **고가주택**
주택과 그 부수토지의 가액을 합산하여 실거래가액이 6억 원을 초과하는 주택.

● **고급주택**
단독주택에서는 건물의 연면적이 331㎡(100형)을 초과하면서 그 과세시가표준액이 2,500만 원을 넘거나 건물의 대지면적이 662㎡(200형)을 초과하면서 그 과세시가표준액이 2,500만 원을 넘는 주거용 건물과 그 부속토지. 건물에 엘리베이터 에스컬레이터 67㎡ 이상의 풀장 중 1개 이상 시설이 설치되었다면 시가표준액에 관계없이 무조건 고급주택으로 본다.

● **고도제한**
건축법, 항공법, 전파법 기타 법률에 따라 건축물 및 공작물의 높이를 제한하는 것을 말한다.

● **공가**
아무도 살지 않는 1호의 가옥.

● **공공녹지**
자연의 숲 토양 암석 수면 등으로 이루어져 있는 영속적(永續的)인 공지(空地)로, 국가 또는 지방공공단체가 설치 관리하며 일반에게 공개하는 장소.

● **공공분양**
주공 지자체 민간업체가 국민주택기금을 지원 받아 전용 85㎡(25.7형)이하로 건설하는 분양 주택.

● **공공수용**
정부가 공공사업을 추진하기 위하여 토지 및 건물의 소유자의 의사에 관계없이 정당한 보상을 해주고 토지 및 건물을 강제로 매입하는 것.

● **공공임대**
공공 또는 민간이 정부재정 또는 국민주택기금을 지원받아 전용 85㎡(27.5형) 이하로 건설하여 5년 이상 임대하는 모든 임대주택.

● **공급면적**
전용면적과 주거공용면적을 합해 입주자의 실제 거주와 밀접한 공간만을 나타내도록 한 개념이다. 분양광고에서 평형으로 표기되는 것이 바로 공급면적이다.

● **공동담보**
동일한 채권을 담보하기 위하여 여러 개의 물건위에 담보물권이 존재하는 것.

● **공동소유**
여러 사람이 공동으로 한 개의 물건을 소유하는 형태.

● **공동주택**
한 건물에 두 세대 이상이 각각 독립하여 살 수 있게 만들어진 주택.

● **공매**
압류한 재산이나 물건 따위를 경매나 입찰 등의 방법으로 일반에게 공개하여 파는 것.

● **공시지가**
지가공시 및 토지 등의 평가에 관한 법률에 의한 절차에 따라 건설교통부장관이 조사 및 결정해 공시한 표준지의 단위면적당 가격.

● **공실률**
아파트나 임대빌딩에 있어 그 건물 전체의 실수(室數)에 대한 공실(空室)의 비율.

● **공영개발**
개발사업 시행으로 인한 지가상승을 억제하고 토지투기를 방지하기 위하여 개발대상지역 안의 토지를 전면 개발하여 사업완료 후 실수요자에게 공급하는 방법.

● **공용면적**
공동주택 중 주거전용면적 외에 2세대 이상이 공동으로 사용하는 계단, 승강기실, 복도, 옥탑, 전기실, 보일러실, 지하실, 지하주차장, 관리사무실, 경비실, 노인정 등의 면적.

● **공용수용**
특정한 공익사업을 위하여 필요한 타인의 재산권을 법률의 힘에 의해 강제적으로 취득하는 것.

● **공지**
건축법상 건폐율 또는 용적률 등 제한 때문에 한 필지에 건축하지 않고 남겨둔 토지.

● **공한지**
지가 상승만을 기대한 토지투기를 위하여 주로 도시 내에서 장기간 방치되고 있는 택지.

● **과밀부담금**
  인구, 산업 등의 과대한 집중에 의하여 집적의 불이익이 심화된 과밀지역에 경제적 규제방식
  에 의해 확보된 재원으로 국토의 균형개발시책을 실효성 있게 추진하기 위한 제도.

● **과밀억제권역**
  수도권정비계획법에 의한 용도권역 중 하나로 인구 및 산업이 과도하게 집중되었거나 집중
  될 우려가 있어 그 이전 또는 정비가 필요한 지역.

● **과세시가표준액**
  취득세, 등록세, 재산세 등의 지방세 과세를 위하여 토지등급표, 건물과세시가표준액 등 내
  무부에서 결정, 고시한 가격.

● **관리처분계획**
  도시재개발법에 의해 재개발사업을 시행하기 전의 토지 또는 건축물의 소유자에게 사업시행
  후에 건축된 건축물의 일부와 그 대지의 지분권을 종전의 토지 또는 건축물의 가액에 상응
  하는 분양, 처분하도록 하는 계획.

● **교통영향평가**
  일정 규모 이상의 건축물을 신축, 증축 또는 용도 변경하는 경우나 사업지역의 주변 가로에
  미치는 영향과 동선처리주차 등과 같이 대량의 교통수요를 유발할 우려가 있는 사업을 시행
  하는 경우, 미리 당해 사업의 시행으로 인하여 발생할 교통장해 등 각종 교통상의 문제점을
  검토 분석하고 이에 대한 대책을 강구하는 것을 말한다.

● **구분등기**
  1동의 건물에 각각 독립하여 1개의 건물이 될 수 있는 부분이 수개 있는 경우 그의 각 부분
  을 양도하거나 그 부분만 임대하였을 때 이에 대응한 소유권이전 등기나 임차권설정등기를
  하기 위해서는 그 건물을 수개의 건물로 하는 등기를 한 것.

● **국민주택**
  국민주택기금을 지원 받아 건설하는 주택과 국가, 지방자치단체 및 대한주택공사 등 공공기
  관이 건설, 공급하는 전용면적 85㎡(25.7형) 이하의 주택.

● **국민주택기금**
  집이 없는 서민의 내집마련 기회를 앞당기고 주거생활 수준을 향상시키기 위해 필요한 주택
  자금을 지원하기 위한 기금. 전세자금융자, 농촌주택개량자금지원, 주거환경 개선사업지원
  등의 융자금을 말한다.

● **국민주택채권**
정부가 무주택 서민들에게 주택을 공급할 목적으로 모으는 국민주택기금을 마련하기 위해 발행하는 채권.

● **국토건설종합계획법**
국토의 자연조건을 종합적으로 이용 개발, 보존하며, 산업입지와 생활환경의 적정화를 기함으로써 국토의 경제적 사회적 문화적 발전을 이룩하여 국민의 복리향상에 기여하기 위해 국가 또는 지방자치단체가 실시할 사업의 종합적이고 기본적인 장기계획.

● **국토이용관리법**
국토건설종합계획의 효율적인 추진과 국토이용질서를 확립하기 위하여 국토이용계획의 입안 결정, 토지거래의 규제와 토지이용의 조정 등에 관하여 필요한 사항을 정하는 것을 목적으로 하는 법률이다. 현재는 기존의 도시계획법과 합쳐져 '국토의 계획 및 이용에 관한 법률'로 시행되고 있다.

● **군사시설보호구역**
군사시설보호법에 의해 군사시설을 보호하고 군작전의 원활한 수행을 위하여 국방부장관이 지정한 구역을 말한다. 이 구역 안에서 관계 행정청이 특정 사항에 관한 허가 기타의 처분을 하고자 할 때에는 미리 국방부장관 또는 관할 부대장과 협의해야 한다. 해당 토지의 관할 시, 군, 구청에서 도시계획도면 등으로 확인할 수 있다.

● **권리금**
지방의 관행에 따라 여러 가지가 있겠지만, 우리나라에서는 일반적으로 부동산의 임대차에 있어서 차주가 대주에게 지불하는 전세금 외에 차주가 전임차인이 대상부동산에 부설해 놓은 설비 기타 개축비용을 전 임차인에게 지불하는 금액.

● **권리질**
부동산의 사용, 수익을 목적으로 하는 권리외의 재산권(채권, 저작권, 공업소유권)을 목적으로 하여 자기 채권의 우선 변제를 받을 수 있는 권리.

● **권리처분**
권리자가 권리를 이전 변경 소멸 또는 제한하는 행위.

● **권원보험**
부동산 거래의 안정을 도모하기 위해 고안된 제도적 장치로 매도자의 이중매매, 문서위조 등으로 인해 발생할 수 있는 부동산 매수자의 손실을 보상하는 보험상품.

● 근린공원

도심지의 주택가 근처에 있는 시민들이 쉽게 드나들 수 있는 작은 공원을 말한다. 주로 인근 주민의 보건, 휴양, 정서생활의 향상을 목적으로 설치된다.

● 근린상업지역

인근 지역에서의 일용품 및 서비스의 공급을 위하여 필요한 경우에 도시 계획법에 의하여 상업지역 중 세분화되어 지정된 지역.

● 근린생활시설

건축법에 의해 가까운 곳에서 생활에 필요한 수요를 공급할 수 있는 시설로 지정된 곳. 근린 생활시설은 1종, 2종으로 나뉘는데 1종은 슈퍼, 목욕탕, 이용원, 의원, 체육도장 등이 속하며, 2종은 대중음식점, 다방, 기원, 헬스클럽 등이 속한다.

● 근저당

계속적인 거래관계로부터 생기는 다수의 채권을 담보하기 위하여 담보물이 부담해야 될 최 고액을 정해두고 장래 결산기에 확정하는 채권을 그 범위 안에서 담보하는 저당권.

● 근저당권

채권자가 채권의 담보로 취득한 부동산을 채무자가 기일에 채무를 상환하지 않을 때에 그 담보물을 처분하여 우선적으로 변제받는 권리.

● 기반시설부담금

개발로 인해 야기되는 기반시설의 설치비용을 개발 행위자가 부담토록 하여 수익자부담의 원칙을 실현하는 것.

● 기준시가

특정 지역에 소재한 토지의 양도소득세 및 상속세 과세를 목적으로 국세청장이 결정, 고시한 시가와 유사한 가격 수준.

● 기준연도

상업용 부동산의 임대 계약에서, 추가임대료 부과액 또는 빌딩의 추가운영비용에 대한 임차 인의 공동부담분을 결정하기 위해 다음 연도의 수익 또는 비용을 측정할 때 참고로 사용되 는 연도.

● **나대지**
지상에 건축물 등이 없는 대지를 말한다. 택지소유상한에 관한법률에서는 지적법 제5조의 규정에 의한 지목이 대(垈)인 토지 중 영구적인 건축물이 건축되어 있지 않은 토지.

● **낙성계약**
당사자 사이의 의사표시가 합치하기만 하면 계약이 성립되고 그밖에 다른 형식이나 절차가 필요하지 않는 계약.

● **낙찰**
경쟁매매로 계약을 체결할 때 다수의 매수 희망자(매도 희망자) 가운데 가장 유리한 가격을 제시한 이를 계약 당사자로 결정하는 것. 주로 문서로 의사를 표시하므로 비밀이 유지되고 계약의 공정을 기할 수 있다.

● **내력벽**
건축물에서 구조물의 하중을 견디기 위해 만든 벽.

● **내용연수**
건축 등의 고정자산은 노후화 되면 나중에는 폐물이 되는데 이 기간의 유효연한(효용지속연수)을 말한다.

● **녹지보전지역**
자연환경 보전법에 의해 자연상태 및 이에 가까운 녹지로서 보전해야 할 필요가 있다고 인정되는 자연원시림. 이에 가까운 삼림 또는 고산초원 중에서 지정한 지역.

● **님비현상**
'Not In My Back Yard'의 줄임말로 사회적으로 필요한 시설이라도 내 주변에 들어서는 것은 반대한다는 의미로, 지역 이기주의를 대표하는 말로 쓰인다.

● **다가구주택**
주거용 건축물로서 1개의 주택에 여러 가구가 거주하도록 지어진 주택. 단독주택으로 분류되며, 가구별로 별도의 방, 부엌, 화장실을 구비하며 구분소유 및 분양이 불가하다. 건축물의 연면적은 660㎡ 이하, 층수는 1층을 주차장으로 건축할 경우 4층까지도 가능한 경우가 있다. 주거구획당 면적에는 일정한 규정이 없고, 2내지 19세대 이하의 범위 안에서 거주할 수 있으며, 난방시설은 가구별로 설치해야 한다. 지하실에 있는 가구의 화장실은 지상설치를 원칙으로 한다.

● **다세대주택**
연면적 660㎡ 이하, 4층 이하로 2세대 이상 건축할 수 있으며 각 세대별로 방, 부엌, 화장실, 현관을 갖추어 각각 독립된 주거생활을 영위할 수 있고 각 세대별 구분 소유와 분양이 가능한 공동주택.

● **다중주택**
단독주택형 주거용 건축물로서 학생 또는 직장인 등의 다수인이 장기간 거주할 수 있도록 각 주거구획별로 독립공간을 확보하되 화장실, 샤워실 등 주거생활의 일부는 공동으로 사용할 수 있도록 설치된 단독주택.

● **단독세대주**
세대 구성원이 1명인 가구의 세대주.

● **단독주택**
단독주택은 단일 가구(家口)를 위해서 단독택지 위에 건축하는 형식이다. 비교적 가족단위의 개체성이 잘 보존될 수 있고, 개인의 취향에 맞게 주거계획을 세울 수 있다. 대문과 정원이 개별 택지마다 이루어지며, 건물은 인접한 다른 건물과 일정한 거리 이상 떼어서 건축돼야 한다.

● **단식지번**
토지의 지번이 본번만으로 구성된 지번.

● **담보권**
어떤 물건을 채권의 담보로 제공하는 것을 목적으로 하는 권리로 보통은 담보물권을 가리키는 것이지만, 넓은 의미에서는 양도담보까지도 포함된다.

● **담보물권**
채권담보를 위해 물건이 가지는 교환가치의 지배를 목적으로 하는 제한물권을 말하는데 민법상 유치권 질권 저당권 등의 3가지가 있다. 그밖에 민법은 전 세권자에게 우선변제권을 인정함으로써 전세권을 용익물권인 동시에, 일종의 담보물권으로 구성하고 있다. 담보물권 중 유치권은 일정한 요건이 갖추어진 경우 민법의 규정에 의하여 당연히 성립하는 법정담보물권이고, 질권과 저당권은 원칙적으로 당사자의 설정행위에 의해 성립하는 약정담보물권이다.

● 담보책임

계약에 의해 급부한 목적물의 권리 또는 물건의 하자에 대한 책임.

● 담세자

부과된 세금을 실질적으로 자기의 소득 또는 재산에서 부담하는 자. 부과된 세금을 종국적으로 납부하는 자를 말하는데 납세의무자(조세주체)와는 다르며, 이 둘이 항상 일치하지는 않는다. 예컨대 주세의 경우, 납세의무자는 주류의 제조자이지만 담세자는 최종적으로 주류를 소비하는 소비자가 된다.

● 답(畓)

지적법에 의한 지목 중 하나로, 물을 직접 이용해 식물을 주로 재배하는 토지.

● 대리인

대리를 할 수 있는 지위에 있는 자를 말한다. 법정대리인과 임의 대리인으로 나눌 수 있으며 대리인은 스스로 의사를 결정하여 표시하는 자이므로 단순히 본인의 의사표시를 전달 또는 완성시키는 사자(使者)와 다르다. 법인의 기관이 법인을 대표하는 행위는 법인의 행위에 다름없으므로 대리인의 행위의 효과가 본인에 귀속하는 것과 다른 관계라고 말해진다. 대리인은 의사표시를 하므로, 의사능력은 있어야 하지만 그 행위의 효과는 본인에게 귀속되어 대리인이 불이익을 입는 일이 없으므로 무능력자라도 무방하다.

● 대여

소정의 임대료를 지불함으로써 필요한 물건을 일정기간 차용(借用)하는 것.

● 대위

권리의 주체 또는 객체인 지위에 갈음(다른 것으로 대신함)하는 것.

● 대위등기

등기권리자 또는 등기의무자에 대신해서 행하는 등기를 말한다. 따라서 등기권리자 또는 의무자인 본인의 대리를 맡아 행하는 대리인에 의한 등기는 대위등기가 아니다.

● 대위변제

제3자 또는 공동채무자의 한 사람이 채무자를 위하여 변제하면 그 변제자는 채무자에 대하여 구상권(求償權)을 취득한다. 이를 변제자의 대위 또는 대위변제(代位辨濟)라고 한다.

● 대지

택지와 같은 뜻으로 지적법에 의하여 각 필지로 구획된 토지를 말한다.

● 대지권

건물의 구분소유자가 전유 부분을 소유하기 위하여 건물의 대지에 대하여 가지는 권리. 부동산등기법상의 용어이며, 대지사용권은 집합건물의소유및관리에관한법률상의 용어로 동일한 개념으로 보는 것이 일반적이다. 대지권은 건물과 분리하여 처분할 수 없다.

● 대지면적

건축법상 건축할 수 있는 대지의 넓이. 대지면적은 그 대지의 수평투영면적으로 하되 대지안에 도로의 소요폭에 미달하여 건축선이 지정되거나 도로 모퉁이에 건축선이 지정되어 있는 경우에는 그 건축선과 도로와의 사이 면적은 포함되지 않는다.

● 대지지분

자신의 주택이 위치한 동의 전체 대지면적 가운데 자신의 주택이 차지하는 비율.

● 대항력

이미 성립한 권리관계를 타인에게 주장할 수 있는 힘.

● 도급제

사업에 필요한 공사비를 계약시점 기준으로 공사금액을 책정하여 계약하는 방식. 도급제는 사업 진행중에 물가상승 등으로 공사비가 늘면 조합원 부담이 늘어난다는 단점이 있다. 하지만 일반적인 계약체결 방식으로 공사 진행 속도가 빠르다.

● 도시 스프롤현상

도시의 성장이 무질서하고 불규칙하게 평면적으로 확산되는 현상. 토지의 최유효 이용에서 괴리됨으로써 나타나는 현상을 말한다.

● 도시계획구역

도시계획법에 의해 결정된 도시계획이 실시될 구역. 각종의 도시계획사업이 시행되고 각종의 지역 구역제를 실시하며 건축 및 행위에 대해 일정한 규제가 가해진다.

● 도시계획법

도시의 건설 정비 개량 등을 위한 도시계획의 입안 결정 집행절차에 관하여 필요한 사항을 규정함으로써 도시의 건전한 발전을 도모하고 공공의 안녕질서와 공공복리의 증진에 기여함을 목적으로 제정된 법률(도시계획법 제1조)이다. 현재는 기존의 국토이용관리법과 합쳐져 '국토의계획및이용에관한법률' 로 시행되고 있다.

● 도시재개발

공공기관의 주도로 도시환경 개선을 위해 설정된 계획과 사업으로, 불량한 시가지를 철거하여 새로이 조성하거나, 도시의 물적 설비를 수리 보전함으로써 더 나은 도시를 만드는 것을 말한다.

● 독립등기
주등기라고도 하며 기존의 등기와 별개로 독립하여 행해지는 등기.

● 독점중개의뢰계약
매도인이 특정 중개업자에게 그 대상부동산과 관련된 중개의 특권을 부여하는 것을 일컫는다. 계약성사자가 당해계약을 성사하지 않았더라도 계약이 성사되면 중계수수료를 받는다.

● 동일수급권
일반적으로 대상부동산과 대차 관계가 성립되고 가격 형성에 서로 영향을 미치는 다른 부동산이 존재하는 권역.

● 등기
부동산에 대하여 새로이 거래를 하려는 제3자에게 그 거래관계에 관한 일정한 사항을 공시하고 그 내용을 명확히하여 거래시 불의의 사태가 발생하지 않도록 하기 위한 공시제도.

● 등기권리증
등기필증이라고도 말하며 등기소에서 교부하는 등기완료증명서를 말한다. 다음 등기할 때에는 이 권리증을 제출해야 한다. 하지만 이것을 가지고 있으면 권리자라는 추정은 받지만, 법률상으로는 어디까지나 등기소에서 발행한 하나의 증명서에 지나지 않고 진실한 권리자에게 대항할 수는 없다. 따라서 진실한 권리 없이 권리증만 가지고 있다는 것은 법률상으로 특별한 의미가 없다. 이를 멸실했을 때에는 보증서로서 대신할 수 있다.

● 등기부
등기사항을 기입하기 위하여 등기소에 비치되는 공적인 장부를 말하는 것으로 부동산등기부의 용지는 표제부(부동산표시), 갑구, 을구의 3부로 되어 있으며 1물건 1등기를 원칙으로 한다.

● 등기부등본
등기부의 내용을 등사한 문서. 등기부원본은 관공서에 보관해야 하기 때문에, 이해관계인은 등기부의 원본을 등사한 등기부등본을 이용하여 거래관계를 수행할 수 있다. 등기부등본은 수수료를 납부하면 누구나 등본의 교부를 청구할 수 있는데, 전부를 등사한 것이 등본이고 일부를 등사한 것이 초본이다. 모든 등기내용에 상위 없음이 증명된다.

● 등록세
재산권 및 권리의 취득, 이전, 변경, 소멸에 관한 사항을 등기등록시에 부과하는 지방세.

● 라나이(Lanai)
발코니나 정원이 있어 외부경관을 조망할 수 있는, 주로 리조트호텔에서 볼 수 있는 객실.

● 랜치(Ranch)
주택의 한 종류다. 특징적인 것은 계단이 없으며 있다 해도 지하실로 내려가는 통로만 있다. 1개 층에 거실, 부엌, 식당, 침실, 목욕실 등이 있으며, 일반적으로 지하실을 꾸며 가족실(Family Room) 등으로 쓴다. 대체적으로 작은 규모의 집이 이런 형태를 갖고 있다고 보면 되고, 저택의 경우 넓은 대지에 넓은 랜치 스타일이 간혹 있기도 하다.

● 레지던스 홀(Residence Hall)
기본적으로는 학생 기숙사인데 기숙사(Dormitory)보다는 규모가 큰 경우가 대부분이다. 학생만 들어갈 수 있는 장기 체류형 호텔 같은 것이다. 호텔이라도 방은 2–3명이 공유하는 것이 보통이다. 침대나 책상 등은 각 방에 구비되어 있고 홀 안에는 쾌적한 생활을 할 수 있도록 식당과 욕실, 화장실, 레크리에이션 시설, 동전 세탁기 등이 완비되어 있다.

● 리노베이션
기존 건축물을 헐지 않고 개보수해서 사용하는 것. 리모델링, 리폼으로도 불리며 건축법상 증축 개축 재축 이전 대수선 용도변경 등을 모두 포함한다. 건물 구조의 중심이 되는 내력벽, 바닥, 기둥은 그대로 두고 내부 모양을 바꾸는 방법이 일반적이다.

● 리모델링(Remodeling)
낡고 오래된 아파트나 주택, 대형건물 등을 현대 감각에 맞게 최신 유행하는 구조로 바꾸어주는 개보수작업을 말한다. 지은 지 오래된 건축물을 대상으로 재투자함으로써 부동산가치를 극대화하는 건축기법으로 '제2의 건축'이라고도 한다.

● 리츠(Real Estate Investment Thrusts)
많은 투자자들의 자본으로 부동산을 취득하거나 금융을 제공하기 위해 결합한 회사(corporation)나 영업신탁(business trust)을 말한다. 대상부동산은 부동산에 투자하여 소득을 올릴 수 있는 수익성부동산(Income Property)을 의미한다.

● 리턴 현상
도심을 피해 도시 외곽으로 나갔던 사람들이 다시 도심으로 회귀하는 현상.

● **말소등기**
기존 등기의 전부를 말소하는 등기. 즉 등기에 대응하는 실체관계가 없는 경우에 그 등기를
법률적으로 소멸시킬 목적으로 행해지는 등기다.

● **말소회복등기**
한번 소멸한 등기의 회복을 목적으로 하는 회복등기의 일종이다. 말소된 등기 사항을 회복시
키는 것이 목적으로 말소등기의 등기원인이 처음부터 무효이거나 취소에 의하여 또는 취소
로 인해 무효가 된 경우, 착오로 인해 등기가 말소되었을 때 행한다.

● **매각대금**
부동산의 강제경매에 있어서 목적물의 대금을 일컫는다. 매각대금의 배당이 불충분한 때에
는 민법, 상법 또는 특별법에 의하여 배당해야 한다.

● **매개중개**
거래물건과 상대방을 찾아서 계약체결까지 중개하는 것으로 참여중개라고도 한다.

● **매도담보**
융자를 받으려는 자가 어떤 담보물을 융자자에게 팔고 대금을 받되, 일정한 기한 내에 그것
을 되살 수 있는 특약을 하는 담보방법.

● **매도증서**
등기원인을 증명하는 서면의 하나로 매매계약에 있어서 매도인이 매수인 앞으로 써주는 것
이며, 대금수령 내용과 소유권이전의 의사표시를 한 물권적 의사표시 증서. 즉 매매계약의
이행으로서 소유권을 이전하는 경우에 이전등기의 신청시에 등기소에 제출하는 등기원인을
증명하는 서면을 매도인이 매수인 앞으로 써주는 것을 말한다. 다만, 매도증서는 매매계약의
증거가 아니라 물권적 의사표시의 증서로 봐야 한다.

● **매립지**
매립하여 생긴 택지. 바다나 호수의 연안부분을 매립하여 조성한 토지, 작은 논이나 늪지 등
에 토괴 등을 운반하여 택지화한 것도 매립지라고 할 수 있다.

● **매매사례비교법**
대상물건과 동일성 또는 유사성 있는 다른 물건의 매매사례와 비교하여 가격시점에 맞게 시
점수정과 사정보정을 가하여 가격을 평가하는 감정평가방식.

● 맨션

호화주택, 대저택이라는 뜻을 갖고 있으나 우리나라에서는 고급아파트란 의미로 쓰인다.

● 맹지

주위가 모두 다른 사람 소유의 토지로 둘러싸여 도로에 접하는 부분이 전혀 없는 토지. 택지소유상환에관한법률 제20조 제1항 제3호 소정의 건축법에 의하여 주택의 건축이 금지된 나대지에 해당되어 택지소유부담금의 부과대상이 되지 않는다.

● 맹지감가

주위가 타인의 택지에 둘러싸여서 공도 기타의 건축선에 접하는 부분이 전혀 없는 단독소유의 획지는 표준획지에 비하여 맹지이기 때문에 요용저하분에 맞는 감가보정을 행하는 것을 말한다. 맹지의 가격은 실제적으로 이용하고 있는 접면가로 쪽의 토지와 합필을 가상해서 산출한 가격에서 맹지 이외의 토지에 해당하는 택지의 가격을 공제한 것을 기초로 하여 부근의 택지가격과의 균형을 생각하여 30% 이내에서 감가한다.

● 면적

지적측량에 의하여 지적공부에 등록된 토지의 수평면적. 평면 또는 구면위의 한정된 넓이. 2차원의 공간적인 넓이의 크기, 지적법상의 용어로 면적은 지적측량에 의하여 토지대장 또는 임야대장에 등록된 토지의 수평면적. 즉 토지대장 또는 임야대장에 등록된 면적만이 법률상의 면적이다.

● 면적감가

토지나 건물을 현장에서 관찰할 때, 그 면적이 얼마나 될 것인가를 감각적으로 판단하는 것. 66.11㎡(20형), 165.29㎡(50형) 또는 100㎡(30형) 정도의 면적 등과 같은 것이다.

● 면적증가

획지가 표준획지보다 작을 경우에는 감가돼야 하지만 대상획지와 인접하고 있는 면적이 작은 땅을 매입하여 합필하는 경우, 정상가격을 벗어난 특정가격이 되어 오히려 지가가 증가되는 것을 말한다.

● 멸실등기

토지가 매몰돼 없어지거나 건물이 소실하거나 파괴돼 1개의 부동산의 전체가 멸실하였을 때 그 멸실을 등기하고 당해등기용지를 폐쇄하는 것을 말한다. 이를 위해서는 1필의 토지 또는 1개의 건물 전체가 멸실해야 하며 지적이 감소 및 건평의 축소 등 일부 멸실의 경우에는 이에 해당하지 않는다. 토지 및 건물이 멸실하였을 때 그 소유자는 멸실등기신청을 해야 한다. 이 신청이 있을 때는 등기소는 그 등기용지의 표시란에 멸실의 원인을 기재한다. 또한 그 등기용지를 폐쇄하고 등기를 필한 토지가 하천부지가 된 경우에는 해당 관청으로부터의 촉탁에 의하여 하천부지가 되었다는 내용을 기재한다.

● **멸실의 회복등기**
등기부의 전부 또는 일부가 천재지변에 의하여 멸실한 경우에 소멸한 등기의 회복을 그 목적으로 하는 등기.

● **명도**
토지, 건물 또는 선박을 점유하고 있는 자가 그 점유를 타인의 지배하에 옮기는 것. 법문상으로는 인도로 규정하며 명도라는 말은 사용하지 않는다.

● **명의개서**
실체적인 권리자의 변경에 대응하여 증권상 혹은 장부상의 명의인 표시를 고쳐 쓰는 것으로 명의 서환이라고도 한다. 이것은 부동산등기에서 명의 이전과 비슷하다.

● **명의대여계약**
타인에게 자기의 성명 또는 상호를 사용하여 영업을 할 것을 허락하는 계약. 간판 대여 또는 명판대라고도 부른다. 즉 남에게 자기의 성명 또는 상호를 사용할 것을 허락하는 계약이다. 이 계약에 의하여 명의를 빌려준 사람을 명의대여라 한다.

● **명의신탁**
소유관계를 공시하도록 되어 있는 재산에 대해 소유자 명의를 실소유자가 아닌 다른 사람 이름으로 해놓는 것을 말한다. 실제 소유자를 신탁자, 명의상 소유자로 된 사람을 수탁자라고 한다. 부동산의 명의신탁은 그 부동산에 관해 소유권 등기를 다른 사람 이름으로 해놓고 신탁자와 수탁자 사이에서 공증을 거친 소유권확인증서를 따로 만들어놓음으로써 이루어진다.

● **명의신탁약정**
부동산에 관한 소유권 기타 물권을 보유한 자 또는 사실상 취득하거나 취득하려고 하는 자가 타인에게 대내적으로는 실권리자가 부동산에 관한 물권을 보유하거나 보유하기로 하고 그에 관한 가등기(또는 등기)를 그 타인의 명의로 하기로 위임한 것을 말한다.

● **명의이전**
거래내역 및 권리 등 일체를 다른사람의 이름으로 변경하는 것.

● **모기지론**
부동산을 담보로 주택저당증권(MBS:Mortgage Backed Securities)을 발행하여 장기주택자금을 대출해 주는 제도를 일컫는다. 주택자금 수요자가 은행을 비롯한 금융기관에서 장기 저리자금을 빌리면 은행은 주택을 담보로 주택저당증권을 발행하여 이를 중개기관에 팔아

대출자금을 회수하는 제도다. 중개기관은 주택저당증권을 다시 투자자에게 판매하고 그 대금을 금융기관에 지급하게 된다.

- **모라토리엄**
  전쟁 천재(天災) 공황 등에 의해 경제계가 혼란하고 채무이행이 어려워지게 된 경우 국가의 공권력에 의해서 일정기간 채무의 이행을 연기 또는 유예하는 일로 라틴어로 '지체하다'란 뜻의 'morari'에서 파생된 말. 대외 채무에 대한 지불유예(支拂猶豫)를 뜻함.

- **무허가건축물**
  건축법상 시장, 군수의 허가를 받고 건축해야 할 건축물을 관할 시장, 군수의 허가를 받지 않고 건축한 건축물.

- **묵시의 갱신**
  임대차 기간이 만료한 후 임차인이 임차물의 사용, 수익을 계속하는 경우에 임대인이 상당한 기간 내에 이의를 제기하지 않은 경우 전임대차와 동일한 조건으로 다시 임대차 한 것으로 보는 것을 묵시의 갱신이라 한다. 그러나 당사자는 민법 제635조의 규정에 의하여 해지의 통고를 할 수 있다.

- **묵시적 의사표시**
  법률행위의 제반사정에 비추어 의사표시가 있었다고 인정되는 경우를 뜻함. 묵시적 의사표시는 여러 가지 뜻으로 사용되는데, 청약에 대한 승낙의 뜻으로 고개를 끄덕이는 경우 등의 거동에 의하여 행해지는 의사표시, 다른 행위에 내포돼 행해지는 포함적 의사표시 등. 예컨대 홍콩사람끼리 홍콩에서 달러로 매매가격을 정하였으면 특단의 사정이 없는 한 그 달러는 미국달러가 아니고 홍콩달러가 되는 것처럼 전혀 의사표시가 없으나 주위사정에 의해 인정되는 의사표시 등을 말한다.

- **문중부동산**
  동성동본의 집안이 공동으로 소유한 부동산.

- **물권**
  특정한 물건을 직접 배타적으로 지배하는 것을 내용으로 하는 권리. 소유권, 지상권, 지역권, 전세권 등과 같은 용익물권, 유치권을 물권이라 한다. 즉 특정한 물건을 직접 지배하여 이익을 얻는 배타적인 권리를 말하는 것으로서, 재산권이고 지배권이며 절대권이다.

- **물권계약**
  집접 물권의 변동을 목적으로 하는 계약을 말한다.

● 물권법
물권의 종류와 내용을 규정한 법의 전체를 물권법이라 한다.

● 물권법정주의
물권의 종류와 내용은 민법 기타의 「법률」이 정하는 것에 한하여 인정되고, 당사자가 그 밖의 물권을 자유로이 창설하는 것을 금하는 근대사법의 원칙을 말한다.

● 물상대위
담보물권은 목적물의 멸실, 훼손, 공용징수 등에 의해 채무자가 받게 될 금전 기타의 물건에 그 효력을 미친다. 이것을 물상대위라고 한다.

● 물적담보
물적담보는 책임재산 중에서 특정의 재산을 가지고 채권의 담보에 충당하는 제도다. 유치권(留置權), 질권(質權), 저당권(抵當權) 등의 담보물권(擔保物權)이 이에 속한다.

● 미간지
임야, 황무지, 초생지, 소태지, 폐염지, 하천, 간척지 등 농지조성에 적합한 토지로서 농지로 이용되고 있지 아니한 토지. 미간지 중 개발촉진 지역은 특별한 개간절차가 인정된다.

● 미관지구
도시미관·건축미 등을 증진·보전하기 위하여 도시계획구역 가운데 필요한 일정 구역을 획정·구분하여 지정한 지구를 말한다. 1종에서 5종 미관지구까지 세분화되어 있다.

● 민사중개계약
중개업자가 의뢰인으로부터 중개 대상물에 대하여 중개를 의뢰받아 중개를 하고 보수를 지급받기로 정함으로써 성립되는 계약.

● 민영주택
국민주택기금의 지원 없이 민간건설업자가 건설하는 주택 (평형 구분없음)과 국가, 지방자치단체 및 대한주택공사 등이 국민주택기금의 지원 없이 공급하는 전용 면적 85㎡(약 25.7형)을 초과하는 주택을 말한다.

● 민영주택우선분양제도
민영주택은 국민주택처럼 무주택기간이나 가입기간에 따른 세부순위가 따로 없어 분양할 때 신청자가 공급가구수를 넘으면 추첨에 의해 입주자를 선정한다.

● 바닥면적
건축물의 각층 또는 그 일부로서 벽, 기둥 기타 이와 유사한 구획의 중심선으로 둘러싸인 부분의 수평투영면적으로 한다.

● 반자높이
방의 바닥 면으로부터 반자(천장을 편평하게 만드는 시설)까지의 높이다. 다만, 동일한 방에서 반자높이가 다른 부분이 있는 경우에는 그 평균높이로 한다.

● 반환지연손해금
계약의 만료 또는 계약의 해지에도 불구하고 차량의 반납이 지체될 경우 계약의 만료일 또는 해지일로부터 차량반납일까지 반환지연금손해금을 부과한다.

● 방사형 도로
도시 내의 도로 형태가 도심에 위치한 시장이나, 왕궁 등 기념비적 건물을 중심으로 별의 모양처럼, 사방에 연결되도록 계획된 도로를 말한다. 도시 중심지를 기점으로 하여 도시가 주요 간선도로를 따라 도시개발축이 형성되는 것이 특징이다.

● 방재지구
도시계획법상 용도지역 중 지구의 하나로서 풍수해, 산사태, 지반의 붕괴 기타 재해를 예방하기 위해 도시계획구역 중 필요한 일정구역을 획정, 구분하여 지정한 지구다.

● 방화지구
도심부의 밀집시가지 등에 화재나 기타 재해의 위험을 예방하기 위하여 도시계획구역 가운데 필요한 일정구역을 획정 구분하여 지정한 지구를 말한다. 방화지구 내의 건축물은 특별한 예외를 제외하고는 건축물의 주요 구조부 및 외벽(바깥벽)을 내화구조(불에 잘 견디는 구조)로 해야 한다.[건축법 제35조]

● 배수권
상린관계상 인지에 배수할 수 있는 권리. 민법에서도 토지의 소유자는 인지로부터 자연적으로 흘러 들어오는 것을 막을 수 없게 하고 있다

● 배율방식
토지의 감정평가에서 재산 과표에 일정한 배율을 승하는 방식이다.

- **배치**

  일반적인 의미에서는 사람 또는 물건을 각각의 적정한 위치에 두는 것을 의미한다. 그러나 부동산의 감정평가에 용도지역별 지역요인 중에서 주택지역에 대하여 상점가의 배치의 상태나 각 획지의 면적, 배치 및 이용의 상태 등을 열거하고 있으며, 지역차를 결정하는 내용으로서, 배치의 적정성 여부는 주요한 지역요인의 하나라고 하겠다.

- **배후지**

  상업경영으로 얻은 수익은 고객의 질과 양에 따라 결정된다. 상업지역이 흡인하는 고객이 존재하는 지역적 범위를 배후지라고 한다. 배후지의 인구를 어떻게 흡인하느냐라는 문제는 교통기관과도 관계가 깊고 고도상업지는 광역적 배후지의 인구를 흡인하여 형성된다.

- **벌처펀드**

  다수의 투자자가 조합을 결성해 구조조정 대상기업이나 부동산 등 매각자산에 전문적으로 투자하는 펀드를 말한다. 산업자원부에 등록한 기업구조조정 전문회사만이 모집할 수 있으며, 금융감독위원회에 3개월마다 운용실적을 보고하는 등 관리감독을 받는다. 대표적인 '고수익 고위험' 상품으로 세제혜택이 있지만 펀드 운영회사가 부실하면 원본손실이 생길 수 있으니 상품선택에 신중해야 한다.

- **보존등기**

  물권취득자가 자기의 권리를 보존하기 위하여 하는 등기로 보통 미등기부동산의 소유권등기를 말한다. 이것은 부동산등기부 표제부에 자기 또는 피상속인이 소유자로서 기재된 자나 판결에 의하여 자기의 소유권을 증명하려는 자, 수용에 의하여 소유권을 취득한 자로부터의 신청에 의하여 행해진다.

- **본등기**

  등기로서 완전한 효력을 가지는 보통의 등기다. 본등기는 그 내용에 따라 기입등기 변경등기 회복등기 말소등기의 네 가지로 분류된다. 또 가등기에 대하여 그 가등기에 의하여 순위가 보전된 등기를 말할 때도 있다.

- **부동산**

  토지 및 그 정착물. 토지의 정착물이란 토지에 고정적으로 부착하여 용이하게 이동할 수 없는 물건.

- **부동산담보부채권(mortgage backed securities : MBS)**

  주택대출이 새로운 채권을 파생시켰다는 점에서 세계적으로 확산되고 있는 금융의 증권화 현상을 가속시킨다는 것으로 증권을 매개로 한 금융거래가 활성화되는 사례의 하나라는 얘기다. 또 다른 의미는 기업이 이 원리를 활용, 보유부동산을 담보로 채권을 발행해 자금을 조달할 수도 있다. 기업이 보유하고 있는 대부분의 부동산이 금융기관에 담보로 들어가 있는 우리나라는 쉽지 않은 일이지만 이론적으론 자금을 조달할 수 있는 수단이 하나 더 생기게 된다.

● **부동산뮤추얼펀드(REITs)**
부동산투자회사가 주식을 발행해 소액투자자로부터 자금을 모아 부동산에 전문적으로 투자한 뒤 수익금을 되돌려주는 것이다. 부동산투자회사는 자본금이 최소 1,000억 원은 돼야 하고 총자산의 90% 이상을 부동산이나 부동산 관련 유가증권에 투자해야 한다. 만기가 없고 중도 환매가 안 되는 대신 설립 후 2년 내에 증시 상장이 의무화돼 투자자들이 일정 기간만 지나면 주식을 되팔아 현금화할 수 있다. 주식분산을 위해 특수 관계인을 포함한 1인당 소유 한도도 총 주식수의 10% 이내로 제한된다.

● **부동산신탁**
일반인 소유 부동산을 일정액의 수수료를 받고 대신 개발, 관리, 처분해주는 제도.

● **부동산실명제**
실소유, 권리자의 명의로만 등기를 하도록 하는 것을 말한다. 부동산 등기제도를 악용한 투기 탈세 탈법행위 등 반사회적 행위를 방지하고, 부동산 거래의 정상화와 부동산 가격의 안정을 도모하여 국민경제의 건전한 발전에 이바지하기 위해(부동산 실권리자 명의등기에 관한 법률 제1조) 도입, 운영하게 된 것이다.

● **부동산양도 사전신고제**
집이나 땅을 파는 사람이 등기이전을 하기 전에 반드시 세무서에 양도 사실을 신고해야 하는 제도. 사는 사람은 파는 사람으로부터 세무서의 신고확인서를 넘겨받아 등기신청서와 함께 제출해야 자기명의로 등기할 수 있다.

● **부동산투자회사**
다수의 투자자로부터 모은 자금을 부동산이나 부동산관련 유가증권에 투자해 얻은 수익을 배당형식으로 되돌려주는 일종의 부동산 간접투자제도. 부동산투자회사는 상법상 주식회사로 설립되며 주식이 상장되면 증권거래법이 적용된다.

● **분양**
토지나 건물을 구분하여 파는 것을 말한다. 대표적으로 아파트분양을 들 수 있다.

● **분양가 상한제**
공공택지에 25.7평 이하의 주택을 짓는 건설업체에게 택지를 감정가격으로 공급하는 대신 정부가 분양값을 규제하는 것이다. 분양값 상한제 대상 아파트를 분양받은 사람은 가격 규제로 시세차익을 얻기 때문에 분양받은 날로부터 3~5년(수도권 과밀억제권역과 성장관리권역 5년, 나머지는 3년) 동안 아파트를 전매할 수 없다.

● 비례율

개발이익률로 불리는 비례율은 재개발사업이 끝난 후 조합이 벌어들인 총 수입금에서 사업비를 뺀 금액을 구역 내 토지 및 건물감정평가액으로 나눈 금액을 말한다. 조합원 개인의 지분에 대한 재산평가액에 비례율을 곱한 금액이 조합원의 최종권리가액이 된다. 일반적으로 조합원이 적어 일반분양이 많은 곳, 사업추진이 빠른 곳, 건축비가 상대적으로 싼 평지 등의 재개발단지에서 비례율이 높게 나온다. 참고로 요즘 재개발 구역 중에는 비례율이 100% 이상 나오는 곳이 거의 없다. 비례율=(사업완료 후의 대지 및 건축물의 총 추산액-총 사업비)/종전 토지 및 건축물의 총 가액.

● 사방노선지

대지가 사방으로 도로에 면접하고 있는 획지를 말한다. 보통의 대지는 도로에 일면이 접하지만 이면이 접하는 대지, 삼면이 접하는 대지의 경우 도로에 면하는 수에 따라 그 효용도가 달라지므로 가격 평가시 차이가 있어야 한다.

● 사방지

사방사업법에 의해 사방사업을 시행했거나 시행하기 위한 지역으로 산림청장이 지정한 토지. 사방지 내에서는 산림청장의 허가 없이는 죽목의 벌채, 토석. 나무뿌리 또는 풀뿌리의 채취, 가축의 방목 기타 사방시설을 훼손. 변경하거나 토지의 형질을 변경하는 행위를 하지 못한다.

● 사실상의 처분

부동산활동 중 부동산의 처분에는 사실상의 처분과 법률상의 처분이 있는데, 사실상의 처분이란 부동산을 물리적으로 개조. 철거 등을 행하는 사실행위.

● 사업소득세

부동산에 있어서 사업소득세가 부과되는 경우는 부동산 매매업자가 부동산의 매매업으로 인하여 소득이 발생.

● 사용검사

건축허가를 받았거나 건축신고를 한 건축물의 건축주는 건축공사를 완료한 때에는 완료일부터 7일 이내에 시장, 군수 또는 구청장에게 건축물의 사용검사를 신청해야 한다. 이 경우 공사감리자를 지정해야 하는 건축물에 대하여는 공사감리자의 서명을 받아서 신청해야 한다. 시장, 군수 또는 구청장은 사용검사신청을 접수한 날부터 7일 이내에 사용검사를 실시하고 검사에 합격된 건축물에 대하여는 사용검사필증을 교부해야 한다. 이 사용검사필증을 받은 후가 아니면 건축주는 그 건축물을 사용하거나 사용하게 할 수 없다. 다만, 시장, 군수 또는 구청장이 7일 이내에 사용검사를 실시하지 아니하거나 임시사용 승인을 한 경우에는 사용검사필증을 받기 전이라도 건축물을 사용하거나 사용하게 할 수 있다. 건축물의 사용검사는 신축허가를 받아 건축한 건물에 대하여 허가사항이 제대로 이행되어 건축행정목적에 적합한가의 여부를 확인하고 사용검사필증을 교부하여 줌으로써 허가받은 자로 하여금 건축한 건물을 사용, 수익할 수 있게 하는 법률효과를 발생시키는 것이므로 건축허가에 포함되어 있지 아니하고 사용검사필증에도 기재되어 있지 아니한 부분에 대하여는 사용검사의 효력이 미치지 아니한다.

● **사인증여**
생전에 계약을 맺었으나 증여자의 사망으로 인하여 효력이 발생하는 증여. 민법에서는 유증과 비슷하다고 하여 유증에 관한 규정을 준용하고 있는데 유증은 단독행위이기 때문에 상대방의 승낙이 필요 없지만 사인증여는 생전의 계약이므로 승낙이 필요하다.

● **사행식**
지적행정에 있어 부번진행방법 중 한 가지. 토지의 배열이 불규칙한 경우에 필지의 순서에 따라 마치 뱀이 기어가는 형상으로 지번을 붙이는 방법.

● **산림보전지구**
국토이용관리법 개정 전 국토이용 계획에 의한 용도지역 중의 하나로, 목재의 생산. 채종 및 재해나 환경오염의 방지 등을 위하여 사림지로서 보전할 필요가 있는 지역.

● **산업입지조건**
택지개발. 동력공급. 용수취득. 재료구입. 노동력공급. 해외수송. 정부금융지원이 쉬운 곳이어야 하고, 제품판매시장이 가까운 곳이어야 하며 각종 공과금이 낮은 곳이어야 함.

● **삼각지보정**
부동산감정평가에서 토지의 지형이 삼각지인 경우에 삼각지와 동일한 간구 및 오행을 갖는 사각형획지와 비교해서 그 사각형지보다 형상이 열등함으로 인한 이용가치의 저하분을 감가보정하는 것을 삼각지보정이라 하고, 그 보정률을 삼각지보정률이라 함. 이는 노선가평가법에 의한 삼각지보정률로 보정하고 있다.

● **상린관계**
인접하고 있는 부동산의 소유자 또는 이용자 상호간의 각 부동산에 대한 이용관계를 조절하기 위하여 서로 그 권능을 일정한 한도까지 양보·협력할 것으로 규정한 법률관계. 상린관계의 내용은 지역권과 비슷하다. 그러나 상린관계는 법률규정에 의한 소유권의 제한·확정인 반면, 지역권은 계약에 의하여 생기는 소유권의 확장·제한이라 할 수 있다. 민법은 부동산소유권에 대하여 상린관계의 규정을 두고 이를 지상권과 전세권에 준용하고 있으나, 임차권에도 이용조절이라는 관점에서 준용해야 한다고 해석한다. 또 음향 · 매연 · 열기체 · 액체 · 진동 · 악취 등이 이웃에 파급되는 경우가 생각되는데, 어느 정도까지는 이를 인용(참고 받아들임)해야 하나 그것이 지나치면 이웃에 대한 권리남용이 된다.

● **상세계획구역**

도시계획법상 구역 중 하나로, 도시계획구역 안에서 토지이용을 합리화하고 도시의 기능. 미관 및 환경을 효율적으로 유지. 관리하기 위해 필요한 때 지정하는 것. 택지개발촉진법에 의한 택지개발 예정지구, 산업입지 및 개발에 관한법률에 의한 공업단지, 도시재개발법에 의한 재개발구역, 토지구획 정리사업 시행지구, 시가지조성사업 시행지구, 철도역을 중심으로 반경 500m 이내의 지역을 그 대상으로 한다.

● **상속**

피상속인의 사망 또는 생존 중에 발생하는 법정 원인으로 인하여 피상속인의 권리 · 의무가 상속인에게 포괄적으로 승계되는 것. 원래 상속의 형태로서는 제사상속 · 호주상속 · 재산상속이 있는데, 수관습법에 있어서는 제사상속을 중심으로 호주상속 · 재산상속이 이에 따랐다.

● **상속능력**

상속인이 될 수 있는 자격으로 권리능력 있는 모든 사람이 가지며, 태아도 이미 출생한 자로서 능력자로 본다. 그러나 유산 또는 사산한 경우에는 처음부터 조재하지 않았던 것이 된다.

● **상속순위**

상속인이 되는 것에 관하여 법이 정해놓은 순위다. 호주승계와 자산상속에 따라서 다르다. 호주승계는 피상속인의 직계비속남자 · 피상속인의 가족인 직계비속 여자 · 피상속인의 처 · 피상속인의 가족인 직계존속 여자 · 피상속인의 가족인 직계비속의 처의 순위로 한다. 재산상속은 피상속인의 직계비속 · 피상속인의 직계존속 · 피상속인의 형제자매 · 피상속인의 8촌 이내의 방계혈족의 순위로 한다.

● **상속의 승인 · 포기**

상속이 개시된 후에 상속인이 행하는 상속수락의 의사표시를 상속의 승인이라 하고, 상속이 개시된 후에 상속인이 하는 상속거부의 의사표시를 상속의 포기라고 말한다. 호주상속은 호주승계에 의하고 따라서 호주 상속권은 이를 포기할 수도 있다. 재산상속의 승인에는 단순승인과 한정승인이 있다. 단순승인을 한 경우에는 상속인은 피상속인의 채무에 대하여 무한 책임, 즉 상속에 의하여 얻은 재산뿐만 아니라 상속인 자신의 재산으로써도 변제해야 할 책임을 부담하게 되고 한정승인을 한 경우에는 상속에 의하여 얻은 재산만으로써 피상속인이 채무를 변제해야 하는 유한 책임을 부담함에 그친다. 재산상속의 승인과 포기는 상속인이 자기를 위하여 상속개시가 있음을 안 날로부터 3개월 이내에 법원에 신고함으로써 한다.

● 상속인

상속을 하는 자. 즉, 상속이 개시됨으로 해서 피상속인의 지위내지 권리로서 의무를 승계하는 자.

● 상속재산공유

재산상속인이 수인 있는 경우 또는 재산상속인과 포괄적 수유자가 있는 경우에 상속재산을 공동으로 소유하는 상태다.

● 상속재산분할

공동상속의 경우에 상속인간에서 그 상속분의 비율에 따라서 누가 어느 재산을 가지느냐를 정하는 것이다.

● 상속포기

상속이 개시된 후에 상속인이 하는 상속거부의 의사표시.

● 상속회복청구권

상속을 할 권리가 없음에도 불구하고 상속한 자에 대하여 진정한 상속인이 상속권의 확인을 요구하고 아울러 호적의 정정·재산의 반환등과 같은 상속의 효과를 회복할 것을 청구하는 권리로 호주상속에도 재산 속에도 인정됨. 신분상 및 재산상에 걸치는 상속의 전체 효과의 회복을 포괄적으로 청구하는 경우는 물론 어떤 특정의 재산권의 회복을 청구하는 경우에도 이 권리는 행사된다.

● 상업용 부동산

부동산의 분류 중 기업용 부동산의 한 가지다. (예)점포, 호텔, 모텔, 주유소, 관광시설 등이 이에 속한다.

● 상업지역

상업과 기타 업무의 편익증진을 위하여 도시계획구역 가운데 필요한 일정구역을 획정구분하여 지정한 지역이며 주로 시가지의 중심부와 인근 주택지의 일상용품의 공급을 행하는 것을 그 주된 내용으로 하고 있다. 상업과 기타 업무의 편익증진을 위하여 도시계획구역 중 필요한 일정구역을 획정, 구분하여 지정한 지역을 말한다.

● 상여지구제

토지개발업자가 지역주민이 필요한 각종 편익시설을 갖추어 주고, 그 대신 이에 대한 보너스를 받는 것을 말한다. 편익시설로는 플라자, 광장, 바람직한 단지설계, 주차장, 주위환경보존책등을 갖추는 한편, 행정당국으로부터 보너스를 받아 고도의 토지이용개발을 하게 된다. 개발주는 경제성을 충족시킬 수 있다. 외국에서는 'Incentiv zoning or Bonuses zoning' 이라 한다. 도시시설계획의 계획집행방법의 한 가지로서, 일정지역의 개발을 촉진하고 도시 Open space를 확보하기 위한 유도책으로 기존 지역지구제의 고도제한을 완화해 줌으로써 건물의 고층개발을 허용하고. 대신 도로면의 Open space를 제공하는 지역지구제뿐 아니라 특정 지역의 건축미, 환경조건을 개선하고 도시미관을 높일 때에는 상여지구제를 활용하여 민간개발을 유도, 장려하는 경우도 있다. 상여지역지구제라고도 한다.

● 상향시장
일반경기순환의 확장기 국면에 속하는 부동산시장. 부동산의 가격이 상승일로에 있고 거래도 활발하다. 상향시장에서는 과거의 사례가격은 새로운 거래의 하한선이 된다.

● 상호명의신탁
부동산의 위치와 면적을 특정하여 2인 이상이 구분소유하기로 하는 약정을 맺고서 등기는 공유로 한 경우를 말하는데 대법원은 자신이 구분소유하고 있는 부분 이외의 부분에 대한 등기는 상호명의신탁이 있는 것으로 보고 있다. 그러나 이러한 상호명의신탁은 명의신탁의 일종이기는 하나 실제 소유자가 공유자로 등기되어 모두 드러나게 되고 명의신탁과 같은 탈법, 탈세 등 반사회성이 희박하여 부동산실권리자명의등기에관한법률에 의한 제재의 대상이 되지 아니한다.

● 색출장
부동산등기부에 어떤 부동산의 등기용지가 편철되어 있는가를 쉽게 알 수 있도록 하기 위하여 등기소에 비치하는 장부다.

● 샌드위치 가격
토지(부동산)가 특정된 큰 시설이나 다른 토지 중간에 끼어 있을 때의 작은 토지(부동산)의 가격을 말한다. 이러한 부동산이 때로는 높은 이상적 가격을 발휘하는 경우가 있다. 부동산 거래 당사자들은 특히 유의할 필요가 있다.

● 생산녹지지역
주로 농업적 생산을 위해 개발을 유보할 필요가 있을 때 지정하는 도시지역 내의 용도지역.

● 서민주택
주거비의 부담이 적은 주택으로 일반서민에 의해 값싸게 이용되느냐 여부가 중요한 판단기준이 된다. 서민주택은 시기와 지역, 시민의 소득수준에 따라 다르게 규정되며, 우리나라의 경우 국민주택 규모인 건평 85 이하의 소규모주택을 그 범주에 넣을 수 있을 것이다.

● 서비스드 레지던스(Serviced Resi-dence)
호텔식 서비스를 제공함과 동시에 주방시설이 포함되어 있는 호텔형 주거시설로 주로 장기

체류자를 위한 거주시설로 인기를 끄는 편이며, 주거+서비스가 결합된 거주형태.

● **서비스 부동산**
상업상의 이익산출을 목적으로 부동산을 소유하는 것이 아니고, 정부기관이나 일반대중의 이용에 제공되는 부동산.

● **선매가격**
선매권자가 선매대상토지를 매수하는 경우의 가격 (참) 선매자가 선매대상토지를 매수하는 경우의 가격은 당해 토지의 거래계약허가신청서 도는 거래계약신고서에 기재된 계약금액 이상으로 하되, 공시지가에 120/100의 수정률을 곱한 금액과 당해 토지의 취득. 관리에 소요된 비용액의 원리금의 합계액의 범위 내에서 선매자와 토지소유자 간에 협의하여 정한다.

● **선매권**
국토이용관리법에 의하여 토지 등의 거래계약의 허가신청이나 거래계약신고가 있을 것이 그 전제가 되는, 선매할 수 있는 권리를 말함.

● **선매제도**
토지의 매매에 대한 거래당사자간의 거래계약사항을 행정기관에 허가신청 또는 신고한 경우, 그 토지가 공공이용을 위하여 필요한 때 또는 국. 공유지의 확대를 추진하기 위하여 필요한 경우, 일반인의 사적거래에 우선하여 공적기관에서 그 토지를 우선하여 매수하는 제도. 즉, 공적이용주체에게 그 토지의 취득에 우선권을 부여하고자 하는 데에 목적을 둔 제도. 당사자가 관할행정기관에 토지거래계약에 관한 허가를 신청하거나 신고를 한 경우 그 토지가 공공이용을 위하여 필요하거나 국공유지의 확대를 위하려 필요한 때에는 공공기관이 사인의 토지거래에 우선하여 그 토지를 매수할 수 있는 제도. 현행법상으로는 우선적으로 매수할 수 있는 선매권 대신 매수에 관하여 우선적으로 협의할 수 있는 선매협의권만 인정된다.

● **선매주체**
법이 정하는 바에 의하여 토지 등의 거래계약의 허가신청이나 거래계약신고가 있을 경우에 선매권을 행사할 수 있는 공적기관으로서, 국가. 지방자치단체. 한국토지공사 기타 정부투자기관관리기본법 제2조에 규정된 정부투자기관(정부가 납입자본금의 5% 이상을 출자한 기업체) 등.

● **선매협의제도**
허가구역 도는 신고구역 안에서 토지거래계약을 체결하기 위한 허가신청은 신고가 있을 경우에 시장. 군수 또는 구청장이 공공기관으로 하여금 당해 토지를 협의. 매수하도록 하는 것((법) 국토이용관리법 제21의 14)및 매수한지 5년이 되지 아니하는 임야를 매각하기 위하여 임야매매증명의 발급을 신청한 경우에 시장. 군수 또는 구청장이 국가 또는 지방자치단체로 하여금 다른 자에 우선하여 해당 임야를 협의. 매수하도록 하는 제도.

● **선분양제도**
주택건설업체가 주택을 완공되지 않은 상태에서 소비자에게 판매하는 제도를 말한다. 통상 신규주택공급시 주택건설업체는 착공단계 또는 10~20%의 건축 공정이 진행된 상태에서 분양을 한다.

● **선의 취득**
동산을 점유하고 있는 자를 권리자로 믿고서 선의 · 무과실로 거래한 자는 그 동산에 대하여 진정한 권리자가 될 수 있다는 제도.

● **선취/후취**
금융기관에서 선취란 이자 또는 관련비용 등을 자금 사용기간 전에 미리 받는다는 의미이며, 후취란 이자 또는 관련 비용 등을 자금사용기간 후에 받는다는 것이다.

● **선취특권**
법률이 정하는 특수한 채권을 가지는 자가, 혹은 채무자의 총재산에 관하여 혹은 특정의 동산에 관하여, 혹은 특정의 부동산에 관하여 일반채권자에 우선하여 그의 채권의 변제를 받을 수 있는 담보물권, 목적물인 채무자의 재산의 종류에 따라, 일반의 선취특권(그 목적으로 되는 것은 총재산), 동산의 선취특권(특정의 동산) 및 부동산의 선취특권(특정의 부동산)의 3종으로 나눈다.

● **선하지**
상공에 고압전선이 가설되어 있는 토지. 그 목적을 위하여 지상권 또는 임차권이 설정되는 수가 많다. 송전선의 종류, 계약내용 등에 따라 선하지의 이용제한은 가지각색이다.

● **선형도시**
도시형태의 유형으로, 상업. 서비스 시설이 간선도로를 따라 발달하거나 교통로를 따라 뻗어가는 형태의 것.

● **설립등기**
법인의 설립에 관한 등기를 말한다. 법인체는 서립등기를 함으로써 법인이 성립하는 설립요건이다.

● **설정지구**
지방세 과세표준액을 산정할 때 사용되는 용어. 새로이 토지가 조성되거나 비과세지로 된 경우, 유사한 토지에 비준하여 등급을 정하기 위하여 설정된 지구를 말한다.

● 성토
택지조성시 토지의 형질이 변경되는데, 이때 종전의 지방위에 다시 흙을 돋우어 쌓는 것을 말하고 성토가 높을수록 신중한 공사가 필요하다. 충분한 지반다짐을 하지 않으면 지반침하나 붕괴가 생긴다.

● 세대
대개 현실적으로 주거 및 생계를 같이 하고 있는 집단을 세대 또는 가구라고도 한다. 주민등록법에서는 세대라는 용어를 사용하는데 시장 또는 읍,면장은 30일 이상 거주할 목적으로 주소 또는 거소를 가진 자에게 세대별로 등록표를 작성해야 한다고 규정하고 있다. 세대는 친족관계로 이루어지는 것이 보통이나 타인이 포함되는 경우도 있다.

● 세대분리
가정기초의 축소, 세대인원수의 세부, 경제적 전체의 세분화를 말한다. 가족제도의 붕괴에 의하여 부부단위로 가정이 세분화되는 것을 말한다.

● 세대주
세대주란 현실적으로 주거 및 생계를 같이하고 있는 사람의 집단인 세대의 대표자 또는 관리자로 가구주(家口主)와 같은 뜻으로 사용되기도 한다. 세대란 주민등록법상 주민등록표(住民登錄票)를 작성하는 단위이기 때문에 동일한 가족이라 하더라도 다른 세대에 소속되어 있을 수 있으며, 동일세대에 등재되어 있던 사람이 일정한 기간 동안 거주를 옮길 때에는 별도로 단독세대가 되어 세대주가 될 수도 있다.

● 세지적
토지에 대한 세의 부과를 하는 데 있어 그 세액을 결정함을 목적으로 하는 지적제도, 과세지적 이라고도 한다. 토지에 대한 세액의 결정을 주된 목적으로 하는 지적제도로서 과세지적이라고도 하는데, 모든 국가의 지적제도는 모두 세지적에 출발하였다. 과세를 함에 있어서는 토지의 면적과 등급을 정하는 것이 가장 중요하므로 세지적에서는 도면의 정밀도는 그리 요구하지 아니하게 된다.

● 소규모택지개발
도시계획구역 안에서 산재하는 유유토지자원 중 기존 간선시설의 이용 및 인입은 용이하나, 일단의 주택조조성 사업을 행할 수 없는 10,000㎡ 미만의 소규모의 미개발 토지를 개발하여 양질의 택지조성을 하는 사업.

● 소득할, 소득세할
소득할은 소득세할. 법인세할 및 농지세할을 총칭. 소득세할은 소득세법의 규정에 의해 부과
된 소득세액을 과세표준으로 하여 부과하는 주민세를 말한다.

● 소유권
물건을 전면적, 일반적으로 지배하는 물권을 말하는 바, 물건을 부분적, 일시적으로 지배하
는 제한물권과 상대되는 개념이다. 즉, 물건이 가지는 사용가치, 교환가치의 전부를 지배할
수 있는 권리다. 이에 비하여 소유권과 점유권을 제외한 그 밖의 물권은 특정의 목적을 위하
여 제한된 범위에서 물건을 지배할 수 있는 권리다. 이러한 점에서 소유권은 완전물권이라
하고, 그 밖의 물권(점유권 제외)은 제한물권이라고 부른다.

● 소유권이전등기
양도 상속 증여 기타 원인에 의하여 유상 또는 무상으로 부동산의 소유권이 이전되는 것을
부동산 등기부상에 기입하는 등기.

● 소유권유보계약
매매에 있어서 매도인이 매매대금의 완제를 받을 때가지 목적물의 소유권을 보유하는 계약이
다. 할부불약관이 붙은 매매에서 이와 같은 계약을 수반하는 일이 많다. 매수인은 전액의 지급
까지는 매도인의 소유물을 빌리는 형식이 된다. 매수인은 대금을 완제할 때까지는 조건부권리
(대리인)을 가지는 데 그치므로 목적물을 처리할 수 없으나 매도인도 매수인의 기대권을 해치
는 행위는 할 수 없다.

● 손실보상
공공의 필요에 의한 적법한 행정상의 공권력행사에 의하여 사인에게 가하여진 특별한 희생
에 대하여 전체적인 평등부담의 견지에서 행정주체가 행하는 조절적인 보상을 말한다. 즉,
국가 또는 지방자치단체가 적법한 권력행사에 의하여 국민에 대한 재산상의 손해를 주었을
경우에 그 피해자에게 주는 금전상의 보상제도다. 손실보상의 의무는 불법행위로 인하여 발
생한 손해를 보상하는 것이 아니고 국가 또는 공공단체의 적법한 권력행사를 그 전제로 하
는데 특색이 있다. 예컨대 토지수용에 대한손실보상, 농지의 강제매수의 대가지급 등이다.

● 수급권
수요와 공급의 지역적 범위를 말하는 것. 동일수급권으로서 용도적 동일성, 기능적 공통성을
갖는 부동산이 존재하는 지역적 범위를 가리킨다. 용도적 동질성에 중점을 두고 있으므로,
부동산의 대체성 및 경쟁관계가 존재하는 지역적 범위를 의미한다.

● 수급인
도급공사의 도급을 받은 건설업자를 말한다.

- **수변개발**
수변개발이라 함은 일반적으로는 광역도시지역의 항만지역 개발. 이는 학술적으로 바다. 강.
호수 등 수변의 전면부지의 개발을 일컫는 협의의 개념과 기능적 측면에서 물과 직접적 도
는 간접적으로 관련되는 상업어촌과 항구가 있는 소규모 도시, 그리고 향로를 다라서 입지된
공업도시의 개발을 일컫는 광의의 개념으로 정의하기도 한다.

- **수복재개발방식**
도시재개발방식 중 하나로, 재개발구역 안의 도로. 공원 등 공공시설을 사업시행자 또는 지
방자치단체가 설치하고 건축물은 건축계획에 따라 건축소유자가 신축 또는 개량하는 재개발
방식.

- **수복지역**
북위38도 이북의 수복지구(동구역의 행정구역에 편입되는 북위 38도 이남지역을 포함)로 경
기도 파주군 장면. 군내면. 진서면 및 진도면의 지역과 강원도 속초시. 철원군. 화천군. 양구
군. 인제군. 고성군. 양양군이 해당 지역.

- **수의계약**
경쟁계약(일반 경쟁계약 또는 지명 경쟁계약)에 비하여 입찰 등의 경쟁방법에 의하지 않고,
임의적당과 신용하는 상대방과 계약을 체결하는 방법. 국가 또는 공공단체의 계약은 원칙으
로 경쟁계약의 방법에 의하나 일반경쟁에 붙이는 것이 불리하다고 인정되는 경우 및 그 밖
에 법령이 인정하는 경우에 한하여 수의 계약을 할 수 있다. 정부에서 매매, 대차, 도급 기타
의 계약을 할 때 경쟁에 붙이지 않고, 그 업무에 경험이 있고 신용이 확실한 자를 임의로 선
택하여 이 특정인과 체결하는 계약.

- **수익방식**
부동산가격을 구하는 3방식 중의 하나. 이때 가격을 구하는 방법을 수익혼원법, 임료를 구하
는 방법을 수익분석이라고 함. 부동산의 수익성에서 접근하여 경제가치를 구하는 것.

- **수익배분의 원칙**
수익배분의 원칙은 부동산에 귀속되는 수익성을 기초로 하는 가격 또는 임료의 평가방법 및
토지잔여법에 대한 여론적 근거가 된다. 토지, 자본, 노동 및 경영의 각 요소의 결합에 의하
여 생기는 총수익은 각 요소에 배분된다. 총수익 중 자본, 노동 및 경영에 배분되는 부분 이
외의 부분은 개개의 배분이 정확히 행하여지는 한 토지에 귀속된다.

- **수익분석법**
수익분석법은 부동산의 감정평가 3방식의 하나인 수익방식 중 임료를 구하는 방법. 일반 기
업경영에 의해 산출된 총수익을 분석하여 대상부동산이 일정기간 안에 산출할 것으로 기대

되는 순수익을 구하고, 여기에 필요 제경비를 가산하여 대상부동산의 임료를 구한다. 이 방법에 의하여 구한 사용료를 수익임료라 한다. 순수익의 산정에 있어 임료의 성격이 기간적인 성격을 내포함에 주의해야 하고, 그 오는 수익환원법에 준한다. (참고)감정평가에 관한 규칙 제4조

● 수익사례

부동산 감정평가에 있어서 일반의 다른 기업경영에 의하여 수익을 올리고 있는 사례로서 수익환원법 및 수익분석법에 따라 수익가격 또는 수익임료를 구하기 위하여 필요한 자료.

● 수익성 부동산

부동산의 기능을 통해서 직접적인 금전적 수익을 산출하는데 소유의 목적이 있는 부동산.(예)주거용 부동산(순수한 소유자 자신의 주거 목적이 아니am로, 임대하여 임대수익을 상출하는 것), 임대된 주택, 임대용 부동산, 기업용부동산(상, 공, 광업용 부동산)

● 수익환원법

부동산 가격을 구하는 3방식 중의 하나인데 수익적 측면에서 가격을 생각하는 방법. 대상부동산이 장래에 발생시키리라고 기대되는 순수익의 현가의 총화를 구하는 것이고, 순수익을 환원이율로 환원해서 대상부동산의 시산가격을 구하는 것이다. 이 방법에 의하여 구한 시산가격을 수익가격이라고 한다. 수익환원법은 임대용 부동산이나 기어용부동산의 가격을 구하는 경우에 유리하며, 부동산 가격은 당해 부동산의 수익성을 반영하여 형성되는 것으로 수익은 부동산의 경제가치의 본질을 형성하는 것이다. 또한 토지 거래가격의 상승이 현저할 경우에는 그 가격과 수익가격의 차이가 증대하므로 앞서가는 경향이 있는 거래가격에 대한 검증수단으로 활용되며, 이는 예측의 원칙과 최유효 이용의 원칙에 근거를 둔다. (참고)감정평가에 관한 규칙 제12조

● 수탁

부동산거래 등의 업무의 하나. 고객의 의뢰를 받아 고객이 소유하는 부동산의 임대, 분양 등의 업무를 대신하여 대행하는 일을 인수하는 것을 말한다.

● 순가중개

부동산중개 활동에서 대상부동산을 얼마 이상의 값으로 팔면 중개인의 수입으로 하라는 식의 중개를 의미한다. 현행 제도상으로는 용인되지 않는다.

● 순수익

부동산에 귀속하는 적정한 순수익을 말하는데. 수익목적에 쓰이는 부동산과 관련한 자본, 노동 및 경영의 4요소의 결합으로 발생한 총수익에서 자본, 노동 및 경영이 총수익 발생에 이바지한 공헌도에 따르는 적정한 분배분을 공제한 잔여 부분을 가리킨다.

● 순임료

부동산의 임료에는 부동산의 임대차를 계속하는 데에 필요로 하는 통상의 필요제경비 등이 포함되어야 한다. 부동산의 총임료(명목임료)에서 통상의 필요제경비 등을 공제한 임료.

● 순환재개발방식

도시재개발방식 중의 하나로, 재개발구역 또는 지구를 여러 개의 공구로 분할하여 순차적으로 시행하는 재개발방식.

● 순환재개발사업

재개발지구 주민들의 이주대책용 아파트를 사업지 인근에 짓거나 기존 아파트를 임대해 현지거주 조합원에게는 재개발사업이 끝날 때까지 세입자에게는 기존 아파트를 임대해 현지거주 조합원에게는 재개발사업이 끝날 때까지, 세입자 에게는 일정기간 아파트를 빌려주는 것을 말한다. 재개발지구 주민들의 요구사항인 이주 대책을 사전에 마련해 사업시행을 원활히 하기 위한 것이다. 이 방식은 대한주택공사가 1992년 처음으로 서울 신림동 재개발 지구에 도입했다.

● 슬럼

대도시의 일지대는 보통 극빈층의 밀집지대로서 그 주민 구성에는 일용노동자, 실업자 등이 많고 불량주택으로 형성되어 비위생적 환경 때문에 전염병 등이 발생하기 쉬우며 범죄의 온상이 되는 경우도 많다. 이러한 지대를 슬럼가라고 한다. 이 지역 주민들은 혈연적, 지연적 결속력이 강하고 이웃 주택지역에 대한 반항심이 강한데 반사회적 집단행동으로 나오기도 한다.

● 승계취득

원시취득에 상대되는 개념으로서, 타인이 소유한 권리에 기하여 권리를 취득하는 것. 승계취득의 경우에는 취득자의 권리가 전주의 권리에 기하고 있기 때문에 전주의 권리에 하나나 제한이 있는 경우에는 승계인은 하나나 제한이 있는 권리를 취득한다. 어떤 권리를 타인의 권리에 의하여 취득하는 것. 원시취득에 대하여 말한다. 매매-상속 등에 의하여 타인의 권리를 그대로 취득하는 경우(이전적 승계)와 소유자로부터 저당권 또는 지상권의 설정을 받는 것처럼 전주의 권리에 부착하고 있던 부담-제한 등이 취득자에 의하여 승계되는 점이 원시취득과 다르다.

● 시가지

주택, 점포, 공장 등이 집적하여 사회활동이 이루어지고 있는 지역.

● 시공자

공사계약서에서 정한 바에 따라 신의와 성실의 원리에 입각하여 시공하고 정해진 기간 내에 공사를 완성해야 하는 자로서 발주기관의 자의 감독업무를 대행하는 감리원으로부터 재시도, 공사중지명령, 기타 필요한 조치에 대한 명령을 받은 때에는 특별한 사유가 없는 한 이에 응할 의무를 말한다.

● 시산가격
부동산 감정평가에서 감정평가3방식으로 구해진 가격. 원가방식에 의하여 구해진 식산평가를 적산가격, 비교방식으로 구해진 시산가격을 비준가격, 수익방식으로 구해진 시산가격을 수익가격이라고 하는데 시산임료도 이에 준한다. 이론적으로는 이 세 가지 시산가격은 일치해야 하지만 각각의 작업단계에서 실행 가능한 범위의 한계 및 자료의 채택과 각종 판단의 상이로 이들 시산가격 상호간에는 자연히 격차가 생긴다. 따라서 최종적으로 감정평가액을 결정할 때에는 이들 시산가격을 상호조정해야 한다.

● 신도시
대도시의 폐단극복을 위해 계획인구의 상한선을 두고, 대도시에 경제적으로 독립하고, 주거, 상업, 공업 등 다양한 토지이용에 따라 자족성을 유지하며, 평면확신을 방지하여 장기간 단계적으로 개발하는 도시다. 이는 미개발 토지개발뿐 아니라. 예외적으로 기존 도시의 확대한다. 재개발도 포함하는 개념으로 쓰인다.

● 실질적 심사주의
등기공무원에게 등기신청에 대하여 등기신청절차상의 적부뿐만 아니라 등기신청원인의 ㅈ본부 효력 등 실질적 내용을 직접 조사할 수 있는 권한을 부여하는 주의. 우리나라에서는 형식적 심사주의를 취하고 있다.

● 아파텔
아파트＋오피스텔의 합성어. 건축허가를 오피스텔로 득한 건축물을 지하주차장 등의 공유면적을 분양면적에서 제외하여 분양면적 대비 전용비율을 아파트와 유사하게 75~80% 수준까지 표현하는 주거용 오피스텔임. 일반 오피스텔은 주차장을 분양면적에 산입하여 50~60%의 전용률이 일반적이지만, 우리나라의 부동산 시장 가격구조상 오피스텔보다 아파트가 평당가격이 월등히 높은 데서 나타난 현상으로 아파트로 착오를 일으키게 하려는 공급자 상술의 일환 .

● 아파트
apartment house의 약어로, 1동의 건물을 여러 방으로 나누어 각 방마다 독립된 생활을 할 수 있도록 설비한 건물로 주택건설 축진법상 5층 이상의 공동주택.

● **아파트형 공장**

공업배치 및 공장설립에 관한법률에 의한 공장의 하나로, 동일 건축물 안에 다수의 공장이 동시에 입주할 수 있는 다층형 집합건축물.

● **안목치수**

아파트 전용면적을 계산할 때 눈으로 보이는 벽체 안쪽을 기준으로 하는 것을 말한다. 그동안 아파트 설계나 시공에서 전용면적을 계산할 때는 벽체 중심선을 기준으로 삼았다. 따라서 벽체 두께만큼의 공간이 전용 면적에 포함되어 실제로는 전용면적보다 적은 면적을 상용한 셈이다. 그러나 안목치수를 적용하면 벽체 안쪽을 기준으로 면적을 산정하기 때문에 입주자들은 아파트 분양시에 표시된 전용면적을 실제로 사용할 수 있다. 따라서 아파트에 안목치수가 적용되면 종전에 비해 분양 평형이 3.3058㎡~16.53㎡(1~5형) 정도 증가한다. 전용면적 84.96㎡(25.7형) 아파트의 경우 그동안 분양 평형이 105.78㎡~109.09㎡(32~33형)이었다면 안목치수를 적용하면 112.39㎡~115.70㎡(34~35형)으로 커지게 된다.

● **양도소득세**

부동산 등 자산을 양도했을 때에 그 양도차익에 대하여 과세하는 소득세. 부동산투기억제의 수단으로 제정한 것이므로, 부동산 경기 변화나 정책에 대처하여 부동산활동을 해야 한다. 양도소득세 부과방식은 총 차익소득에서 그건의 물가상승율을 공제하고 또 일정소득을 공제한 잔여액에 대해서 일정률을 과세한다.

● **업무지구**

공공용 또는 사무를 위주로 하는 업무용 건축물을 집중시켜 업무집행에 관한 상호 편리를 도모하거나 그 환경의 조성을 위하여 도시계획구역 가운데 필요한 일정한 구역을 획정·구분하여 지정한 지구. 업무지구에서의 건축제한은 건축법시행령 제148조가 규정하고 있다

● **에스크로우**

부동산산업의 하나인데 타인이 합의한 매매계약의 내용에 따라 각자의 채무이행을 대행하는 일종의 서비스신탁업. 예컨대 매일의 근무에 얽매이는 월급 생활자들이 계약한 부동산매매에 대해서 그를 대신해서 등기절차. 특허확인 등을 서비스하는 직업이다.(미국에서 성행)

● **여과현상**

각 주거단위는 신간의 경과에 따라 노후하게 되나 그 건물이 상각되어 새로운 건물이 건립될 때까지 그 주거단위는 저소득층이 주거할 수 있도록 된다는 이론이다. 따라서 고소득층이 고가의 신축주택으로 이주하면 전에 살던 주택의 가격하락을 그보다 낮은 소득계층으로 계속 이전되어 결국 폐기된다는 것이다. 이 여과과정이 받아들여지면 주택시장 자체의 힘으로 주택수요 문제를 해결할 수 있다는 것으로 되나 실제상 문제가 있다.

● 연립주택

주택건설촉진법에 의하면 동당 건축 연면적이 660㎡를 초과하는 4층 이하의 공동주택.

● 연면적

건물의 각층의 바닥면적이 합계면적, 연건평이라고도 한다. 건물 1층의 바닥면적만은 건평이라고 함.

● 염가구매선택권

리스 이용자의 선택에 따라 리스이용자가 당해 자산을 구매선택권 행사가능일 현재의 공정한 평가액보다 현저하게 낮은 가액으로 구매하거나 계약을 갱신할 수 있는 권리를 말한다.

● 예고등기

등기원인의 무효 또는 취소로 인한 등기의 말소 또는 회복의 소가 제기된 경우(패소한 원고가 재심의 소를 제기한 경우 포함)에 하는 등기로, 그 무효 또는 취소로 선의의 제3자에게 대항할 수 없는 경우에는 그러하지 않다. 예비등기의 하나이며, 계쟁 부동산에 법률행위를 하려고 하는 제3자를 보호하는 기능을 한다. 즉, 예고등기라 함은 등기원인, 즉 부동산에 관한 권리의 설정, 보존, 이전, 소멸 등의 등기원인은 법률사실(예 : 매매, 증여, 상속, 합병 등)이 무효라든가 또는 취소될 것을 이유로 말소등기절차 이행청구의 소가 제기된 경우에 이와 같은 소의 제기가 있었다는 사실을 제3자(소송당사자 이외의 자)에게 공시하고 그러므로서 제3자가 불측의 손해를 받는 것을 방지함을 목적으로 하는 등기다. 따라서 예고등기는 제3자를 보호하기 위한 경고등기다. 예고등기는 가등기와 같이 예비등기의 일종인데 예고등기는 순위보존의 효력이나 상대적 무효의 효력을 가진 가등기와 상위하고 제3자에게 경고하는 이외의 그 자체로서는 아무런 효력도 없는 것으로 해석된다.

● 예비등기

본등기를 할 수 있는 요건을 갖추지 못한 경우에 장차 행하여질 본등기의 준비로서 권리의 보전을 위하여 하는 등기를 말한다. 예비등기에는 가등기와 예고등기가 있다. 다시 말하면 등기 본래의 효력인 물권변동에는 직접관계가 없고, 다만 간접적으로 이에 대비하여서 하는 등기를 말하는데 이에는 가등기와 예고등기가 있다. 가등기는 부동산물권 또는 부동산 임차권의 변동을 목적으로 하는 청구권을 보존하려고 할 때나, 이들 청구권이 시기부 또는 정지조건부이거나 기타 장래에 있어서 확정될 것인 때에 하는 등기이고, 예고 등기는 등기원인의 무효나 취소로 인한 등기의 말소 또는 회복의 소가 제기된 경우에 이를 제3자에게 경고하기 위하여 수소법원의 촉탁으로 행해지는 등기다.

● 예정지구

주택건설촉진법의 규정에 의한 택지수급계획이 정하는 바에 따라 택지를 집약적으로 개발하기 위해 필요한 지역으로 건설교통부장관이 지정한 지역. 건설교통부장관이 예정지구를 지정하고자 할 때에는 미리 해당 토지를 조사해야 하며, 필요한 경우 시장 군수 택지개발사업의 시행자에게 토지의 조사를 명할 수 있다.

● 옐로우 벨트
추가된 시가화 조정지구설정으로 도시지역 내에 개발제한지구가 벨트처럼 쳐지는 것을 뜻한다. 시가화조정지구의 별명이며 그린벨트에 대립되는 용어.

● 오피스텔
Office와 Hotel의 합성어로 업무를 주로 하되 일부 숙식을 할 수 있는 건축물로 건축법에서는 업무시설로 분류하여 주택에 포함되지 않으므로 1가구 2주택에서 제외.

● 용도
도시계획 또는 기타 계획의 용어. 특정의 이용을 의미하며, 이에 따라 토지와 건물의 기능이 결정되거나 설계되어지며 또한 점유 사용되어져야 한다. 이 용어는 토지에 관한 다른 계획용어의 기본어.

● 용도지역 · 지구 · 구역
도시계획구역 안의 일정한 지역을 획정하고 그 확정된 지역마다 각각 상이한 토지 이용의 특성을 부여하며, 그 특성에 따라 토지의 이용에 공법상의 규제, 즉 건축물의 용도 · 규모 · 대지면적 · 건폐율 · 용적률 등을 규제하는 제도가 지역 · 지구제이며, 도시의 과대화 · 과밀화를 막기 위하여 기성 시가지의 일정한 지역을 확정하여 과밀화의 원인이 되는 토지이용행위를 규제하거나, 도시계획구역 주변의 일정한 지역을 지정하여 개발행위를 말하며 시가화할 행위를 제한한다든지, 또는 도시 주변지역에 새로운 지역을 지정하여 그 지역을 도시(신도시 또는 부도심지)로 개발함으로써 주된 도시의 기능 일부를 분담시키고자 하는 제도가 구역제다. 도시 계획법상 용도지역으로 정한 것에는, 주거지역(주거전용지역 · 주거지역 · 준주거지역) · 상업지역 · 공업지역(전용공업지역 · 공업지역 · 준공업지역)과 녹지 지역(생산녹지지역 · 자연녹지지역)의 네 종류가 있는데, 용도지역의 효과에는 법률상 단순히 건축물의 용도별제한 · 규모 · 구조 · 높이와 대지면적의 최소규모 · 건폐율 · 용적율 등에 대하여 규제되고 있을뿐, 다른 토지이용 행위에 대하여는 규제를 하고 있지 아니함으로써 다소 용도지역제의 근본목적에 소홀한 감이 없지 않다. 도시계획법이 정하는 지구에는, 풍치지구 · 미관지구 · 고도지구 · 방화지구 · 교육및 연구지구 · 업무지구 · 임항지구 · 공지지구 · 보존지구 · 특정가구정비지구 · 주차장정비지구 · 공항지구 · 자연환경보전지구 · 아파트지구가 있는데, 도시계획구역안에서 용도지역과는 무관하게 공공의 안녕질서와 도시기능의 증진을 위하여 독자적으로 정하고 있다. 도시계획법상의 구역에는, 특정시설제한구역 · 시가화조정구역 · 개발제한구역 · 도시개발예정구역의 4종이 있다. 도시계획법 이외에도 국토이용관리법 등에서 용도지역 · 용도지구라는 말을 사용하나, 도시계획법상의 용도지역 · 지구 · 구역이 흔하게 사용된다. 국토이용관리법에서는 토지이용기본계획에서 용도지역을 정하고, 용도 지역별로 그 지역 안의 토지 전부 또는 일부에 대하여 용도지구를 지정한다.

● **용적률**

건물바닥 총면적에 대한 대지면적의 비율, 즉〈용적률＝건물바닥 총면적/대지면적〉으로 표시된다. 원래, 용적이란 부피를 의미하는 것으로 여기서는 건물의 부피, 즉 건물 각층의 모든 면적을 합한, 이른바 연면적 또는 연건평을 뜻하며, 용적률이란 이 연면적이 그 아래 있는 대지에 대해 얼마인가 하는 비율이다. 건폐율은 평면적인 건축밀도의 개념이고, 용적률은 입체적인 건축밀도의 개념으로써, 건축물의 높이가 높을수록 용적률은 늘지만, 건폐율은 변하지 않는다. 용적률은 각 용도지역 내에 있어서 어느 정도까지 허용할 것인가에 따라 주거·상업·공업·녹지 지역 등의 면적배분이 달라지며, 도로·상하수도·광장·공원·주차장 등 공공시설의 설치도 그 지역의 건축밀도나 용적에 따라 규모가 다르게 되므로 효율적인 도시계획을 이루기 위해서는 그것이 하나의 기준이 되므로 토지이용의 극대화를 도모한다. 용도지역 내에서의 용적률은 법에 규정되어 있다.

● **우선변제권**

보증금액수에 관계없이 일정한 요건을 갖추면 자신보다 나중에 담보권을 설정한 사람보다 우선해서 보증금을 변제받을 수 있는 제도다. 우선변제권을 인정받기 위해서는 주민등록전입신고를 해야 하고 주택에 입주한 후 임대차계약서에 [확정일자]라는 별도의 요건을 갖추어야 한다.

● **우선변제소액임차인**

전세보증금이 서울 및 광역시는 3,000만 원 이하이고 그 이외지역은 2,000만 원 이하인 소액임차인. 다만, 위 내용은 1995년10월 18일 이후의 저당에만 최우선 변제의 효력이 있다.

● **운동, 휴양지구**

국민여가선용을 위한 운동, 휴양시설과 자연경관이나, 문화재 등을 탐방하는 관광객을 위한 시설이 집단화되어 있거나 집단화되어야 할 지역으로서, 관광진흥법에 의한 관광휴양시설, 체육시설의 설치, 이용에 관한 법률에 의한 체육시설, 청소년기본법에 의한 청소년수련시설 등의 설치를 위하여 계획적인 개발이 필요한 지구.

● **원가연동제**

공공택지에서 분양되는 전용면적 25.7평 이하 아파트에 대해 분양가를 규제하는 것을 말한다. 택지비, 공사비, 설계 감리비, 부대비, 가산비용 등 5개 항목으로 나뉘어 분양원가가 공개된다.

● **원룸주택**

화장실을 뺀 모든 공간이 하나로 터져 있는 형태의 주택이다. 미국 등지에서 독신자용 주택으로 일반화되어 있으며 우리나라에서도 1990년대 들어 독신자, 신혼부부 등을 위한 주택으로 지어지고 있다

- 유지관리비

  부동산의 유용성을 적정하게 유지 회복하고, 임료 등을 받기 위한 필요한 비용으로 일반적으로 수선비, 유지비, 관리비로 구분되며, 그 내용으로는 인건비, 수동광열비, 청소비, 기계설비 정비비, 영선수선비 및 기타 경비가 있다.

- 이중등기

  이중등기는 주로 소유권보존등기에서 발생한다. 이중으로 등기된 소유권보존등기의 명의가 동일한 경우에는 1부동산 1등기 용지의 원칙에 의하여 먼저 행하여진 등기가 유효하고 나중에 행하여지는 등기는 무효가 된다.

- 이중매매

  동일한 목적물에 관하여 2회(두 번) 이상의 매매를 하는 것을 말한다. 매매 이외에 권리양도의 경우까지를 포함하여 이중양도라고도 한다. 민법은 물권과 지시채권 및 무기명채권의 양도에 관하여는 소위 형식주의를 추하여 등기나 인도 또는 증서의 배서가 있어야 양도되고 취득된다고 규정한다. 따라서 권리가 이중으로 양도된다는 일은 있을 수 없다. 이와 반대로 지명채권의 양도는 의사표시만으로 효력이 생기고 통지 또는 승낙을 대항요건으로 할 뿐이므로 동일한 권리가 이중으로 양도될 수 있다. 이러한 경우에는 먼저 대항 요건을 갖춘 자만이 타자에 대하여 대항할 수 있다.

- 인적편성주의

  부동산등기부 편성방법의 한 가지로,개개의 부동산소유자를 중심으로하여 부동산등기부를 편성하는 것이고, 1필지 1소유자에 1등기용지를 두는 것이다.

- 인텔리전트빌딩

  고도정보화에 대응하는 설비를 갖춘 빌딩을 말한다. 각종 정보기술의 발전과 기업의 정보전략의 필요성을 배경으로 건설되고 있다. 일반적으로 조명, 공조 관리 등을 자동화하고 사무자동화기기를 완비하며, 텔레커뮤니케이션 기능을 갖춘 사무용 건물을 말한다.

- 일반건축물대장

  일반건축물 (일반건축물 아닌 건축물) 및 그 대지에 관한 현황을 기재한 건축물대장이다

- 일반공업지역

  도시계획법상 공업지역의 세분된 용도지역 중 하나로, 환경을 저해하지 않는 공업의 배치를 위해 필요한 때 지정한다.

- 일반상업지역

  도시계획법상 상업지역의 세분으로 일반적인 상업 및 업무기능을 담당하기 위해 필요한 때

지정된다.

● **일반지구**
과세표준액(지방세)을 산정할 때 사용되는 용어. 지목,품 위 또는 정황이 현저하게 달라진 경우 유사한 토지에 비준하여 등급을 수정할 지구를 말함.

● **일시금**
부동산 전세 또는 임차시에 일시에 소유자에게 지급하는 금액을 지칭한다. 부동산의 임대차 등의계약시에 임차인의 임대인에게 지불하는 권리금 보증금 등.

● **일조권**
주거환경의 최저기준이 되며 보통 동지(冬至)의 일조시간에 따라 판단된다. 건축기준법에서는 높이 제한 사선 제한 일영(日影) 제한 등을 찾아볼 수 있으나, 상업지역 공업지역은 적용이 안 되며 구체적인 제한은 지역에 따라 다르다. 일조권을 둘러싸고 분쟁이 일어나는 일이 종종 있는데, 건축공사 허가는 얻었다고 해도 소송문제가 제기되면 판결이 나올 때까지 공사는 중단된다.

● **임대료**
임대차계약에 있어서 임차물사용의 대가로 지급되는 금전 및 그 밖의 물건. 임대차에서는 차임(토지의 경우에는 지료, 건물의 경우에는 임료라고 한다. 더군다나 임대료를 보다 넓은 뜻으로, 다시 말해 지상권의 대가인 지료를 포함하여 사용하는 일도 있다. 임대료의 지급 시기는 별다른 특약이 없는 한 후불이다. 임대료의 액은 계약에 의하여 자유로이 정하여 일정한 경우에는 증감할 수 있다.

● **임대분양전환**
임대계약에 의하여 임대 시행중인 주택을 일정한 임대 의무기한 종료 후 분양하는 경우로 일시불 분양을 원칙으로 한다.

● **임대사례비교법**
부동산감정평가에서 비교방식 중 부동산의 임료를 구하는 방법. 다수의 임대사례를 수집하여 적절한 사례를 선택하고 필요에 따라 실질임료에 사정보정과 시점수정을 가하고 또 지역요인과 개별요인을 비교하여 시산임료를 산출한다.

● **임대인**
임대차계약에 있어서 당사자의 일방으로서의 상대방, 즉 임차인에 대하여 목적물을 사용·수익하기로 약정한 자. 임대인은 임차인에 대하여 아래와 같은 권리·의무를 진다. 목적물을 사용·수익시킬 의무, 담보책임, 비용상환, 임차청구권 등.

- **임대주택**
  임대목적에 제공되는 건설임대주택 및 매입임대주택을 뜻한다.

- **임대차**
  당사자의 일방(임대인)이 상대방에게 목적물(임대물)을 사용·수익하게 할 것을 약정하고, 상대방(임차인)이 이에 대하여 차임을 지급할 것을 약정함으로써 성립하는 계약이다. 임대차는 소비대차·사용대차와 더불어 타인의 물건을 사용·수익하는 계약관계이나, 임차인은 그가 사용·수익한 임차물 자체를 반환해야 하고 그 소유권을 취득하지 않는 점에서 소비대차와 다르고, 사용·수익의 대가로써 차임(월세·전세보증금 등)을 지급하는 점에서 아무런 대가 없이 하는 사용대차와도 다르다. 흔히 행하여지는 전세계약은 전세등기가 있는 경우에는 전세권으로써 물권이지만, 그렇지않은 경우에는 채권관계로써의 임대차계약이다. 임대차는 용익물권으로써의 전세권이나 지상권 등에 비하여 소유자에게 유리하므로 많이 사용되고 있고, 따라서 임차인의 지위를 보호하기 위한 제도적 장치를 만드는데 노력하고 있다. 예로 주택임대차보호법이 있다.

- **임대차계약(서)**
  당사자의일방(임대인)이 상대방(임차인)에게 목적물을 사용·수익할 수 있게 하고, 상대방이 그 대가로서 차임을 지급할 것을 약정함으로써 성립하는 계약서이며, 계약서는 이러한 내용이 담긴 문서.

- **임차권의 대항요건**
  임차권이 제3자로부터 보호를 받고 대항력을 갖추려면 첫째 주택의 인도와 둘째 주민등록전입의 종료(전세계약서에 확정일자를 받는 것도 있지 말아야 한다)라는 두 가지 사항을 갖추어야만 대항요건으로 명문화된다. 따라서 위 2가지 사항 모두 갖추지 못하면 임차권의 대항요건은 인정될 수 없다.

- **자연공원**
  자연공원법에 의한 국립공원·도립공원·군립공원을 일컫는다. 공원의 효율적인 보호와 이용을 도모하기 위해 자연보존지구·자연환경지구·취락지구·집단시설지구 등의 용도지구를 공원계획으로 결정한다.

- **자연녹지지역**
  도시계획법상 녹지지역의 세분 중의 하나로, 녹지 공간의 보전을 해하지 않는 범위 내에서 제한적 개발이 불가피한 때 지정한다.

● **자연 및 문화재보전지역**

자연경관, 문화재, 수산자원 등의 보전과 관광 및 휴양의 목적으로 이용되고 있거나 이용될 지역이다. 이것은 다시 자연환경보전지구 · 문화재보전지구 · 관광휴양지구 · 해안보전지구 · 수산자원보전지구로 구분 지정된다. 자연 및 문화재보전지역에 대해서는 다른 용도지역과 같은 행위제한규정은 없고 각 용도지구에 관해서만 규정하고 있다.

● **자연보전권역**

한강수계의 수질 및 녹지 등 자연환경의 보전이 필요한 지역.

● **잡종지**

잡종지는 지적법상 지목 중 하나로 갈대밭, 물건 등을 쌓아 두는 곳, 돌을 캐내는 곳, 흙을 파내는 곳, 야외시장, 비행장, 공동우물과 영구적 건축물 중 변전소, 송신소, 수신소, 주차시설, 납골당, 유류저장시설, 송유시설, 주유소(가스충전소 포함), 도축장, 자동차운전학원, 쓰레기 및 오물처리장 등의 부지와 다른 지목에 속하지 않는 토지.

● **재개발구역**

도시재개발법에 의한 재개발사업을 시행하기 위하여 도시계획으로 지정고시된 구역을 일컫는다.

● **재건축**

재건축은 말 그대로 낡은 건물을 다시 짓는 것으로 새 건물은 현재보다 더 크게 지을 수 있다는 뜻을 담고 있다. 따라서 재건축의 핵심은 지분율이다. 지분율은 헌 아파트를 헐고 새 아파트로 지어 분양을 받을 때 돈을 부담하지 않아도 되는 면적비율을 말하며 대지지분과 인근 토지가격의 영향을 받는다. 대지지분이란 아파트 전체의 대지면적을 가구수로 나눈 것인데 등기부등본에 표시된 면적을 살펴보면(대지권 지분권) 거주하고 있는 아파트의 대지지분에 대한 소유권이 나타나 있다. 따라서 재건축의 경우 일반적으로 건물연면적보다 등기부등본상의 대지지분 크기가 중요하다. 그러므로 외형적인 아파트 면적에 신경을 써서는 안 된다. 보통 시중에서 저층 주공아파트가 재건축 대상으로 인기가 높은 이유는 대지지분율이 높기 때문이다. 대지지분율이 크고 용적률이 낮아야만 아파트를 더 많이 지을 수 있고 재건축 조합원 부담액도 적어지기 때문이다.

● **재건축개발이익환수제**

수도권 중 과밀억제권역 중 재건축 용적률 증가분의 일부를 임대주택으로 건설하여 공공에 공급하는 것을 의무화하는 제도다.

● **재건축조합**

주택건설촉진법에 의한 주택조합의 하나로, 노후 · 불량한 주택을 철거하고 그 철거한 대지

위에 주택을 건설하기 위해 기존 주택의 소유자가 설립한 조합을 재건축조합이라 말한다.

● **재산세**
매년 5월 1일 현재 아파트를 보유하고 있으면 아파트의 과세시가표준액의 3/1000에 해당하는 금액을 당해년 6월 30일까지 해당 지자체에 납부해야 한다.

● **재산평가**
재산목록이나 대차대조표에 기재할 재산의 평가를 말하는 것으로 평가에 관한 원칙적 규정에 의하면 일반재산의 평가는 재산목록과 대차대조표 작성 당시의 가격에 의하여(시가주의)하며 영업용 고정재산에 관하여는 그 취득가액 또는 제작가액으로부터 상당한 감손액을 공제한 가액(감가상각주의)을 기재해야 한다.

● **저당권**
채권자가 채무자 또는 제3자로부터 점유를 옮기지 않고 그 채권의 담보로 제공된 목적물(부동산)에 대하여 일반채권자에 우선하여 변제를 받을 수 있는 약정담보물권.

● **적산가격**
부동산감정평가의 3방식 중의 하나인 원가방식에 의하여 구한 시산가격. 즉 가격시점에서 감정평가 대상부동산의 제조달원가를 구한 다음 감가수정을 하여 구한 가격을 말한다. [동] 복성가격이나 복성평가라고도 한다.

● **적산법**
적산법이라 함은 가격시점에서의 대상물건 가격을 기대이율로 곱하여 산정한 금액에 대상물건을 계속하여 임대차하는데 필요한 경비를 가산하여 임료를 산정하는 방법. 즉, 부동산감정평가에서 대상부동산에 대하여 가격시점에 있어서의 기초 가격을 구하고 이에 기대이율을 곱하여 얻은 액에 대상부동산에 임대차 등을 계속하기 위하여 필요로 하는 제경비등을 가산하여 시산임료를 구하는 방법을 말한다. 부동산에서 일정량의 용익을 얻기 위하여 소비된 가치에 착안하여 그 용익의 대가인 임료를 구하려는 것이다.

● **적응환지**
토지구획정리사업법에 의한 환지방법 중 하나로, 종전 토지의 가액에 정확히 맞추어 하는 환지를 말한다. 따라서 적응환지를 받게 되면 따로 청산금의 문제는 발생하지 않는다.

● **전**
지적법상 지목 중 하나로, 물을 대지 않고 곡물·원예작물(과수류를 제외한다)·약초·뽕나무·닥나무·묘목·관상수 등의 식물을 주로 재배하는 토지와 식용을 목적으로 죽순을 재배하는 토지를 말한다.

● 전대차

임대차계약은 집주인과 체결하는 것이 원칙입니다. 그런데 종종 임차인이 다시 다른 사람에게 세를 주는 경우가 발생하는데, 이렇게 임차인이 자기가 임차한 주택을 다른 사람에게 다시 세주는 것을 말한다.

● 전면노선

획지 또는 대지의 앞쪽에 있는 노선 또는 도로를 전면노선이라 한다.

● 전세권

전세금을 지급하고 타인의 부동산을 점유하여 부동산의 용도에 따라 사용 · 수익하는 권리다. 전세권은 종래부터 도회지에서 성행되어온 채권이 가옥전세의 관습을 현행민법에서 물권화한 것인데 법적으로 이 제도가 마련되어 있다고는 하지만 지상권과 함께 실제에 있어서는 거의 이용되지 않고 있다. 왜냐하면 가옥의 이용관계는 임대차계약(임차권)으로 가능한데 임차권은 채권이기 때문에 소유자에게는 유리한 반면 임차인에게는 불리하므로 경제적으로 강자인 소유자는 임차권의 방법을 취하고자 하며 결코 자기에게 불리한 전세권의 방법을 원하지 않기 때문이다. 또한 전세자는 다른 부동산 물권과 같이 등기함으로써 물권을 얻기 때문에 당사자 간에 전세권설정계약을 체결하더라도 등기를 하지 않으면 채권과 전혀 다를 바없다. 이러한 등기라고 하는 번거로운 절차를 소유권자는 좋아하지 않으므로 임대차계약이 이용될 수밖에 없다. 이를 다소 시정하기 위하여 새로이 주택임대차보호법이 제정되었는데이 법의 주된 내용은 임차권에 물권적 효력을 부여하기 위하여 등기 대신에 주민등록전입신고를 하게 하였고 임대차기간을 장기화하여 1년 이상으로 정하도록 하였으며 그 이내에 정한 기간은 기간이 없는 것으로 하여 계약체결 후 6개월 안으로는 해지를 할 수 없게 하였는데 이 해지는 6개월이 지나야 효력을 발생하므로 결과적으로 1년의 기간은 보장되게 되었다. 전세권이 소멸하면 전세권자는 목적부동산으로부터 전세금의 우선변제를 받을 수 있다. 즉, 전세권은 용익물권인 동시에 일종의 담보물권이라고 할 수 있다. 전세권은 타인의 부동산에 대한 권리로서, 그 목적부동산은 1필의 토지, 1동의 건물임을 요하지 않고, 그 일부에 대해서도 설정할 수 있다. 그러나 농경지는 전세권의 목적으로 하지 못한다.

● 전세금

전세권의 설정에 즈음하여 전세권자로부터 전세권설정자에게 지급되는 금전을 말하며 전세금의 지급과 반환은 이자부금전소비대차에 있어서의 원금의 지급과 반환에 해당하고, 이자는 부동산의 차임과 상계되는 것과 같은 성질을 가지며, 전세금반환청구권은 전제권의 내용을 이룬다.

● 전속중개의뢰계약

부동산중개업자(공인중개사 또는 중개인)에게 중개의 특권을 부여하는 것은 독점중개의뢰계약과 같으나 의뢰인(부동산소유자 등)이 직접 계약을 성립시킨 경우만은 보수를 받지 못한다. 공인중개사가 전속중개계약을 체결한 경우에는 지체 없이 부동산거래정보망에 중개대상물(부동산)에 관한 정보를 공개하거나 정기간행물의 등록에 관한 법률에 의하여 등록한 일간신문에 1회 이상 광고하여 공개해야 하며 유효기간은 원칙적으로 3개월로 한다.

● **전용공업지역**
도시계획법상 공업지역의 세분 중 하나로, 주로 주거 · 상업시설의 설치를 금지하는 중공업지역 내지 공해성 공업을 수용하기 위해 필요한 때 설치하는 지역.

● **전용주거지역**
전용주거지역은 도식획법상 주거지역의 세분된 용도지역 중 하나로, 저층 중심의 양호한 주거환경을 보호하기 위해 필요한 때 지정된다.

● **전임중개계약**
부동산중개활동에 있어 부동산중개의뢰자가 개인이건 회사이건 공인중개사 한 사람이나 한 곳에만 중개의뢰하는 것을 말한다.

● **전임차**
임차인이 임차한 물건을 다시 제3자에게 유상 또는 무상으로 사용 · 수익하게 하는 것으로써 임대인의 동의를 필요로 하는 바 임대인의 동의 없이 전입하면 임대인은 임대차를 해지 할 수 있다. 그 승낙이 있는 적법한 전임차에서는 전차인은 임대인에 대하여 직접 차임지급등의 의무를 진다.

● **전전세**
전세를 든 사람이 자신의 전세권을 그대로 유지하면서 그 전세물을 목적으로 하는 전세권을 다시 설정하는 것. 전세권은 물권이므로 설정행위로 금지하지 않는 한 전세권자는 양도 또는 담보로 제공할 수 있다.

● **점유권**
물건을 사실상 지배하고 있는 자에 대하여 그 물건을 지배할 정당한 권리가 있느냐 없느냐를 불문하고 점유라는 사실 상태를 권리로 보호하는 것.

● **점유보조자**
점유기관이라고도 한다. 점유자의 지시에 따라 그 수족이 되어 물건을 소지하는 자로 점주의 지시에 의하여 상품을 소지하는 고용인이 그 예이며, 스스로는 점유자로서의 보호를 받지 못한다.

● **점유보호청구권**
점유자가 점유를 방해당하거나 또는 방해당할 염려가 있을 때에 방해자에게 방해의 제거를 청구할 수 있는 권리를 말하며, 점유보호청구권의 성질은 점유할 수 있는 권리의 유무와는 관계없이 점유 그 자체를 보호하는 제도.

● **점유소권**
점유자가 점유의 방해를 받거나 방해의 염려가 있을 때 방해자에게 방해의 제거를 청구할 수 있는 권리를 의미한다.(민205-209) 점유권이라고 하지만 실체법상의 권리다.

● **접근성**
어떤 상대물과의 상대적인 거리관계를 일컫는다. 부동산평가론상 '거리'에는 실거리 · 시간거리 · 운임거리 · 의식거리 등이 있는데 부동산투자시에는 대상물과 어느 지역의 중심과의 접근성을 비교하여 투자하라는 것을 의미한다.

● **접도구역**
도로의 구조를 보전하고 장래도로확장과 교통에 대한 위험요인을 제거하기 위하여 도로관리청이 도로구역 경계선으로부터 띄어야 하는 일정거리를 지정하여 고시한 구간으로 도로의 보호와 장래 그 도로의 확장을 위한 공간 확보를 위해 도로 또는 도로예정의 경계선으로부터 지정된 일정한 구역.

● **정면가로**
건물의 주된 방향(정면)이 가로에 면하는 노선으로써 어느 획지에 접하는 가로로 부동산 가격형성의 요인 중 하나다.

● **정면노선**
건축물의 주된 방향이 도로에 면하는 노선을 말한다. 이면노선의 공도에 접한 획지 중 노선가가 높은 쪽에 접한 노선.

● **정상가격**
평가대상토지 등(이하 대상물건이라 한다)이 통상적인 시장에서 충분한 기간 거래된 후 그 대상물건의 내용에 정통한 거래당사자간에 통상 성립한다고 인정되는 적정가격.

● **정상시가**
특정가격과 함께 감정평가에 의하여 구하게 되는 가격종류의 하나다. 정상시가는 시장성을 같은 부동산에 대하여 합리적인 자유시장에서 형성될 수 있는 시장가치를 표시하는 적정한 가격.

● **정상지가상승분**
국토이용관리법 제28조의 규정에 의하여 건설교통부장관이 조사한 전국의 평균지가변동률 및 정기예금이자율 등을 감안하여 대통령령이 정하는 기준에 의하여 산정한 금액을 말한다.

● **정액법**
부동산감정평가시 원가방식으로 가격을 구할 때에 재조달원가에서 감가수정을 하는데 이 감가수정방법에는 관찰감사법, 내용연수에 의한 법이 있다. 이 내용년수에 의한 법에도 몇 가지 방법이 있는데, 이때 건축물의 내용년수 중 매년의 감가액을 일정액으로 하는 방법을 정액법이라고 한다. 이때의 감가누계액은 경과연수에 비례하여 도표로 표시하면 직선으로 나타난다.

● **정착물**
토지의 정착물은 부동산이다. 정착물이라 함은 지금 토지에 부착하여 있고, 또 계속적으로 부착한 상태에서 사용되는 것이 사회관념상 그 성질이라고 인정되는 물건을 말한다. 건물·수목·토지·토지에 부속된 기계 따위다. 즉 토지에 고정적으로 부착되어 있고 거래개념상 계속적으로 토지에 부착되어 사용된다고 볼 수 있는 물건을 말한다. 그러므로 가식중의 수목이나 토지 또는 건물에 충분히 고착되어 있지 않은 기계 등은 정착물이 아니다. 정착물에는 토지와 별개의 독립된 부동산으로 인정되는 것과 정착하는 토지의 일부분이라고 볼 수 있는 것이 있다. 건물, 명인방법에 의하여 공시된 수목 등은 독립성이 인정된 정착물이다. 토지의 정착물로는 토지, 건물, 수목, 토지에 부속된 기계 등이 있다.

● **제척기간**
권리관계를 속히 확정시키기 위하여 일정한 권리에 관하여 법률이 정한 존속기간.

● **제한구역**
원자력법에 의하여 국가 또는 법률에 의하여 설립된 법인이 원자로 및 관계시설 또는 핵연료주기시설을 설치하는 때에 방사선에 의한 인체·물체 및 공공의 재해를 방어하기 위하여 일정범위에 대하여 설정한 구역을 제한구역이라 한다. 이 구역 안에서는 일반인의 출입이나 거주의 제한을 명할 수 있다

● **조립주택**
공장에서 양산한 건축부지를 현장에서 조립하여 만드는 주택을 조립주택이라 하며 본래는 주택의 조립 공업을 말하는 단어였는데, 현재는 조립공법에 의해 생산된 부재 또는 건물 그 자체를 가리키게 되었다.

● **종합부동산세**
부동산 과다 보유자에 대한 과세 강화와 부동산 투기 억제, 불합리한 지방세 체계를 개편하기 위해 도입한 제도로 2006년부터 전국의 소유 주택 가격을 인별합산방식이 아닌 세대별로 합산해 기준시가 6억 원을 넘는 초과분은 재산세와 별도로 높은 세율을 적용한다.

● **종합토지세**

매년 6월1일 현재 토지(아파트공유지분 포함)를 보유하고 있으면 당해토지의 과세시가표준액의 2/1000에 해당하는 금액(전용40㎡ 이하주택은 50%감면)을 당해년 10월 1일부터 한 달 이내에 해당지자체에 납부해야 한다.

● **종합환원이율**

부동산감정평가에 있어서 대상부동산이 부지와 건물 기타의 상각자산과 결합으로 구성되어 있을 경우에 순수익을 환원할 때 이용하는 것이다.

● **주거지역**

주거의 안녕과 건전한 생활환경의 보호를 위하여 도시계획구역 가운데 필요한 일정한 구역을 획정 · 구분하여 지정한 지역을 주거 지역이라 한다.

● **주등기**

독립하여 순위를 가지는 등기. 특히 신등기, 즉 독립등기에 대하여 부기등기가 행해졌을 때 그 독립등기를 가리킨다.

● **주상복합**

건축법상 직주근접을 이루도록 住+商이란 말 그대로 하나의 건물에 주거공간과 상업공간이 함께 공존하는 건축형태의 건물.

● **주택가격공시제도**

정부가 건물과 부속토지를 일체로 평가하여 그 가격을 공시하는 제도.

● **주택거래신고지역**

지정하는 날이 속하는 달의 직전 월의 아파트 또는 연립주택의 매매가격상승률이 1.5% 이상인 지역, 직전월로부터 소급하여 3월간의 아파트 또는 연립주택의 매매가격상승률이 3% 이상인 지역, 직전월로부터 소급하여 1년간의 아파트 또는 연립주택의 매매가격상승률이 전국의 아파트 또는 연립주택매매가격상승률의 2배 이상인 지역, 관할 시장, 군수 또는 구청장이 주택에 대한 투기가 성행할 우려가 있다고 판단하여 지정을 요청하는 지역 중에서 주택정책심의위원회의 심의를 거쳐서 지정한다.

● **주택관리사보**

주택건설촉진법 및 공동주택관리령에 의하여 공동주택을 관리할 수 있는 전문가로서의 자격을 취득한 자.

- **주택임대차 보호법**
  주거용건물의 특례를 규정함으로써 국민의 주거생활의 안전을 보호함을 목적으로 하는 법.

- **주택저당대출유동화증권(MBS:Mortgage Backed Securities)**
  주택저당대출을 기초로 하여 발행되는 유동화증권을 말한다. 미국에서는 주택저당대출과 상업용 부동산저당대출이 있는데 최초의 유동화증권은 주택저당대출을 대상자산으로 하여 발행된 것

- **주택조합**
  동일 또는 인접한 시(특별시 및 광역시를 포함) 군에 거주하는 주택이 없는 주민이 주택을 마련하기 위하여 설립한 조합, 동일한 직장에 근무하는 주택이 없는 근로자가 주택을 마련하기 위하여 설립한 조합 및 대통령령이 정하는 노후 불량한 주택을 철거하고 그 철거한 대지 위에 주택을 건설하기 위하여 기존주택의 소유자가 설립한 조합.

- **준농림지**
  농사나 산림조성 목적으로 이용되고 있지만 일정한 요건을 갖춘 뒤 전용허가를 거쳐 도시적 용도로 사용할 수 있는 지역을 말한다. 국토이용관리법에 의한 용도지역의 하나로 정확한 명칭은 '준농림지역'이다

- **증거금**
  계약을 체결할 때 증거로서의 의미로 수수되는 금액을 증거금이라 말한다. 계약의 체결에 있어서 당사자 사이에 어떠한 내용의 합의가 있었는지가 불분명한 경우에도 금전이 교부되어 있으면, 그것은 적어도 어떤 합의가 있었다는 증거는 된다고 할 것이다. 그 성질은 일정하지 않으나, 적어도 성약체약금으로서의 성질을 가지며, 많은 경우에는 위약금으로서의 성질도 가진다.

- **증축**
  기존 건축물이 있는 대지 안에서 건축물의 건축면적 연면적 또는 높이를 증가시키는 것.

- **지목**
  토지의 주된 사용목적 또는 용도에 따라 토지의 종류를 구분 표시하는 명칭.

- **지목변경**
  지적공부에 등록된 지목을 다른 지목으로 바꾸어 등록하는 것.

- **지번**
  토지에 붙이는 번호.

● **지번설정지역**
지적법상 리 · 동 또는 이에 준하는 지역으로 지번을 설정하는 단위지역.

● **지분제**
조합원의 소유토지 또는 건축면적에 따라 일정비율의 아파트면적을 조합원에게 제공하고, 나머지 주택상가, 복리시설 등을 매각하여 공사비로 충당하는 방식으로 계약시 확정된 지분이외의 이익금은 100% 시공사로 귀속되나 공사기간의 장기화로 인해 시공사 부담이 늘어날 우려가 있어 이 방식은 드물다.

● **지상권**
타인의 토지에 건물, 기타의 공작물이나 수목을 소유하기 위하여 그 토지를 사용할 수 있는 용익물권을 일컫는다. 지상권은 양도성, 상속성을 가지며 토지사용의 대가인 지료의 지급은 지상권의 요소가 아니다.

● **지상물매수청구권**
타인의 토지에 지상물(건물 공작물 수목)을 소유하기 위하여 그 토지를 용익(用益)하다가 그 기간이 만료하거나 기타 사유로 용익권이 소멸한 경우에 지주 또는 용익권자가 그 지상물의 매수를 청구할 수 있는 권리.

● **지역권**
일정한 목적을 위하여 타인의 토지를 자기 토지의 편익(편리하고 유익함)에 이용하는 권리다. 자기토지의 편익을 위하여 타인의 토지를 통행하고(통행지역권) 타인의 토지의 물을 인수하고(인수지역권) 타인의 토지에 조망을 해칠만한 일정한 높이 이상의 건물을 세우지 못하게 하는 것(관망지역권)과 같다. 이때 편익을 제공하는 토지를 요역지라하고 편익을 주는 토지를 승역지라 한다.

● **지적**
토지에 대한 행정적 관리를 위하여 각종 공부(예 : 토지대장 · 임야대장 · 지적도 · 임야도)에 토지의 적을 등록한 것. 지적은 토지의 경계와 위치와 지형을 표시하여 토지의 위치 · 형질 · 크기 및 소유관계를 명확하게 밝히기 위한 제도다.

● **지주공동사업**
지주가 소유권을 유지하면서 토지를 사업부지로 제공하고 공사가 개발비를 조달하여 주택을 조성한 뒤 개발이익을 공유하는 것.

● **지하층의 면적**
지하층의 설치가 의무화되어 있는 건축물에 대하여 설치해야 할 지하층의 면적은 다음과 같다. 그러나 여기서 건축설비의 설치 및 운전에만 쓰이는 부분과 창고의 용도에 쓰이는 부분은 지하층의 바닥면적에 산입하지 아니하도록 되어 있다.

● **직접점유 · 간접점유**
직접점유는 물건을 직접으로 지배하거나 또는 점유보조자를 통해서 물건을 지배하는 경우이고, 간접점유는 어떤 자가 타인과의 일정한 법률관계에 기하여 그 타인에게 점유를 이전한 경우에 그 이전한 자에게 인정되는 점유다.

● **차임**
임대차에 있어서 임대물 사용의 대가로서 지급되는 금전 그 밖의 물건을 차임이라 말한다. 토지의 경우에는 지료, 가옥의 경우에는 가임이라고도 한다.

● **착공신고**
착공신고는 건축법상의 건축주의 의무다. 건축주는 건축공사를 착수한 때에는 착수일로부터 3일 이내에 시장 · 군수에게 착공신고를 해야 한다. 공사감리를 정한 경우에는 공사감리자가 그 착공신고서에 서명 · 날인한다.

● **채권입찰제**
공공택지에서 분양되는 전용면적 25.7평 초과 아파트에 대해서는 채권을 가장 많이 산 업체에 토지를 공급하는 것.

● **철거재개발방식**
도시재개발방식 가운데 하나로, 사업시행자가 재개발구역 안의 기존건물을 대부분 철거하고 새로운 환경 및 시설물로 대체시키는 재개발방식을 의미한다.

● **최고고도지구**
도시계획법상 용도지역 중 고도지구의 하나로서, 건축물의 높이의 최고한도를 정해 놓은 지구를 말한다. 건물 등의 일정한 층수나 높이를 정해 놓고 그 이상 높은 건물 등은 규제하는 것으로서, 공항근처의 토지이용 등이 일반적인 예로 조방적인 토지이용을 유도한다.

● **최유효사용의 원칙**
최유효사용은 객관적으로 보아 양식과 보통의 사용능력을 가진 사람에 의한 합리적이고 합법적인 최선의 사용방법을 말한다. 이 원칙은 부동산의 가격에 관한 제원칙 중 부동산에만 특유한 원칙으로서 부동산 중 토지에 용도의 다양성의 특성이 있으므로 어떠한 사용이 가장 효용을 발휘할 수 있는가가 문제다.

● **취득세**
취득세는 부동산(토지 · 건축물), 차량, 건설기계, 입목, 항공기, 선박, 광업권, 어업권, 골프회
원권, 콘도미니엄회원권, 또는 종합체육시설 이용회원권(세칭 헬스클럽 회원권)의 취득에 대
하여 당해 취득물건 소재지의 시도에서 그 취득자에게 부과되는 것을 말한다. 또한 부동산
경락자도 등기와도 별도로 취득세를 내야 한다.

● **취득시효**
타인의 물건을 일정기간 계속 점유하는 자에게 그 소유권을 취득하게 하고 또 소유권 이외
의 재산권을 일정기간 계속하여 사실상 행사하는 자에게 그 권리를 취득하게 하는 것.

● **취락지구**
자연공원법에 의한 자연공원의 세분된 용도 지역의 하나로, 주민의 취락생활 및 농경지 또는 농
어민의 생활근거지로 유지 · 관리할 필요가 있는 지구를 말한다.

● **타운하우스**
타운하우스란 단독주택과 공동주택의 장점만을 도입하기 위해 지상 1~3층짜리 단독주택을
10~100가구씩 모아 단지 형태로 건설하는 단독 연립주택군(群)이다. 한 개 건물에 출입문
이 분리된 여러 가구의 주택을 모은 형태에 정원과 담을 공유한 게 특징이다. 가구를 구분하
는 울타리도 없다.

● **택지개발지구**
토지의 이용도가 상대적으로 낮은 지역으로서 택지개발촉진법에 의한 택지개발예정지구로
개발할 필요가 있는 지구.

● **택지개발촉진법**
도시지역의 시급한 주택난을 해소하기 위하여 주택건설에 필요한 택지의 취득개발공급 및
관리 등에 관하여 특례를 규정함으로써 국민주거생활의 안정과 복지향상에 기여함을 목적으
로 하는 법률.

● **택지소유상한제**
국민주거생활의 기초가 되는 택지에 대해 그 소유할 수 있는 면적의 상한을 정하고 초과소
유부분에 대해 초과소유부담금을 부과함으로써 모든 국민이 택지를 고르게 소유할 수 있도
록 유도하고 택지공급을 촉진하여 국민들의 주거생활안정을 도모하기 위한 제도다.

● **토지구획정리사업**
대지로서의 효용증진과 공공시설의 정비를 위해 토지구획정리사업법의 규정에 의해 실시할 토지의 교환, 분합 기타의 구획변경, 지목 또는 형질의 변경이나 공공시설의 설치와 변경에 관한 사업을 뜻한다.

● **토지대장**
토지의 현황을 명확하게 하기 위하여 토지의 소재지 지번(地番) 지목(地目) 지적(地積) 및 소유자의 주소 성명 등을 등록하는 공부(公簿). 토지에 관한 사실상의 상황을 명확하게 한다는 점에서 토지에 대한 권리관계를 공시하는 토지등기부와 구분된다. 이 두 장부는 그 기재내용이 서로 일치돼야 한다.

● **투기과열지구**
주택가격 안정을 위하여 건설교통부장관 또는 시 도지사가 주택가격상승률이 현저히 높은 지역에 대해 지정하고 있다.

● **투기지역**
전국부동산가격상승률 및 소비자물가상승률 등을 감안, 부동산가격이 급등하거나 급등할 우려가 있어 재정경제부장관이 부동산가격안정심의위원회의 심의를 거쳐 지정하는 지역을 말한다.

● **펜션(pension)**
일본 유럽 등 선진국에서는 일반화되어 있는 관광숙박서비스로 고급민박의 한 형태다. 목조나 통나무 등으로 지어진 객실 수 4~10개 정도의 소규모 고급민박시설로 일반 민박과는 달리 분양이나 이용회원 모집이 가능하다. 유럽의 경우 전 지역에 걸쳐 보편화된 민박시설이며 일본의 경우 1970년대에 처음으로 도입되어 정년으로 은퇴한 노부부의 사업으로 각광을 받아왔다.

● **폐쇄등기부**
폐쇄된 등기용지를 편철하는 장부를 말하는 것으로서 폐쇄등기부에 기재된 등기는 현재의 등기로서의 효력은 없으나 이기사항이 불명한 경우 또는 과거의 권리관계에 관한 다툼이 생기는 경우에 중요한 역할을 한다.

● **표시란**
부동산등기용지 중 표제부에 있는 것으로서, 표시번호의 순서에 의하여 표제부에 관련된 것을 기입하는 란을 표제부라 일컫는다.

● 표제부
등기부는 등기용지로 구성되는데 일등기용지는 표제부, 갑구, 을구로 나눈다. 표제부에는 표제에 관한 등기가 실시되며, 표시란과 표시번호란으로 분류된다. 표시란에는 토지, 건물을 특정하고 그 현황을 분명히 해야 할 사항이 기재된다. 표시번호란에는 표시란에 등기사항을 기재한 순서를 기재한다. 이 표제부에는 해당 부동산의 소재지와 지번 그리고 면적(평방미터)과 종목(전, 답, 임야 등)이 나타난다.

● 풍치지구
도시계획법상 용도지구 중 하나로, 도시의 발전에 따라 파괴되기 쉬운 자연풍치를 유지, 보전하기 위하여 필요한 일정구역을 획정구분해 지정한 지구를 말한다. 도시의 발전에 따라 파괴되기 쉬운 자연풍치를 유지·보전하기 위하여 도시계획구역 가운데 필요한 일정구역을 확정·구분하여 지정한 지구를 말한다. 풍치지구에서의 건축물의 제한은 주거지에서의 제한과 같고 다만 지방자치단체의 조례로 기타의 건축물을 제한할 수 있다.

● 필로티
각주를 세우고 그 위에 건축물을 얹어 놓은 건축양식을 말한다. 1층에 사무실 등을 두지 않는 건축물이다. 경사지나 습기가 많은 곳과 벌레와 잡생물이 많은 곳, 그리고 도심에서 1층을 터서 주차장이나 시민들의 휴식처로 하는 등 근대적 건축양식이다.

● 필요비·유익비 상환청구권
필요비·유익비 상환청구권이란 임차인(세입자)이 임대인(집주인)과 임대차 계약을 체결하고 점유사용 중 임차건물을 수리(보수)하지 않고서는 임차의 목적을 달성할 수 없어 임대인에게 건물 보수요구를 하였으나 수리를 해주지 않아 임차인(세입자)이 임차건물을 수리한 뒤 임대인에게 보수비를 받을 때까지 임대차 계약기간이 만료된다 하더라도 점유할 수 있는 권한.

● 하자담보책임
계약당사자가 급부한 목적물의 권리의 하자 또는 물건에 숨겨진 하자가 있을 경우에 부담하는 손해배상책임을 뜻한다. 목적물에 숨은 하자가 있다 함은 그 목적물이 보통 가진다고 기대되는 성질, 특히 매도인이 목적물에 관하여 있다는 것을 보증한 성질이 없거나 부족하기 때문에 목적물의 사용가치 또는 교환가치가 감소되어 있는 것을 가리킨다. 다수의 물건을 하나하나 점검하지 않으면 발견할 수 없는 하자는 가령 개개인의 물건의 외부에 나타나 있을지라도 숨은 하자다. 매수인은 목적물의 하자 때문에 계약의 목적을 달성할 수 없는 경우에는 계약을 해제할 수 있으며, 그밖의 경우에는 손해배상의 청구를 할 수 있다. 불특정물의 경우에는, 매수인은 하자 없는 완전한 물건을 청구할 수 있다.

● 하자보수
건축공사 자체에 하자가 있는 경우 일정한 기간 동안 시공자가 보수하여 주는 것을 말한다.
보통 아파트 등 부동산공사 자체에 하자가 있는 경우에는 최초분양 또는 인도시부터 하자
보수 기간을 2년으로 하고 있다.

● 학교시설보호지구
도시계획법상 용도지구 중 시설보호지구의 하나로서, 교육환경을 보호, 유지하기 위해 지정
된 지구를 말한다.

● 학교용지
지적법상 지목 중 하나로, 일정한 구역 내의 학교의 교사와 이에 접속된 부속시설물의 부지
및 체육장 등을 말한다.

● 한정근보증계약서
일종의 근보증 계약서로 특정 목적에 대해서만 보증을 서겠다는 의미로 작성하는 보증 계약
서다.

● 합병등기
1필지의 토지의 일부를 분할하여 다른 필로 합병하는 것을 말한다. 통상 분필과 합필을 결합
해서 행하는 등기로 수개의 건물을 병합하여 1개의 건물로 등기한다. 즉 A건물을 B건물 또
는 그 부속건물에 합병하는 등기다. 이것은 동일소유자에게 속하는 토지 또는 건물에 대해서
만 인정되고 있다. 토지에 대해서는 A지에 있어서는 분할에 의한 변경 B지에 있어서는 합병
에 의한 변경등기를 할 뿐이며 새로운 등기용지의 개설이나 구등기용지를 폐쇄하지 않는다.
건물의 경우에는 A건물의 등기용지는 폐쇄되고 B건물에 대해서는 합병으로 인한 변경등기
를 한다.

● 현물보상
부동산의 수용 또는 사용 등에 따르는 손실을 환지의 제공 등과 같이 수용 또는 사용하는 물
건에 갈음하는 물건을 제공함으로써 보상하는 것을 말한다.

● 형질변경
지적법상의 용어로서, 토지의 형태와 그 바탕을 바꾸는 것이다

● 확정일자
증서 또는 사문서에 대하여 그 작성된 일자에 관한 완전한 증거력을 주는 것으로 법률상 인

정되는 일자를 말하며, 공증인 또는 법원서기가 확정일자인을 찍은 사문서는 그 작성일자에 대한 공증력이 있다. 임대차계약서을 한 경우 동사무소, 공증인가합동법률사무소, 등기소에 가면 확정일자를 받을 수 있다.

● 환원이율
부동산감정평가에 있어 수익환원법에 따라 원본가격을 구하는 경우의 환원율로 부동산의 수익성을 나타내는데 금융시장에 있어서의 이자율과 밀접한 관련성을 가진다. 따라서 환원이율의 결정에는 투자이율을 표준으로 하고, 당해 부동산의 개별성(위험성, 유동성, 관리의 곤란성, 안정성 등)을 종합적으로 검토하여 결정하며, 순수익의 성격에 따라 상각전후, 납세전후(재산세.도시계획세)별로 결정돼야 한다. 부동산감정평가시의 수익방식에서 환원이율이란 기대이율과 다를 것은 없지만, 원본가격, 임료를 구하는 점이 다르다.

● 환지
구획정리사업에 있어 정리 전의 택지의 위치, 지목, 면적, 이용도 기타 필요한 사항을 고려하여 소유자에게 재분배하는 택지. 환지를 결정하는 절차는 환지계획, 환지설계, 환지처분의 순이며, 이것을 환지확정이라 한다.

● 후분양제도
건설업체들이 아파트를 완공한 이후에 소비자에게 판매하는 제도다. 3,000㎡(909평) 이상의 상가나 오피스텔 등 대형 건축물에 대해 골조공사를 3분의 2 이상 마친 뒤 해당 시·군·구청의 신고절차를 거쳐 분양하도록 의무화화 하도록 하고 있다. 투기과열지구 내 재건축 아파트의 경우 2003년 7월 1일 이후 사업시행인가 신청을 하는 단지들은 건축공정 80% 이상 진행 후 분양을 할 수 있다.

NEW 부동산 생활백서

초판 1쇄 발행 2015년 01월 15일
초판 3쇄 발행 2018년 11월 15일

지은이 ┃ 닥터아파트 리서치연구소
발행인 ┃ 홍경숙
발행처 ┃ 위너스북

경영총괄 ┃ 안경찬
기획편집 ┃ 김효단, 박단비

출판등록 ┃ 2008년 5월 6일 제 2008-000221 호
주소 ┃ 서울 마포구 토정로 222, 201호 (한국출판콘텐츠센터)
주문전화 ┃ 02-325-8901

표지 디자인 ┃ 김보형
본문 디자인 ┃ 정현옥
지업사 ┃ 월드페이퍼
인쇄 ┃ 영신문화사

ISBN 978-89-94747-330-0 (03320)

위너스북에서는 출판을 원하시는 분, 좋은 출판 아이디어를 갖고 계신 분들의 문의를
기다리고 있습니다.
winnersbook@naver.com / 02)325-8901

이 도서의 국립중앙도서관 출판예정도서목록(CIP)은 서지정보유통지원시스템 홈페이지(http://seoji.nl.go.kr)와
국가자료공동목록시스템(http://www.nl.go.kr/kolisnet)에서 이용하실 수 있습니다.
(CIP제어번호: CIP2014037712)